KB134857

인공지능 100점을 위한 파이썬 수학

고등학교 수학으로 이해하는 인공지능

고등학교 수학으로 이해하는 인공지능

인공지능 100점을 위한 파이썬 수학

$$y_k = \frac{Ce^{a_k}}{Ce^{a_1} + Ce^{a_2} + \cdots + Ce^{a_n}}$$
$$= \frac{e^c e^{a_k}}{e^c e^{a_1} + e^c e^{a_2} + \cdots + e^c e^{a_n}}$$
$$= \frac{e^{a_k + c}}{e^{a_1 + c} + e^{a_2 + c} + \cdots + e^{a_n + c}}$$
$$= \frac{\exp(a_k + c)}{\sum_{all} \exp(a_i + c)}$$

$$s(x) = \frac{1}{1 + e^{-x}}$$

$$\frac{df(x)}{dx} = \lim_{h \to 0} \frac{f(x+h) - f(x)}{h}$$
$$= \lim_{h \to 0} \frac{f(x) - f(x-h)}{h}$$
$$= \lim_{h \to 0} \frac{f(x+h) - f(x-h)}{2h}$$

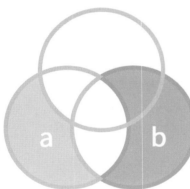

a b

임성국 지음

BJ
BJPUBLIC

베타리더 추천사

최근 많은 분야에서 state-of-art를 기록중인 신경망을 수식과 코드로 설명한다. 파이썬의 기본 문법과 numpy, matplotlib의 사용법을 시작으로 신경망의 구성 요소인 활성화함수, 손실함수, 최적화함수와 순전파, 역전파 등의 동작 원리를 수식으로 이해한다. 이후 외부 라이브러리를 최소한으로 사용하며 구현한다. 신경망의 원리를 밑바닥부터 차근히 구현해 보고 싶은 분들, 딥러닝 프레임워크 사용하면서도 보다 깊게 신경망을 이해하고 싶은 분들에게 이 책을 추천한다.

- 서영원

인공지능을 깊게 들어가다 보면 수학의 벽에 부딪치게 된다. 그래서 다시 수학을 공부해야 하지만, 수학을 전공하지 않은 사람이 다시 시작하기는 쉽지 않다. 이 책은 고등학교 과정의 수학 수준으로 인공지능 필요한 수학을 차근차근 익힐 수 있다. 기초부터 시작하여 인공지능 분야에 필요한 데이터 분석, 머신러닝, 딥러닝 등 꼭 필요한 수학 과정을 다루고 있다. 그리고 수학 개념과 원리를 설명과 파이썬 코드로 구현할 수 있게 되어 있다. 막상 수학 공식과 수식을 보면 겁이 나는데 파이썬 코드로 친절하게 하나하나 설명을 하여 개발자가 이해하는데 많은 도움이 될 것이라 생각한다. 인공지능을 개발하고 싶은데 수학에 자신이 없다면 이 책으로 자신감을 찾고, 인공지능을 개발하는데 본격적으로 수학을 공부하게 되는 계기가 될 수 있는 책으로 추천한다.

- 이석곤

인공지능 분야의 딥러닝 기초에 대한 책이다. 파이썬과 넘파이를 사용해서 딥러닝의 지도학습을 공부한다. 파이썬 기초 사용법으로부터 시작해서 프로그래밍에 필요한 수학적인 부분을 다룬다. 특히 항등함수와 소프트 맥스 함수, 손실 함수 부분을 각 장으로 분리해서 체계적으로 다룬 부분이 좋았다. 또한 본문 사이사이에 각 내용이 인공지능 분야의 발전에 어떤 기여를 했는지 언급하는 부분도 인공지능 연구의 발전 역사를 따라가는 느낌이 들어서 흥미로웠다.

이 책은 미분과 행렬의 연산을 익혀가며 딥러닝 개념에 먼저 익숙해지려는 독자들에게 추천할 만하다. 먼저 본서를 통해 딥러닝의 기본 설계와 동작 구조에 대해 친숙해진 후에 텐서플로와 케라스, 파이토치 등의 유명 프레임워크 활용방법을 익힌다면 딥러닝의 세계에 쉽게 뛰어들 수 있을 것으로 생각한다.

관련하여 저자의 유튜브 채널(처음 코딩)도 충실한 파이썬, 딥러닝 강의를 제공하므로 이 책과 함께한다면 학습에 큰 도움이 될 것으로 보인다.

- 이요셉

이 책은 고등학교 수학 내용들을 실제로 파이썬으로 구현하여 인공지능에 필요한 수학적 기초를 탄탄하게 해준다. 인공지능에서 사용되는 '수학'과 '파이썬'이라는 두마리 토끼를 잡기에 매우 적합한 책이다.

만약 인공지능에서 사용되는 수학이 너무 어렵게 생각된다면 이 책을 읽어보기를 적극 추천한다. 현재 복잡한 수식으로 설명하고 있는 인공지능도 결국 우리가 고등학교 시절 배웠던 수학에 기반한다는 것을 알 수 있다. 인공지능 분야에 흥미가 생겨 좀 더 깊이 수학 공부를 해봐야겠다는 분들에게 이 책은 고등학교 수학 과정 중 어떤 부분이 약한지를 알려주는 일종의 가늠자가 될 것이다.

현재 출간된 인공지능 서적들을 보면 너무나 입문서적인 책과 또 어렵고 수식이 복잡한 책으로 양분되어 있다. 그 중간 단계에 해당하는 책이 거의 없었다. 개인적으로 이 책이 그 중간 역할을 해줄 수 있다고 생각한다.

베타리딩에 참가하기 전, 이 책이 너무 어려울 것이라고 걱정했는데 그 걱정은 기우에 불과했다. 책의 서술 방식이 딱딱하지 않고 마치 학교 선생님께서 가르쳐주는 것과 같이 친근감 있게 진도를 이끌었다.

- 임혁

목차

4 MNIST 기초 이해

5 퍼셉트론과 XOR

6 신경망

13 오차역전파

1

들어가는 말

저자는 책을 쓸 때 목적성을 가지고 책을 저술합니다. 인공지능이라는 주제로 책을 쓸 때, 어떤 저자는 사회문화적 관점에서 인공지능이라는 미래 기술이 가져올 영향력을 관찰하며 글을 쓰고, 어떤 저자는 인공지능을 직접 구현할 수 있는 프로그램툴의 사용 방법을 알리기 위한 글을 씁니다. 이 책은 자신의 손으로 직접 인공지능 프로그래밍을 해보기 원하는 이들을 위해서 쓰였습니다. 단순히 블랙박스같이 내부를 알 수 없는 함수들을 가지고 와서 조합해서 결과를 만들어내는 프로그래밍이 아니라 직접 함수를 어떻게 만들어야 하는지 살펴보면서, 간단하게 그 기능을 만들어 볼 것입니다. 수학과 파이썬을 이용해서 인공지능의 원리를 이해하고 이해한 것을 바탕으로 직접 구현해보는 것이 이 책의 목표입니다.

◉ 1-1 입문자를 위한 인공지능

어린 시절 아시모프의 소설 〈런어라운드〉를 읽었습니다. 나중에 제가 읽었던 소설이 로봇 3원칙이 나오는 소설로 여기저기서 인용되고 있다는 것을 알았습니다. 물론 그때에는 그런 소설인 줄 모르고 읽었습니다. 그저 공상과학소설을 좋아해서 도서관에 있는 웬만한 공상과학소설은 모두 읽던 때였습니다. 런어라운드의 스피드를 보며 저런 로봇을 가지고 싶기도 했고, 인간이 위험에 처하면 자신이 하던 일이나 자신의 안전보다 먼저 인간을 구조해야 한다는 로봇의 기본 원칙을 신기하게 생각하던 기억이 납니다.

그림 1-1. 우주에서 임무를 수행해야 하는 로봇   그림 1-2. 전투로봇 UGV Leopard-B

물론 나이를 먹은 지금 더 이상 그때의 로봇 3원칙을 이야기하지 않습니다. 이미 세계의 전쟁 현장에는 로봇들이 총과 폭탄을 던지고 있고, 살상용 무기를 장착한 드론이 분쟁지역을 날아다닙니다. 그 예시로 Unmanned Ground Vehucle이라는 탱크는 사람이 탑승하지 않는 탱크입니다. 게임을 하듯 군인들은 드론을 조정해 요인을 암살하거나 기지를 폭파합니다. 이런 현실을 감안할 때 앞으로 만들어지는 로봇에 아시모프의 로봇 3원칙이 들어가리라는 기대는 이제는 하지 않게 되었습니다.

로봇 3원칙이란 결국 인간이 원하는가 아닌가의 여부에 결정될 따름입니다. 아시모프의 3원칙은 로봇을 만들 수 있는 지금에 와서는 더 이상 원칙이 아닌 소설 속 어느 작가의 희망사항이었을 뿐입니다. 물론 그렇다고 해서 로봇을 전쟁 무기로 사용하는 것에 아무런 거리낌이 없어도 된다는 뜻은 아닙니다. 인류는 기술의 발전과 진보로 그 혜택을 누리는 사람도 있지만 동시에 그 혜택에서 소외되는 사람도 생겼습니다. 인공지능의 도래는 발전의 득과 소외의 실의 경중을 심각하게 고민하게 하고 있습니다.

이 책은 인문학적 소양을 갖추기 위해 쓰인 책은 아닙니다. 오히려 과학기술과 수학, 전문적인 프로그램 코드를 써서 실제 인공지능이 어떻게 만들어지고 어떻게 사용되는지를 경험하기 위한 책입니다. 하지만 이 모든 과정을 거치면서 과연 인공지능이란 무엇이고, 이것이 인류 문명에 끼친 영향과 앞으로의 진행 방향까지 고민할 수 있기를 기대합니다.

눈앞에 사과가 있다면 단지 그 사과 하나만을 바라보지 않기를 바랍니다. 사과를 누군가 두었을 것입니다. 거기엔 호의가 있을 수도 있고, 도전이 있을 수도 있고, 음모가 있을 수도 있습니다. 에덴동산의 사과는 계약을 의미하고, 뉴턴의 사과는 모든 것은 서로를 잡아당기는 힘이 있다는 것을 보여주었습니다. 윌리엄 텔의 사과는 항거의 의미가 있고, 백설 공주의 사과는 사악한 음모의 상징입니다. 우리는 학교에서 무엇인가를 배웁니다. 그리고 눈앞에 있는 공식에 매몰됩니다. 결국 대부분의 학생은 눈앞의 시험에 집중하느라 무엇을 배웠는지, 그 배움이 현실과 무슨 상관이 있는지 생각할 기회를 얻지 못한 채 학교를 졸업합니다. 졸업 후 학생이었던 이들은 학교에서 아무것도 배우지 못했다고 말합니다. 학교에서 배운 것은 살면서 도움이 되지 않는 것들이라고 스스럼없이 말합니다. 그들의 입장에서 틀린 말은 아닐 것입니다. 저 스스로도 학교에서 많은 시간을 보내고 얻은 결론은 비슷합니다. 학교는 사과를 사과라고 말하는 것으로 그치고 있습니다. 요즘은 더한 것 같습니다. 학생들에게 사과를 들여다볼 시간을 주지 않습니다.

이 책을 쓰면서 고등학교 수학에서 행렬이 빠진다는 사실을 알았습니다. 미적분을 제대로 못해서 대학에 와서 겨울방학에 미적분을 공부하는 학생들을 경험했고 실제로 가르치기도 했습니다. 이제 선형대수의 기초가 되는 행렬까지 고교 수학 과정에서 빠진다는 소식을 접하게 되니 안타까운 마음이 들었습니다. 이러다 우리는 핵심적인 내용은 아무것도 만들지 못한 채 누군가 만들어주는 엔진으로 그래픽과 스토리만 열심히 입히고 살겠구나라는 생각이 갑자기 들었습니다. 그래픽과 스토리를 무시하는 것은 아닙니다. SI를 무시하는 것도 아닙니다. 하지만 좋아서 선택하는 것이 아니라 그것밖에 선택할 것이 없는 것은 슬픈 일입니다.

반드시 인공지능을 공부해야만 인생이 성공하는 것은 아닙니다. 성공을 위한 길로 이 책을 선택하기보다는 도전과 호기심에 사로잡힌 이들이 이 책을 선택해 주었으면 좋겠습니다.

◎ 1-2 인공지능의 시대

이 책은 컴퓨터를 전공한 사람들을 위한 책은 아닙니다. 인공지능, 딥러닝, 머신러닝을 전공한 사람들이 볼 만한 깊이 있는 내용을 다루지도 않습니다. 물론 그렇다고 피상적이고 겉핥기 식으로 쓰인 것은 아닙니다. 이 책은 인공지능과 관련하여 프로그램과 수학, 컴퓨터 전반에 대한 기초적인 내용을 다루고 있습니다. 누군가가 만들어 둔 패키지를 사용하는 방법이나 도구들을 소개하고 사용법을 가르치는 데 지면과 시간을 사용하지 않습니다. 고등학교 수학책 정도에 나오는 수학과 쉬운 언어로 알려진 파이썬 프로그래밍 언어를 사용합니다. 파이썬은 컴퓨터를 전공하지 않은 사람도 어렵지 않게 사용할 수 있는 컴퓨터 프로그래밍 언어이고, 이 책을 읽는 사람은 아마도 고등학교에 다니면서 수학을 공부하고 있거나 공부했으리라 기대합니다.

그림 1-3. 16세의 앨런 튜링

우선 인공지능이란 말의 뜻을 살펴보겠습니다. 인공지능은 영어로 Artificial Intelligence입니다. 인공지능을 이해하려면 앨런 튜링(Alan Turing)이라는 사람을 알아야 합니다. 앨런 튜링은 '컴퓨터 과학의 아버지'라는 별명을 가지고 있을 정도로 컴퓨터 과학 분야에서 큰 역할을 한 사람입니다. 제2차 세계대전 때 튜링은 자신의 특기를 살려 누구도 풀어내지 못했던 독일군 암호 에니그마(Enigma)를 해독해 냅니다. 이때 그 해독을 위해 초기 컴퓨터 모형을 만들어 사용합니다. 그가 만든 튜링 머신은 복잡한 계산과 논리 문제를 처리할 수 있었고, 여기서부터 기계에 지능을 부여해서 원하는 결과를 얻어내기 위한 인간의 시도가 시작됩니다.

1945년에 튜링머신이 만들어진 이후 기계를 학습시켜 인간이 원하는 결과를 얻어내고자 하는 시도는 계속되어왔습니다. 당시 많은 사람들은 당연히 인공지능이 곧 나올 것이라고 믿었고, 많은 논문과 투자가 이어졌습니다. 그래서 50년대를 인공지능의 역사에서는 낙관의 시대라고 부릅니다. 하지만 60년대가 되고 70년대가 되었지만 여전히 문제는 풀리지 않고 있었습니다. 설상가상으로 마빈 민스키(Marvin Minsky)는 Perceptrons라는 논문에서 XOR 문제를 신경망을 통해 풀 수 없음을 수학적으로 증명합니다. 다층퍼셉트론으로 XOR는 풀 수는 있지만 푸는 방법을 알 수는 없다고 선언합니다. 그리고 인공지능은 암흑기로 접어들었습니다. 모든 것을 다 해결할 수 있으리라 여겼던 인공지능이 단순한 XOR 문제조차 풀 수 없다는 것에 많은 연구자가 등을 돌렸습니다. 이 암흑기는 90년대 후반까지 이어졌습니다. 1997년에 체스대회에서 인공지능이 인간 챔피언을 이기고, 2011년에 인공지능 왓슨이 퀴즈프로그램에서 압도적인 차이로 챔피언이 됩니다. 그리고 우리가 모두 알듯이 2016년 아무리 인공지능이 발달해도 인간의 직관이 중요시되기에 이길 수 없으리라 여겼던 바둑에서 알파고가 압도적인 우승을 차지합니다. 여기까지 많은 시간이 흘렀고, 그 시간 동안 많은 연구자가 힘겨운 노력을 해왔습니다. 1950년대에 낙관론자들은 앞으로 10~20년 후에 인공지능이 인간의 문제를 풀 수 있으리라 여겼지만 2020년이 된 지금까지도 여전히 인공지능이 풀 수 있는 인간의 문제는 극히 제한적입니다. 우리는 인공지능에 대해서 지나치게 낙관적인 생각을 합니다. 그리고 인간의 사고방식과 문제를 너무 쉽게 생각해 왔습니다.

인터넷에서 '인공지능'이란 키워드로 검색을 하면 많은 자료가 나옵니다. 우선 인공지능은 현재 사용되고 있는 기계학습, 신경망, 딥러닝 등을 담는 가장 포괄적인 개념입니다. 인간이 지닌 지적능력을 인위적으로 구현한 인공지능은 시작은 오래되었지만 여전히 많이 발전되지 않은 상태입니다.

인공지능 분야에서 기계학습, 머신러닝(Machine Learning)은 컴퓨터에 기본 규칙을 입력한 상태에서 입력받은 정보로 스스로 학습하는 과정입니다. 이 과정을 위해 다양한 알고리즘이 개발되었는데 그 중 신경망 이론이 있습니다.

이 책은 신경망을 사용한 딥러닝 기초를 다룹니다. 머신러닝의 한 분야인 딥러닝을 통해 정답이 있는 문제를 학습하고 학습된 결과로 새로운 문제를 풀어보는 과정을 진행할 것입니다. 이 책에서는 인공지능, 머신러닝 분야의 지도학습을 진행합니다. 비지도학습이나 강화학습은 아직 처음 인공지능을 시작하는 사람이 시작하기는 어렵습니다. 반면, 수퍼바이즈드 러닝은 이미 많은 자료가 나와 있기 때문에 도움을 받아가며 학습하기 어렵지 않습니다.

이 책의 초반부에서 퍼셉트론을 다루고, 활성함수를 다루고, 파이썬 문법과 numpy라는 수학패키지를 사용합니다. 그래프를 그리기 위해서 matplotlib를 사용하고, 좋은 학습이 이루어졌는지 확인하기 위해서 미분함수를 만들게 됩니다. 로그와 지수함수를 사용하고, 손글씨를 확인하고 받아오기 위한 프로그램을 직접 프로그래밍해 보는 경험을 가집니다.

"인공지능 프로그램하기"라는 하나의 큰 프로젝트를 진행하면서 기존의 패키지를 사용하지 않고 직접 하나씩 만들어 가면서 기본기를 닦아 나갈 것입니다. 설명은 충분히 하려고 노력하겠지만 지면 관계로 넘어가는 부분이 생길 수밖에 없습니다. 부족한 부분은 차후에 유튜브 영상 등으로 보충할 예정입니다.

이 책에서 진행하는 부분을 이해 없이 따라 할 수도 있고, 기존의 인공지능 툴을 사용하는 방법만 익혀서 쓸 수도 있습니다. 6시간 정도 투자해서 패키지 사용 방법만 익히면 MNIST 데이터셋을 학습하고 검증하는 것은 어렵지 않게 할 수 있습니다. 하지만 거기서 앞으로 더 나아가기가 어렵습니다. 종종 코드를 만들면서도 자기가 무슨 코드를 만들고 있는지 모르겠다는 개발자들을 만나곤 합니다. 기초적이고 바탕이 될 지식을 습득하지 못한 상태에서 고성능의 툴만을 사용하다 보면 종종 만나게 되는 현실입니다. 그냥 결과가 나오는 것에 만족하지 말고 왜 이런 결과가 나오는지를 이해하려고 노력하면서 책을 보시기 바랍니다.

신경망 이론은 인간의 뉴런 구조를 참조하여 만든 학습 모델입니다. 인간이 외부 신호를 받아들일 때 신경의 뉴런구조를 이용하여 받아들이는데 이때 전자를 가진 이온의 이동으로 신호를 전달하고 뉴런에서 뉴런으로 '신경 전달 물질'을 분비하게 됩니다. 인공신경망은 이를 모델로 하여 만들어졌습니다. 컴퓨터에서 신호를 받을 때 다수의 입력값을 각각 0과 1로 받고, 이 신호들이 모인 뒤에 출력되는 값을 0 또는 1로 처리합니다. 이것을 모아서 최종적인 판단을 하게 하는 것이 신경망 이론입니다. 신경망도 여러 연구자에 의해 다양한 연구가 진행되어왔습니다. 그중 최근에 주목을 받고 있는 것이 딥러닝이고, 딥러닝은 입력과 출력 사이에 인공적으로 여러 층의 보이지 않는 신경망을 쌓아 만들어집니다.

이 책에서는 딥러닝에서 사용되는 신경망을 직접 파이썬을 이용해서 만들고, MNIST라는 데이터셋을 이용한 손글씨를 학습하고, 학습된 신경망을 사용해서 직접 MNIST에 있는 손글씨를 판별합니다.

2

미리 알아야 할 것들

◎ 2-1 고교수학 기초

인공지능 이론은 고등학교에서 배우는 수학의 기초만 제대로 갖추고 있으면 충분히 이해할 수 있습니다. 많은 계산을 한번에 하기 위해서 행렬을 사용하고 있고, 로그함수나 지수함수를 사용합니다. 미분과 적분, 통계를 알면 인공지능(특히 머신러닝 중 신경망을 사용하는 딥러닝)을 어렵지 않게 이해할 수 있습니다.

고등학교에서 배우는 수학이 단편적인 문제를 푸는 데 집중한다면 인공지능 문제를 해결하기 위한 수학은 단편적인 지식들이 모여서 하나의 큰 프로젝트에 어떻게 작용하는지를 보여줍니다. 이 과정을 통해 고등학교에서 배우는 수학이 쓸모없는 것이 아니고, 리터러시(문해력)의 3요인 중 '셈하기'가 새로운 학문을 연구하는 데 있어 반드시 필요한 기초지식임을 알게 됩니다.

◎ 2-2 파이썬

이 책에서는 파이썬 3.6버전을 사용합니다. 이 글을 쓸 때 파이썬은 3.8까지 나와 있습니다. 하지만 파이썬 3.8은 아직 이 책에서 사용하는 패키지와 연결이 잘 되지 않습니다. MNIST와 관련된 패키지를 사용하기 위해서 이전 버전인 3.6을 사용하여 이 책의 예제를 풀었습니다. 아래에서 사용한 CoLab은 Python 3.6을 사용합니다. 파이썬 버전 3.6 이상이면 무관합니다. 구글 CoLab을 사용하거나 개인 PC에서는 파이썬을 설치한 후 주피터 노트북(Jupyter Notebook)이라는 파이썬 패키지를 설치하여 사용합니다.

파이썬은 배우기 쉬우면서도 강력한 프로그래밍 언어입니다. 어떤 운영체제에서도 사용할 수 있는 객체지향적이고, 동적인 대화형 언어입니다.

◉ 2-3 컴파일러와 인터프리터

프로그래밍 언어는 크게 컴파일러와 인터프리터로 나뉩니다. 대부분의 사람이 이름을 들어 잘 알고 있는 C언어는 대표적인 컴파일러입니다. 컴파일러는 실행파일을 만들고, 인터프리터는 별도의 인터프리터 엔진에서 코드를 해석하면서 한 줄씩 실행합니다.

컴퓨터는 전기가 흐르거나 흐르지 않는 경우를 다룹니다. 전기가 흐르거나 흐르지 않는 두 가지 경우에 대해 다루는 논리는 2진수를 다룰 때와 동일합니다. 그래서 컴퓨터는 인간의 손가락 숫자를 기준으로 하는 10진수 대신 전기가 흐르거나 흐르지 않는 경우를 기준으로 하는 2진수 논리를 기반으로 만들어졌습니다. 숫자뿐만 아니라 논리와 문자들을 이해하는 컴퓨터의 기반도 2진수 논리 위에서 형성되었습니다.

프로그래밍 언어 : a.c

```
int c= a + b;
printf("%d", c);
if (c == 10) {
…
```

컴파일러
```
gcc  a.c  -o  a.out
```

기계어 실행파일 : a.out

```
00000011100101011010110100000001
1000000000111011101111101011000110
00001110010101101011010000011010
…
```

표 2-1. 컴파일러

컴파일러로 대표적인 C언어는 소스코드를 만든 후 그 코드를 이용해서 실행이 가능한 이진파일을 만듭니다. 그러면 그 파일은 언제든 사용자가 원할 때 바로 실행시킬 수 있습니다. 이미 컴파일이 되어 컴퓨터가 바로 알 수 있는 이진코드로 작성되었기에 실행에 걸리는 시간이 매우 빠릅니다. 반면 컴파일이 되어 있지 않은 다른 종류의 컴퓨터에서 사용하기 위해서는 다시 다른 컴퓨터에 맞는 컴파일러를 사용해서 그쪽 기계에 맞는 실행파일을 만들어야만 합니다. 일단 이진수로 된 실행파일을 만들면 프로그래밍 언어로 만들어진 소스파일이 없이 실행시킬 수 있습니다.

반면 파이썬 같은 인터프리터 언어는 실행파일은 만들지 않습니다. 파이썬 코드를 작성한 다음 파이썬으로 그 코드를 실행시킵니다. 코드만 있으면 어떤 종류의 OS를 사용하든 상관이 없습니다. 코드를 실행시키는 시간은 C보다 오래 걸립니다. 하지만 윈도우, Mac, Linux에 상관없이 파이썬이 설치된 컴퓨터라면 바로 코드를 실행시킬 수 있습니다. 컴파일러의 컴파일 시간은 많게는 몇 시간에서 하루 종일도 걸릴 수 있습니다. 컴파일 없이 즉시 실행시킬 수 있는 인터프리터의 장점은 매우 큽니다.

프로그래밍 언어 : a.py

```python
c= a + b
print(c)
if (c == 10):
    …
```

인터프리터 실행
python a.py

기계어 명령
0000011100101011010110100000
1000000000111011101111010101100
0000111001010110101101000001

표 2-2. 인터프리터

아래 세 가지 정도만 기억합시다.

첫째, 프로그램이 많은 연산을 담고 있다면 C와 같은 컴파일러를 이용해서 기계어로 실행파일을 만드는 것이 좋습니다. 인공지능 프로그램은 기본적으로 많은 행렬계산을 해야만 합니다. 그래서 파이썬에서 사용되는 인공지능 관련 패키지들도 대부분 C 언어로 만들어져 있습니다. 즉, 많은 연산을 하는 경우 컴파일러를 이용하여 실행 가능한 바이너리파일(0과 1의 기계어로 만들어진 실행파일)을 만들어 사용하는 것이 유리합니다.

둘째, 컴파일러로 실행파일을 만들 때 시간이 걸립니다. 즉, C를 이용해서 코드를 만들고 그것으로 실행 가능한 프로그램을 만드는 것이 연산에는 효율적이지만 코드를 이용해서 실행파일을 만들 때마다 시간이 3~4시간(혹은 그 이상)이 걸린다고 생각해 보세요. 코드의 어떤 부분을 수정해서 잘 작동하는지 알아보기 위해서 컴파일을 하고 그 결과를 알기 위해서는 3~4시간을 그냥 기다려야만 합니다. 그 결과를 보고 마음에 들지 않거나 무언가 잘못 돼서 다시 수정하면 또 3~4시간이 흐릅니다. 3~4번 컴파일하면 하루가 다 가고 맙니다. 컴파일러만이 아니라 인터프리터 언어가 많이 나오고 있는 이유이기도 합니다.

셋째, 인터프리터는 한 줄씩 읽어서 바로 실행합니다. 파이썬으로 100줄의 코드를 만들었다고 가정해 보겠습니다. 100번째 줄에 프로그래머가 발견하지 못한 오류가 있습니다. 하지만 99번째 줄을 파이썬 인터프리터가 실행할 때까지는 컴퓨터도 거기에 오류가 있는지 모릅니다. 즉, 99번째 줄까지는 잘 실행이 된다는 것입니다. 보통 어떤 프로그래머도 아무런 오류가 없는 완전무결한 코드를 한번에 만들어내지는 못합니다. 여러 번 오류코드를 보면서 오류를 고치고 더 나은 코드로 만들어갑니다. 한번 만들어서 변경 없이 앞으로 계속 쓸 빠른 코드는 C를 사용해서 실행 가능한 파일로 만드는 것이 좋겠지만, 하루에도 몇 번씩 수정하면서 결과가 어떻게 바뀌는지 보는 것은 파이썬과 같은 인터프리터가 유리합니다.

◉ 2-4 파이썬 기초

파이썬을 사용하기로 결정했다면 그 다음 단계는 파이썬에서 코드를 만들고 실행시킬 수 있는 환경을 만들어야 합니다. 파이썬을 설치하면 아래와 같은 모양의 아주 단순하고 간단한 에디터가 함께 설치됩니다. 이 에디터를 사용해도 되지만 너무 단순해서 에디터는 다른 것을 설치해서 사용하겠습니다.

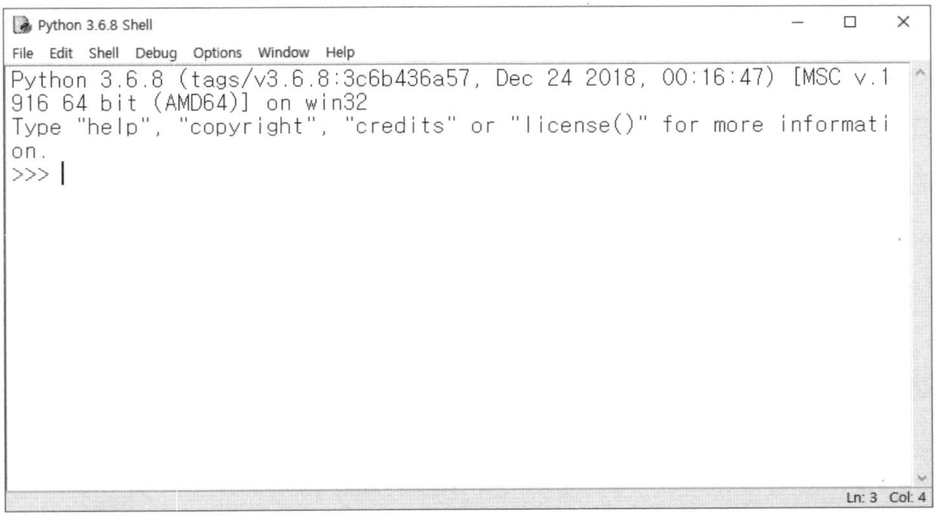

그림 2-1. Python IDLE 실행

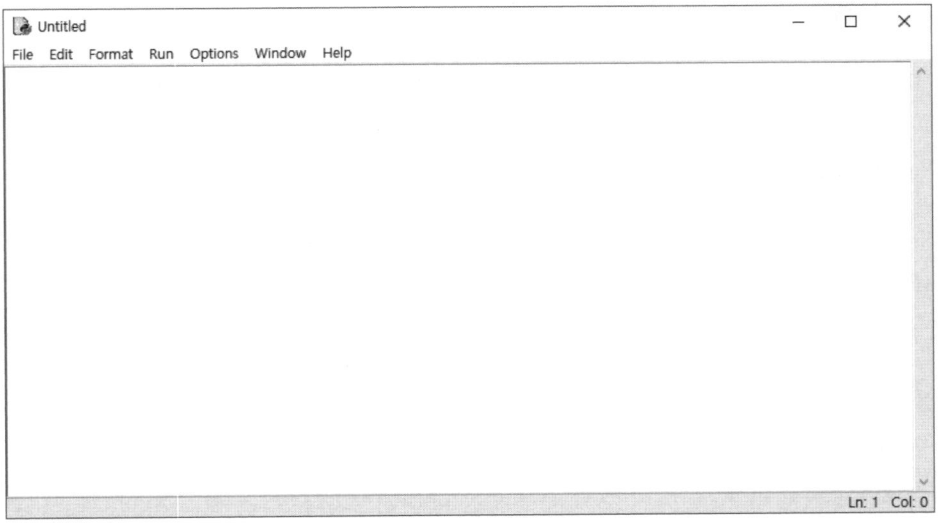

그림 2-2. Python 에디터 실행

이 IDLE이라는 이름의 에디터는 처음 파이썬을 설치하고 사용하려는 사람들에게는 다른 별도의 에디터를 설치할 필요가 없이 바로 쓸 수 있어서 간편합니다. 하지만 조금만 사용하다 보면 금방 한계를 느끼게 됩니다. 이보다는 조금 더 기능이 있는 에디터를 원하게 됩니다. 그래서 많은 프로그래머들은 Atom, Notepad++, Pycharm, Visual Studio Code 등의 별도의 에디터를 설치해서 사용합니다.

그림 2-3. Notepad ++

그림 2-4. Visual Studio Code

그림 2-5. Pycharm

그림 2-6. Atom

이 에디터들도 크게 둘로 나뉩니다. 그냥 소스 편집 기능만 있는 텍스트 에디터와 에디터 기능에 패키지를 포함하고, 실행까지 시킬 수 있는 통합개발환경인 IDE(Integrated Development Environment)입니다. Pycharm은 패키지를 포함하고 GitHub에 연동되어서 소스 관리까지 모두 가능한 전형적인 IDE입니다. Atom은 IDE로 사용할 수도 있지만 텍스트 에디터 쪽에 가깝습니다. 에디터를 고르는 요령은 사용자가 편하면 됩니다. 내가 주로 사용하는 기능이나 화면 구성이 잘 되어 있고, 편하고 빠르게 쓸 수 있다면 그게 제일 좋은 에디터입니다. 저는 몇 가지 에디터를 함께 사용합니다. Notepad++도 자주 사용합니다. Pycharm은 파이썬을 사용할 때 프로젝트의 특성에 따라 사용하지만 종종 Atom을 사용하기도 합니다. Visual Studio Code도 속도와 기능이 모두 좋아서 사용해보려고 노력하고 있지만 이미 손에 익은 툴들이 있다 보니 자주 사용하지 않은 경우가 많습니다. 파이썬을 사용할 때에는 Pycharm이 좋습니다. 다른 프로그램 언어나 텍스트를 편집할 기회가 앞으로 많아질 겁니다. Atom, Notepad++, Visual Studio Code 혹은 제가 소개하지 않았더라도 각자 자기가 사용하기 편한 텍스트 에디터를 하나 정도 손에 익을 때까지 사용해 보시기를 권합니다.

개인 PC에 파이썬과 함께 파이썬 패키지인 주피터 노트북을 설치하면 Chrome을 통해서 에디터 기능과 실행 기능까지 모두 사용할 수 있게 됩니다.

또한 구글의 Colaboratory를 사용하여 프로그램해보는 것도 좋은 방법입니다. 구글에서는 인공지능과 관련하여 내부적으로 사용하던 Colaboratory라는 서비스를 일반에 공개했습니다. 크롬 브라우저에서 'Colaboratory'를 검색하면 첫 번째로 뜨는 링크입니다.

https://colab.research.google.com

구글 계정을 가지고 무료로 Google Colaboratory 서비스를 이용해보시기 바랍니다. 인공지능 공부를 위해 별도로 좋은 컴퓨터를 가지지 않은 사람들은 CoLab을 이용하는 것을 추천합니다. 내 PC의 사양과는 별도로 구글에서 제공해주는 서버를 이용할 수 있을 뿐만 아니라 여기에 적당한 관련 패키지들이 모두 설치되어 있습니다. CPU 뿐만 아니라 GPU와 TPU까지 지원해주고 있으며, Tensorflow와 함께 2019년부터 PyTorch도 지원하고 있습니다.

⊙ 2-5　코딩교육과 파이썬 기초

파이썬은 네덜란드의 귀도 반 로섬이 개발한 인터프리터 언어입니다. 1990년, 크리스마스에 연구실에서 반은 장난삼아 시작한 파이썬 언어의 개발이 많은 사람들의 호응을 얻으면서 전 세계적으로 유명한 언어가 되었습니다. 파이썬은 당시 TV에서 하던 B급 코미디인 "몬티 파이썬의 날아다니는 서커스"를 보면서 붙인 이름입니다.

파이썬은 문법적 단순함과 직관적인 사용 방법 때문에 교육용으로도 많이 사용되지만 실제 업무에도 많이 사용되고, 특히 최근 들어 인공지능 연구를 하는 사람들에게는 거의 필수적인 언어가 되었습니다. 인공지능 연구자들은 R 또는 Python을 필수적인 언어로 사용합니다. 협업과 유지보수가 쉬운 언어여서 구글에서뿐만 아니라 인스타그램이나 드롭박스 등 많은 IT기업에서 사용되고 있습니다.

⊙ 2-6　파이썬 설치

우선 파이썬을 설치해보겠습니다. 자신의 PC에 설치하는 것을 우선으로 하지만 실제 사용은 구글의 CoLab을 이용하겠습니다. PC에 설치된 파이썬과 주피터 노트북은 구글의 CoLab과 같은 기능을 합니다. 인터넷이 연결되지 않은 학교 환경에서도 사용할 수 있도록 일반 PC에 파이썬과 주피터 노트북을 설치해 보겠습니다.

우선 크롬 브라우저를 실행시킵니다. 앞으로 모든 과정을 크롬 브라우저에서 진행하겠습니다. 파이썬 공식 홈페이지(https://python.org)로 갑니다.

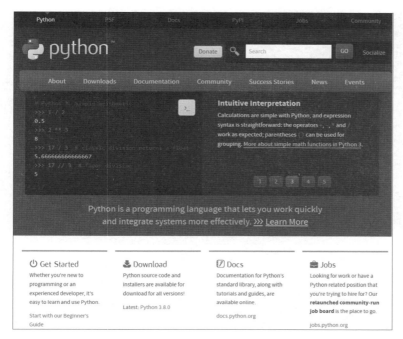

그림 2-7. 파이썬 공식 홈페이지 http://python.org

이 글을 쓰는 시점에서 파이썬은 3.8까지 나왔습니다. 하지만 최신의 프로그램이 항상 좋은 것은 아닙니다. 파이썬에서 사용되는 많은 패키지들이 아직 3.8과 연결되어 있지 않습니다. 즉, 우리가 사용하려는 scipy, numpy, Tensorflow 등은 3.8에서는 제대로 작동하지 않습니다. 그래서 우리는 파이썬 3.6을 사용합니다. 그리고 조금이라도 빠르게 처리하기 위해서 Tensorflow는 64비트 버전에서만 작동합니다. 파이썬 3.6으로 64비트 버전을 설치하여 사용하겠습니다.

[Downloads]에 마우스를 가져가면 새롭게 열리는 창에서 Windows를 클릭합니다. 만약 Mac을 사용하신다면 Mac OS X를 선택하면 됩니다.

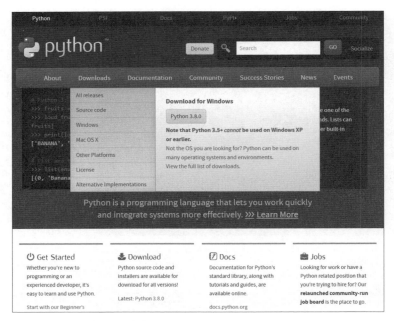

그림 2-8. 파이썬 다운로드 화면

윈도우-10 용 파이썬 설치파일들이 모여 있습니다. 여기서 [Downloads] - [Windows]
를 선택하세요.

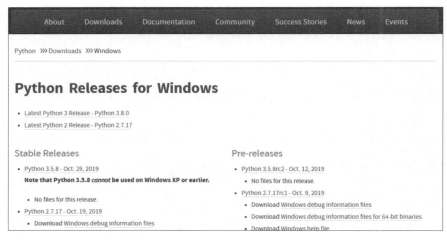

그림 2-9. Windows 버전 다운로드

이 화면에서 아래쪽으로 조금 내려오면,

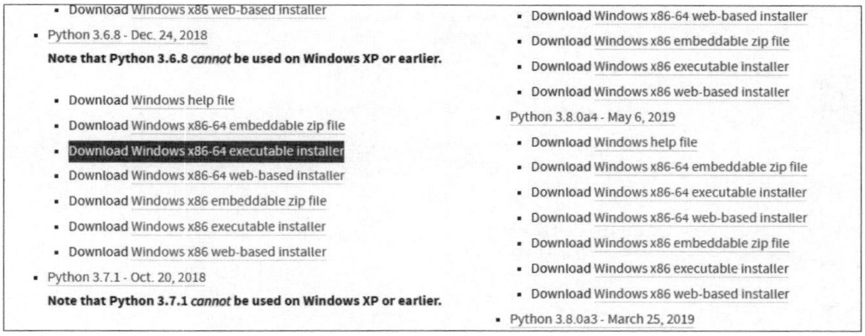

그림 2-10. 윈도우용 64비트 선택

Python 3.6.8을 다운받을 수 있는 링크가 있습니다. 이중 우리는 64비트용을 다운받아서 설치하겠습니다. x86-64라고 이름 붙은 것이 64비트용 파이썬 설치 파일입니다. 이것도 종류가 3개 있는데, 각각 (1) zip 압축파일, (2) 실행파일, (3) 인터넷 설치 파일입니다. 음영으로 표시해 둔 (2) 실행파일을 다운받아 주세요.

파일의 다운로드가 끝나면 다운로드된 파일을 더블 클릭하여 설치를 시작합니다. 이 때 앞으로의 편의를 위해 [Add Python 3.6 to PATH]의 체크박스를 클릭해 둔 다음, Install Now 대신 Customize installation을 선택합니다.

그림 2-11. 파이썬 인스톨 설정 1

인스톨 과정 중 보안경고가 뜰 수 있습니다. 이 경고는 사용자가 설치하지 않았음에
도 어떤 파일이 설치될 수 있기 때문에 뜨는 경고입니다. [예] 또는 [실행] 버튼을 눌러
서 현재 설치 중인 프로그램은 정식 사용자인 '내'가 정상적으로 설치하고 있는 것이
라고 알려주면 됩니다.

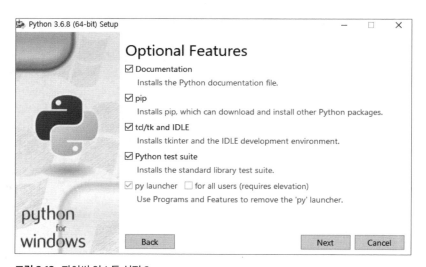

그림 2-12. 파이썬 인스톨 설정 2

Next를 클릭합니다.

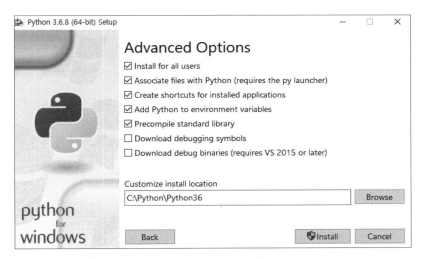

그림 2-13. 파이썬 인스톨 설정 3

여기서 Install for all users의 체크박스를 클릭한 후, Customize install location에
다음과 같이 써줍니다.

```
C:\Python\Python36
```

여기서 파이썬의 설치 디렉터리(폴더)를 설정했는데 기존의 초기 세팅값은 각각의 컴
퓨터마다 위치가 달라지고, 한글, 공백, 특수문자가 들어갈 수 있어서 종종 파이썬으
로 프로그램을 실행할 때 문제가 발생할 수 있습니다. 특히 경로명이 들어간 파일을
읽어온다거나 할 때 처음 프로그램을 접하는 사람들은 당황할 수 있습니다. 오류가
일어날 수 있는 환경은 최대한 피하는 것이 좋습니다. 이후 모든 파일 이름과 경로명
에 한글, 공백, 특수문자 등이 들어가지 않도록 합니다. 이런 관점에서 앞으로는 영문
대문자, 소문자, 숫자, 특수문자 중 '_'만을 사용하겠습니다.

또, 파이썬을 계속 사용하다 보면 이전 버전의 실행파일이 필요하기도 합니다. 그러면 3.6, 3.7, 3.8과 함께 이전 버전 2.7 등을 설치해서 사용할 때도 있습니다. 그럴 때 virtualenv라는 가상개발환경을 사용하는데, 이때 위에서 설정한 것처럼 C:\Python\Python38에는 파이썬 3.8을 설치해두고, C:\Python\Python27에는 파이썬 2.7을 설치해두면 많은 도움이 됩니다.

```
C:\Python \Python38 ----- 파이썬 3.8 버전 설치
        \Python37 ----- 파이썬 3.7 버전 설치
        \Python36 ----- 파이썬 3.6 버전 설치
        \Python27 ----- 파이썬 2.7 버전 설치
```

이런 식으로 설치해두고 가상개발환경인 virtualenv를 사용하여 필요할 때마다 적절한 버전의 파이썬을 골라서 사용할 수 있습니다. 여기서는 virtualenv를 설치하지 않고 진행합니다. 가상개발환경을 사용하고 싶으신 분은 부록 부분에 있는 내용을 참고하시기 바랍니다.

인스톨[Install] 버튼을 클릭해서 설치합니다.

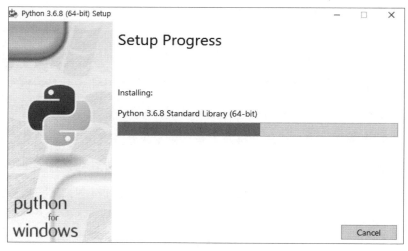

그림 2-14. 파이썬 인스톨

셋업이 완료되었다는 화면이 뜨면 Close를 눌러 닫아줍니다.

그림 2-15. 파이썬 인스톨 완료

이제 파이썬이 잘 설치되었는지 확인해 보겠습니다. 우선 파이썬 코드를 저장할 디렉터리를 만든 후 그곳으로 이동해서 Hello World를 출력하는 간단한 프로그램 코드를 실행시켜보겠습니다. 앞으로 이 책에서 진행할 코드는 C:\dev\aicode에 저장하겠습니다.

파일탐색기를 연 후 C:\로 가서 dev 폴더를 만들고 그 안에서 다시 aicode 폴더를 만들어주세요.

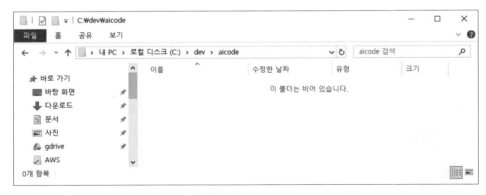

그림 2-16. 새롭게 만든 C:\dev\aicode 디렉터리

그 자리에서 위치를 넣는 창에 cmd를 입력하고 엔터를 칩니다.

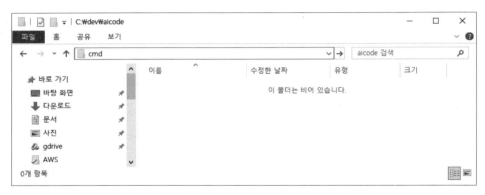

그림 2-17. cmd 입력

'윈도우 커맨드 창'이 떴습니다. '콘솔창'이라고도 하고 '윈도우 터미널창'이라고도 합니다. 혹은 윈도우 이전에 있었던 도스의 창과 같아서 '도스창'이라고 부릅니다. 편의상 이 책에서는 이것을 '윈도우창'이라고 부르도록 하겠습니다. 윈도우창은 리눅스나 맥처럼 터미널로서의 기능이 뛰어나지는 못하지만 그래도 우리가 쓰기에는 충분합니다. 굳이 다른 터미널프로그램을 다운받아서 설치할 필요 없이 윈도우창을 사용하면 됩니다.

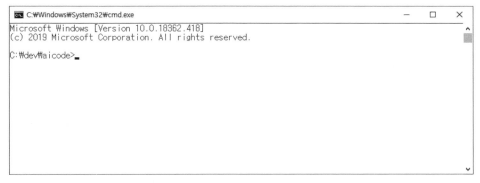

그림 2-18. cmd창의 콘솔 입력 화면

여기에 python이라고 치고 엔터를 눌러보세요.

```
C:\dev\aicode>python
Python 3.6.8 (tags/v3.6.8:3c6b436a57, Dec 24 2018, 00:16:47) [MSC v.1916 64bit
(AMD64)] on win32
Type "help", "copyright", "credits" or "license" for more information.
>>> _
```

위 박스의 내용처럼 실행된 파이썬의 정보가 나옵니다. 우선 C:\dev\aicode 위치에서 파이썬을 실행했을 때 잘 작동한 것을 보면 패스(path)가 제대로 걸려있는 것을 확인할 수 있습니다. 그 다음 파이썬의 버전이 3.6.8인 것을 알 수 있고, 파이썬이 64bit라는 것을 알 수 있습니다.

파이썬 사이트에서 32bit 실행파일을 다운받아서 설치하여 사용할 경우 Tensorflow 패키지를 사용할 수 없으며, MNIST 데이터셋을 가져올 수 없습니다. 꼭 64비트용 설치파일을 다운받아서 설치하시기 바랍니다.

앞서 말씀드렸으나, 파이썬 3.8은 scipy, numpy 등의 수학패키지와 문제가 있어 3.6을 사용하였습니다. 3.6 버전은 최종 버전인 3.6.8까지 나와 있고, 그 중 64비트용 설치 파일을 다운로드받은 후 설치하시기 바랍니다.

2.6.1 Hello World

이제 Hello World를 출력해보겠습니다.

```
>>> print('Hello World')
Hello World
```

커서가 깜박이는 곳에서 print('Hello World')를 입력하고 엔터를 치면 끝입니다. 파이썬은 인터프리터 언어이기 때문에 모든 코드를 다 넣고 한꺼번에 실행하는 것이 아니라 한 줄씩 해석하고 바로 실행합니다. 즉, 한 줄짜리 코드를 넣고 바로 실행하는 것이 가능합니다.

2.6.2 파이썬 계산기

파이썬은 간단한 계산을 바로 할 수 있습니다. 별도의 프로그램을 짠다는 생각보다는 그냥 계산기를 두드린다는 생각으로 사칙연산이 가능합니다.

```
>>> 1+2
3
```

조금 복잡한 계산도 해보겠습니다. 256*256*256... 256을 256번 곱하면 어떤 값일까요?

```
>>> 256**256
32317006071311007300714876688669951960444102669715484032130345427524655138867890891
31972014115229134636887179609218980194941195591504909210950881523864482831206308771
36730099609175019775038965210679605763838406756827679221864261975616183809433847611
70470581645852036305042887575891541065808607552399123930385521914333389668342420681
49747865645694948561760353263220580778056593310261927084603141502585928641771167251
94360371846185735759835115230164590440369761323328723122712568471082020972515710171
26931323469678542580656697935045997268352998638215525166389437335543602135433229601
46453184786049521481935558536110595962306561
```

이런 값이 됩니다. 2의 3제곱은 2**3으로 씁니다.

파이썬 창을 닫아주세요. 오른쪽 위의 x를 클릭하거나 exit()를 입력하고 엔터를 친
후 다시 exit를 입력하고 엔터를 치면 됩니다. 파이썬 실행 중에 파이썬에서 나갈 때
에는 exit()를 사용하고, 윈도우 커맨드창에서 창을 닫을 때에는 exit 명령을 사용합
니다.

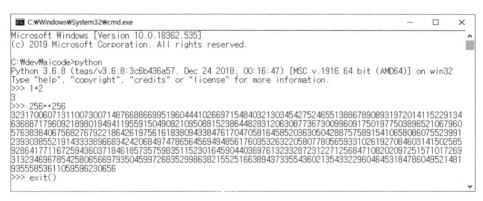

그림 2-19. 파이썬으로 256의 256제곱(256**256) 계산

◎ 2-7 파이썬의 수학 친구 numpy, scipy

파이썬 설치가 끝났습니다. 이제 수학함수들을 쉽게 사용하기 위해서 numpy와 scipy
라는 패키지를 설치해보겠습니다.

파이썬에서 패키지를 설치할 때 pip를 이용합니다. pip(파이프라고 읽습니다)는 파이썬
이 설치될 때 함께 설치됩니다. 단, 설치된 pip는 최신 버전이 아닐 수도 있으므로 최
신 버전으로 업그레이드를 해줍시다. 이때 PC는 인터넷에 연결되어 있어야 합니다.

```
C:\dev\aicode>python -m pip install --upgrade pip
```

업그레이드가 완료되면 다음과 같습니다. 이 글을 쓸 때의 최신 버전은 19.3.1이지만
이 글을 보면서 설치할 때에는 버전이 더 올라가 있을 수 있습니다. pip는 항상 최신
버전으로 업그레이드해 두는 것이 좋습니다.

```
C:\Windows\System32\cmd.exe                                          —   □   ×
Type "help", "copyright", "credits" or "license" for more information.
>>>
>>>
>>> exit()

C:\dev\aicode>python -m pip install --upgrade pip
Collecting pip
  Using cached https://files.pythonhosted.org/packages/00/b6/9cfa56b4081ad13874b0c6f96af8ce16cfbc
1cb06bedf8e9164ce5551ec1/pip-19.3.1-py2.py3-none-any.whl
Installing collected packages: pip
  Found existing installation: pip 19.2.3
    Uninstalling pip-19.2.3:
      Successfully uninstalled pip-19.2.3
Successfully installed pip-19.3.1

C:\dev\aicode>
```

그림 2-20. pip 업그레이드

pip를 사용해서 scipy를 설치해봅시다.

```
C:\dev\aicode>pip install scipy
```

그림 2-21. scipy 설치

설치가 끝나면 pip list 명령으로 어떤 파이썬 패키지들이 설치되어 있는지 확인해 봅시다.

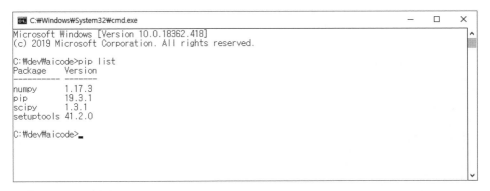

그림 2-22. pip list 명령

pip와 setuptools는 파이썬이 설치될 때 처음부터 있었던 것이고, 방금 scipy를 설치하면서 scipy와 함께 numpy가 설치된 것을 확인할 수 있습니다.

◎ 2-8 파이썬 matplotlib 설치

이번에는 matplotlib라는 패키지를 설치해보겠습니다. 이전에 설치한 scipy는 과학, 수학 계산용 함수들이 들어 있는 패키지였습니다. matplotlib는 수치를 그래프로 보여주는 함수들이 들어 있는 패키지입니다. 인공지능과는 직접적인 연관은 없지만 중간중간 나오는 수치들의 의미를 그래프로 그려서 직접 눈으로 볼 수 있게 도와줍니다.

scipy를 설치하는 것과 마찬가지로 pip를 사용해서 matplotlib를 설치합니다.

```
C:\dev\aicode>pip install matplotlib
```

matplotlib를 설치한 다음 다시 pip list를 쳐보면 우리가 설치하지 않은 다른 패키지들이 설치된 것을 확인할 수 있습니다.

```
C:\dev\aicode>pip list
Package             Version
------------------  -------
cycler              0.10.0
kiwisolver          1.1.0
matplotlib          3.1.1
numpy               1.17.3
pip                 19.3.1
pyparsing           2.4.2
python-dateutil     2.8.0
scipy               1.3.1
setuptools          41.2.0
six                 1.12.0

C:\dev\aicode>_
```

scipy를 설치했더니 numpy가 함께 설치되었고, matplotlib를 설치했더니 cycler, kiwisolver, pyparsing, python-dateutil, six가 함께 설치했습니다. matplotlib를 사용하기 위해서는 34쪽에 보이는 패키지들이 필요하기 때문에 함께 설치했습니다.

참고로 이 책에서는 파이썬을 설치한 후 scipy, matplotlib, jupyter만을 설치하여 사용합니다. 파이썬을 처음 설치하여 사용하는 독자를 고려해서 꼭 필요한 것만 설치하였습니다. 만약 이미 파이썬을 설치하였고, 다른 종류의 패키지들도 설치되어 있다면 virtualenv라는 가상개발환경 패키지를 설치해서 앞으로 진행할 프로젝트를 별도로 구분해 두는 것이 좋습니다. 이 부분은 초급을 조금 넘어가는 부분이므로 본문에서 다루지 않습니다. 책의 맨 뒷부분에 별도의 부록으로 가상개발환경을 설치하고 사용하는 방법을 기록해 두었으니 참고하시기 바랍니다.

◉ 2-9 주피터 노트북과 Google Colaboratory (CoLab)

이제 주피터 노트북을 설치할 차례입니다.

```
C:\dev\aicode>pip install jupyter
```

명령으로 주피터 노트북을 설치합니다.

설치가 끝났으면 주피터 노트북을 실행해봅시다.

```
C:\dev\aicode>jupyter notebook
```

실행되면 아래 그림과 같이 웹 브라우저와 함께 주피터 노트북이 실행됩니다.

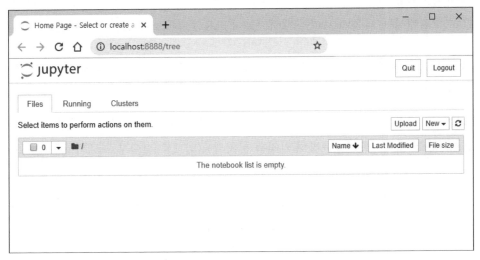

그림 2-23. Jupyter Notebook 실행 화면

주피터 노트북으로 간단한 코드를 짜보겠습니다. 오른쪽 New 버튼을 클릭해서
Python 3를 선택하면 새로운 파일을 만들 수 있습니다.

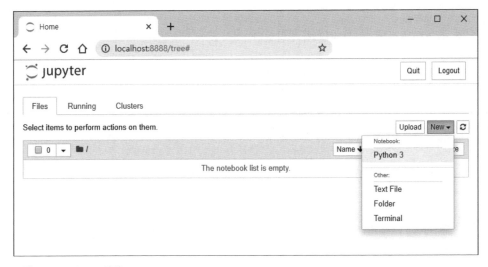

그림 2-24. Python3 선택

새로운 파일이 만들어졌습니다. 이제 여기서 파이썬 코드를 넣어서 프로그래밍할 수 있습니다. 인터프리터의 장점을 최대한 살려서 내가 원하는 만큼만 실행되어 결과를 확인할 수 있도록 만들어져 있습니다. 주피터 노트북은 코드 전체를 한꺼번에 실행시키는 용도보다는 코드를 일정 구간, 일정 역할별로 나눠서 구획별로 구분해 둔 다음 각각을 개별 실행시키고 그 결과를 바로 확인한 후 다음 과정을 진행하는 용도로 사용하면 좋습니다.

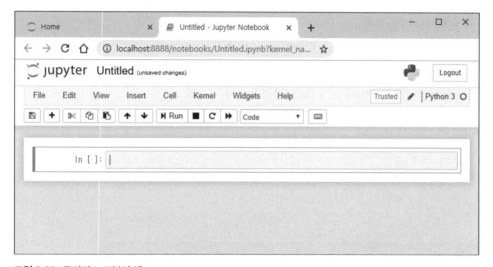

그림 2-25. 주피터 노트북의 셀

간단한 더하기 코드를 넣어보았습니다. [Run] 버튼을 누르면 바로 상자의 아래쪽에 실행 결과가 나오게 됩니다.

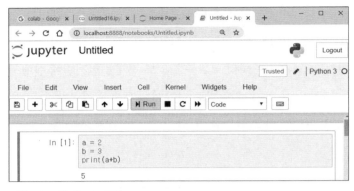

그림 2-26. 셀 내 코드 실행

구글의 Colaboratory(이하 CoLab)에서도 같은 코드를 실행시켜 보겠습니다. 우선 크롬 브라우저를 열고 아래의 주소를 입력합니다.

https://colab.research.google.com/

혹은 크롬 주소창에 "CoLab"으로 검색하면 바로 링크를 확인할 수 있습니다.

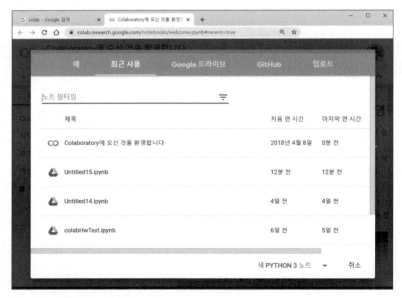

그림 2-27. 구글 Colaboratory 실행

첫 화면은 그림 2-27과 같이 나옵니다. 이전에 작업하던 것이 없다면 오른쪽 아래에 있는 "새 PYTHON 3 노트"를 클릭해주세요.

그림 2-28. 새로운 명령을 넣을 수 있는 셀

파이썬 코드를 입력할 수 있는 크롬창입니다. 앞에서 주피터 노트북에 입력했던 코드를 그대로 복사해서 넣고 실행해 봅시다.

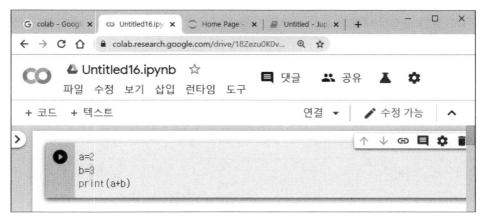

그림 2-29. 간단한 파이썬 명령 실행

실행하는 방법은 PC에서 주피터 노트북을 사용했던 것과 유사합니다. PC에서 설치

한 주피터 노트북은 실행할 블록을 마우스로 클릭해 둔 다음 위에 있는 [Run] 버튼을 눌렀습니다. CoLab은 실행할 블록을 마우스로 클릭해 둔 다음 바로 옆에 있는 동그라미 속의 작은 삼각형을 클릭하면 됩니다. 조금 더 직관적으로 바뀌었습니다.

그림 2-30. 주피터 노트북 실행

그림 2-31. CoLab 실행

이후로 나오는 모든 코드는 CoLab과 PC의 주피터 노트북에서 모두 실행되는 코드입니다. 독자들의 PC 환경이 모두 동일하지 않을 것을 고려해서 앞으로의 그림과 실행 결과는 CoLab에서 나온 것을 사용하겠습니다. 윈도우PC, MAC, Linux 어떤 것을 사용하든지 크롬 브라우저를 통해 구글의 CoLab에 접속하면 같은 화면을 보게 되고, 같은 명령에 대해서 같은 결과를 보게 됩니다. CoLab을 잘 활용하겠습니다. 물론 CoLab과 PC의 주피터 노트북 모두 거의 동일한 결과가 나옵니다. 다만 PC 안에 있는 파일을 다루는 경우 CoLab은 내 PC에 있는 파일을 CoLab 서버(구글 서버)에 올린 다음 그것을 다루기 때문에 파일 업로드를 위한 단계가 하나 더 추가됩니다.

[요약]

[1안] PC에서 실행	[2안] CoLab 사용
Python 3.6 설치 scipy, matplotlib, jupyter 설치 Chrome에서 jupyter notebook 실행	Chrome에서 CoLab실행
장점 : 인터넷이 없는 곳에서도 가능 단점 : 파이썬과 관련 패키지를 모두 설치해야 함	장점 : 어떤 PC든 인터넷만 연결되면 같은 성능, 같은 결과 단점 : 인터넷 연결이 안 되는 곳에서 사용 불가

°3

파이썬 기초 문법

파이썬은 간단한 덧셈, 곱셈 등의 사칙연산과 제곱 등을 쉽게 할 수 있습니다. 파이썬의 문법은 기존 프로그램 언어들 중에서 가장 인간의 사고와 유사하다고 말합니다. 간단한 사칙 연산부터 조건과 반복문, 그리고 함수를 만드는 것을 짧게 살펴보겠습니다. 세부적인 부분은 실제 신경망을 프로그래밍하면서 다루겠습니다. 다만 파이썬의 모든 문법을 다루는 것은 이 책의 범위를 벗어나기 때문에 꼭 필요한 부분만 짧게 언급하겠습니다.

◎ 3-1 주석

주석은 프로그램 내에 삽입된 메모를 의미합니다. # 뒤에 따라오는 짧은 문장으로 주로 소스코드를 읽는 사람들을 위한 메모입니다.

```
print('Hello World')    #이 줄에 대한 설명
```

또는 아래와 같이 작성할 수도 있습니다.

```
#아래의 줄에 대한 설명
print('Hello World')
```

◎ 3-2 변수

파이썬은 변수를 단순화했습니다. 혹시 다른 프로그래밍 언어를 사용해 본 사람이라면 변수를 만들 때 '형'을 지정해준다는 것의 의미를 알고 있을 것입니다. C나 Java 등의 언어를 사용할 때 변수의 타입, 즉 '형'을 지정해 주지 않으면 에러가 발생합니다. 그런데 파이썬은 변수를 만들 때 '형'을 지정해 주지 않습니다. C 언어와 파이썬을 비교해서 보겠습니다.

C	Python

char num = 10;
int mnum = 52000;
float rate = 2.5;
String mystr = "Hello World";
	num = 10
	mnum = 52000
	rate = 2.5
	mystr = "Hello World"

변수의 앞에 변수의 타입을 지정하는 int, float 등을 반드시 써야 함 문자를 다루기 어려움	변수의 타입을 지정하지 않아도 알아서 변수의 타입이 지정됨 문자를 다루기 쉬움

표 3-1. C와 Python의 변수 비교

C나 Java 등 기존 프로그래밍 언어에서는 변수의 타입을 지정해야만 했습니다. 변수의 타입이 지정되어야만 컴퓨터는 그 타입에 맞도록 메모리를 적절하게 조절할 수 있습니다.

C 언어에서 char로 만들어지는 변수는 1바이트를 사용하고, int라는 타입으로 만들어지는 변수는 4바이트를 사용합니다. 즉, C 언어는 1바이트짜리 메모리 영역을 확보한 후 그 자리에 num이라는 이름과 10이라는 값을 넣고, 4바이트짜리 메모리 영역을 확보한 후 그 자리에 mnum이라는 이름과 52,000이라는 값을 넣게 됩니다. 값이 얼마인지를 알기 전에 먼저 타입에 따른 메모리 영역을 확보한다는 것입니다. 반면

파이썬은 num = 10이라는 명령을 받게 되면 우선 num에 들어갈 값인 10이 어떤 타입인지를 확인한 다음 그에 맞는 메모리영역을 확보하고 거기에 이름 num과 값 10을 저장하게 됩니다.

즉, 파이썬에서는 C나 자바에서 신경써야 했던 변수의 타입을 프로그래머가 신경쓸 필요 없이 그냥 사용하기만 하면 파이썬 인터프리터가 알아서 처리해주게 됩니다. 많이 편해졌습니다. 그러다 보니 앞에서 계산했던 256**256이라는 계산이 파이썬에서는 아무렇지도 않게 계산이 됩니다. C에서 256^{256}을 계산하기 위해서는 변수와 프로그램에 상당히 고민해야 합니다.

변수와 상대되는 개념으로 상수가 있습니다. 상수는 정해진 숫자나 "Happy Birthday" 같은 문자열 등을 말합니다. 원주율 π의 값 3.141592는 변하지 않는 수입니다. 이런 변하지 않는 고정된 수를 상수로 두고 사용합니다.

변수는 변할 수 있는 수를 저장할 수 있는 공간을 의미합니다. 즉, 컴퓨터에 있는 저장공간, RAM의 일정 공간을 차지하면서 그 공간의 필요에 따라 숫자나 신호를 기록하거나 기록된 것을 읽을 때 변수를 사용합니다.

산술연산

산술연산에는 기본적인 덧셈, 뺄셈, 곱셈, 나눗셈과 함께 정수형 나눗셈과 나머지 연산, 그리고 거듭제곱이 들어갑니다.

```
#3.3 산술연산

a = 3
b = 2

print(a+b)
print(a-b)
print(a*b)
print(a/b)
print(a//b)
print(a%b)
print(a**b)
print(2**0.5)
```

위에서부터 각각을 설명하면 첫째 줄은 a라는 변수를 만들면서 거기에 3이라는 값을 넣어 주는 것입니다. 파이썬은 변수의 이름을 만든 다음, 거기에 어떤 값을 넣어주면 자동으로 그 값에 적당한 형태의 타입으로 변수가 만들어집니다. 다른 언어들은 변수의 이름을 만들 때 이미 그 변수의 타입을 정해주는 반면 파이썬은 변수에 값을 넣을 때 그 변수의 타입이 정해집니다. 첫째 줄에서 a에 3을 넣는 순간, a 변수는 정수를 담는 변수가 됩니다.

둘째 줄에서 b는 2를 담게 됩니다.

셋째 줄에서 print()라는 함수를 써서 a+b를 화면에 '프린트'합니다. 세 번째 줄부터 여섯 번째 줄까지는 +, -, *, / 즉 사칙연산의 결과가 출력됩니다. 충분히 예상하는 대로의 결과가 나올 것입니다.

일곱 번째 줄에서 // 모양의 연산이 나옵니다. 슬래시(/)를 하나 사용하면 실수로 결과가 나오는 나눗셈이고, 두 개 사용하면 정수로 결과가 나오는 나눗셈입니다. 즉, 3을 2로 나누면 1.5가 됩니다. 즉, 슬래시를 사용해서 3/2를 하면 1.5라는 실숫값이 출력됩니다. 여기서 소수점 이하를 버리고 정수 부분만 가져오는 것이 3//2라는 슬래시를 두 개 사용하는 연산입니다.

% 연산자는 나머지 연산자라고 불립니다. 3%2는 3에서 2를 계속 빼면서 더 이상 뺄 수 없을 때의 나머지를 출력합니다. 1이 출력됩니다.

곱셈기호가 2개 들어간 거듭제곱인 3**2는 3*3처럼 3을 두 번 곱하는 연산입니다. 3**5는 3*3*3*3*3이 됩니다. 이 거듭제곱 연산을 재미있게 사용할 수 있습니다. 2**0.5는 sqrt(2)와 같습니다. 어떤 수에 루트를 씌우는 것은 그 수에 0.5 제곱을 하는 것과 같습니다. 그래서 굳이 파이썬에서 외부 math 패키지를 가져와서 거기서 sqrt() 함수를 가져오지 않아도 2**0.5를 통해 sqrt(2)를 계산할 수 있습니다.

자료구조 :
리스트, 튜플, 딕셔너리

변수는 기본적으로 하나의 값을 저장합니다. 그래서 여러 개의 값을 다뤄야 할 경우 여러 변수를 모아둔 것과 같은 특별한 형태의 자료구조가 필요합니다. 파이썬에는 크게 리스트, 튜플, 딕셔너리가 있습니다.

3.4.1 리스트

리스트는 여러 요소를 담을 수 있고, 수정, 삭제가 가능합니다. 데이터들은 [ ] 안에 담게 됩니다.

```
a = [1, 2, 3, 4, 5, 6, 7, 8]
```

리스트의 각 요소는 앞에서부터 인덱스 번호가 0부터 1씩 증가하면서 붙여집니다. 즉 a[0]은 첫 번째 요소인 1입니다. 세 번째 요소인 3은 a[2]입니다. 0부터 시작하기 때문에 n번째 요소의 인덱스번호는 n-1이 됩니다.

슬라이싱이라는 방법을 사용해서 리스트에 있는 요소들을 일정 부분 가져올 수 있습니다.

a[0:2]는 0번 인덱스에서 시작해서 2번 인덱스 전까지라는 뜻입니다. 즉 0, 1 이렇게 두 개의 인덱스가 해당됩니다. 그래서 a[0:2]는 [1, 2]를 의미합니다.

콜론(:)의 앞이나 뒤에 있는 숫자를 적지 않으면 맨 앞과 맨 끝을 의미합니다. 그래서 a[2:]는 '2번부터 시작해서 끝까지'라는 뜻이 됩니다. [3, 4, 5, 6, 7, 8]입니다. 2번부터

라고 했으니까, 앞에서 두 번째가 아니라 세 번째가 시작 부분이 됩니다.

3.4.2 튜플

튜플은 리스트와 거의 유사하지만 리스트는 개별 요소들을 수정하거나 삭제하는 것이 가능한 반면 튜플은 개별 요소들의 수정과 삭제가 되지 않습니다. 즉, 기존의 튜플을 사용하여 새로운 튜플을 만들고 기존의 것을 통째로 삭제하는 식으로 사용할 수 있습니다. 리스트는 수정과 삭제가 필요한 자료들을 모아서 사용하는 것이라면 튜플은 수정하거나 삭제해서는 안 되거나 그럴 필요가 없는 자료를 모아서 사용할 때 유용합니다. 튜플은 () 안에 데이터들을 담습니다.

```
a = (1, 2, 3, 4, 5, 6, 7, 8)
```

리스트와 마찬가지로 슬라이싱을 사용할 수 있습니다. 슬라이싱은 원래의 리스트나 튜플을 수정하는 것이 아니라 원자료로부터 새로운 자료구조를 만들어 내는 것입니다. 그래서 a[0:2]는 (1, 2)이라는 튜플 자료구조가 됩니다.

3.4.3 딕셔너리

리스트와 튜플은 개별 요소들을 구분하기 위해서 인덱스 번호가 주어졌습니다. 앞부터 시작해서 0부터 1씩 증가하는 인덱스를 통해 각 요소의 값을 읽거나 수정하거나 삭제하는 것이 가능했습니다(수정과 삭제는 리스트만). 딕셔너리는 하나의 요소가 key와 value로 구성되어 저장됩니다. 마치 사전이 단어와 그 뜻으로 구성되는 것처럼, 한 요소는 그 요소를 가리키는 key와 설명에 해당하는 value로 구성됩니다.

```
a = {'name':'Joy', 'phone':'010-0000-0123', 'birth': '0125'}
```

딕셔너리는 {}로 묶이고, key와 value 사이에 :으로 구분됩니다.

키(key)를 사용해서 값(value)을 읽어옵니다.

a['name']는 'Joy'라는 값을 가져옵니다. 값을 수정할 수도 있습니다.

a['name'] = 'Joy Luck'으로 수정할 수 있습니다. a['sex'] = 'male'을 사용하면 a에 새로운 요소가 추가됩니다. 딕셔너리를 이용한 간단한 예제 코드를 직접 실행시켜서 어떻게 결과가 나오는지 확인해 보세요.

```
#3.4.3 딕셔너리

a = {'name':'Joy', 'phone':'010-0000-0123', 'birth': '0125'}
print(a['name'])
a['name'] = 'Joy Luck'
print(a['name'])
a['sex'] = 'male'
print(a)
```

실행 결과는 아래와 같습니다.

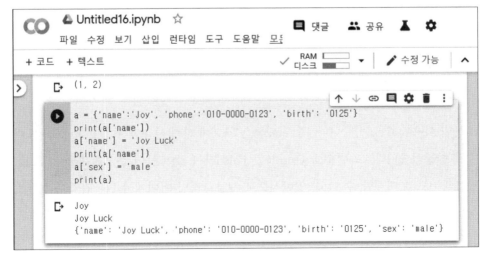

그림 3-1. 실행 결과

프로그래밍 언어는 기본적으로 조건과 반복에 관한 규칙을 가지고 있습니다. 가장 기본적인 조건과 반복을 얼마나 제대로 사용할 수 있느냐는 아주 중요합니다. 파이썬은 if문을 사용합니다. 조건문의 기본 구조는 다음과 같습니다.

```
조건문 이전에 실행될 문장들
조건문 이전에 실행될 문장들

if (조건) :
    조건이 참인 경우 실행할 문장들
    조건이 참인 경우 실행할 문장들

else :
    조건이 거짓인 경우 실행할 문장들
    조건이 거짓인 경우 실행할 문장들

조건문이 마친 다음 실행될 문장들
조건문이 마친 다음 실행될 문장들
```

아래의 코드를 실행해 보시기 바랍니다.

```
#3.5 조건문 1
hungry = True
if hungry:
    print("배가 고파요")
```

if 문만 사용할 수도 있습니다. 즉, else문은 필요에 의해 사용합니다. hungry라는 변수를 만들었습니다. 그 변수에 True 또는 False라는 값이 들어갑니다. True와 False는 1과 0으로 대체할 수 있고, 일반적으로 프로그래밍 언어에서 1은 전기가 흐르는 상태, 참, True를 의미하고, 0은 전기가 흐르지 않는 상태, 거짓, False를 의미합니다.

```
#3.5 조건문 2
hungry = False
if hungry:
    print("배가 고파요")
else:
    print("배가 고프지 않군요.")
    print("저는 행복합니다.")
```

if (else) 조건문을 사용할 때 주의할 점은 두 가지입니다.

1) if 조건을 쓰고 그 뒤에 반드시 콜론(':')을 적어야 한다.

종종 콜론을 적지 않고 에러가 발생한 다음 왜 오류가 나는지 물어보는 분들이 있습니다. 항상 강조하지만 처음 배울 때 자주 발생하는 오류입니다.

2) 콜론이 나온 그 다음 줄부터 새로운 블록의 시작이다.

그것을 알리기 위해서 그 줄의 맨 앞에 빈칸을 4개 넣습니다. 블록이 끝날 때까지 빈칸의 개수는 정확히 일치해야만 합니다. 즉, 처음에는 빈칸이 4개였다가 그 다음 줄에 빈칸 3개를 쓰면 안 됩니다. 눈으로 보기에 3개와 4개는 종종 구별하기 어렵습니다. 이 부분은 에디터의 도움을 받으시는 게 좋습니다. 대부분의 프로그래밍용 에디터는 스페이스 4개를 사용합니다. 물론 옵션에서 2개나 3개로 변경할 수 있습니다. 한번 설정되면 그 다음부터는 블록이 시작되는 위치에서 자동으로 정확한 4칸 들여쓰기(indent)가 이루어집니다.

빈칸의 개수는 2개 이상이면 되지만, 대부분의 프로그래머는 스페이스 4개를 지키고 있습니다. 빈칸 4개가 눈으로 보기에 적당히 좋습니다. 이 규칙은 절대적이지는 않지만 지키지 않음으로 인해 발생할 수 있는 에러나 손해를 학교나 여러 곳에서 가르치면서 너무 많이 보고 있습니다. 코드가 잘 실행되지 않는다고 하는 학생들의 절반 정도는 블록에서 문제가 발생합니다. 빈칸 4개를 사용해서 블록을 구분하고, 보기 좋게 만들어 주세요.

◎ 3-6 반복문

파이썬의 반복문은 for 또는 while을 이용해서 이루어집니다. for 반복문은 아주 매력적입니다. #3.6 반복문 1을 통해 확인하겠습니다.

```
#3.6 반복문 1
for i in range(10):
    print("Hi I'm Baram.")
```

일반적으로 많이 사용하는 반복문입니다. 10번 반복하라는 뜻입니다. 어떤 문장을 일정 회수 반복할 때 range() 함수를 사용하면 됩니다. "Hi I'm Baram."이라는 문장이 10번 반복됩니다.

```
#3.6 반복문 2
market = ['apple', 'pear', 'orange', 'grape']
for food in market:
    print(food)
```

첫 번째 줄에 market이라는 리스트 변수를 만들었습니다. 4개의 과일이 담겨 있군요.

두 번째 줄에 for문을 사용합니다. Market이라는 리스트 변수가 두 번째 줄 마지막 부분에 있습니다. 리스트에 담겨 있는 것들을 하나씩 꺼내서 사용하겠다는 뜻입니다. 하나씩 꺼낸 후 하나하나를 food라는 변수에 담아서 세 번째 줄로 보냅니다. 세 번째 줄에서는 food를 '프린트'합니다. food라는 변수는 프로그래머가 원하는 이름으로 교체할 수 있습니다. market이라는 리스트에 담겨 있는 원소 하나하나를 담을 변수 이름을 여기서는 food라고 정한 것이고, 다른 이름으로 얼마든지 바꿀 수 있습니다. 이를테면 많이 사용하는 i를 쓸 수도 있습니다.

```
#3.6 반복문 3
market = ['apple', 'pear', 'orange', 'grape']
for i in market:
    print(i)
```

food 대신 i로 바꾼 것이고, 실행 결과는 동일합니다. 간단한 영어로 읽으면 두 번째 줄과 세 번째 줄은 마치

"market에 있는 food를
프린트하라"

로 보입니다. 상당히 직관적이면서 코드의 의미가 눈에 확 들어옵니다.

반복문은 일정 횟수로 명령을 실행하거나, 리스트, 튜플, 딕셔너리와 같은 자료구조를 사용해서 요소의 수만큼 어떤 처리를 할 때 유용합니다.

일련의 명령을 묶어서 특정 기능을 수행하게 만들 수 있습니다. 재사용 가능한 프로그램의 조각을 함수라고 부릅니다. 프로그래머가 원하는 기능을 수행할 수 있도록 특정 명령어 그룹을 만들어 이름을 짓고 어디에서나 사용할 수 있게 만든 것이 함수입니다. 만들어진 함수를 사용하는 것을 함수를 호출한다고 합니다. 앞에서 사용했던 print()도 만들어져 있는 함수입니다. 파이썬에서 기본으로 제공해 주는 함수가 있고, 필요에 의해 추가로 가지고 와서 사용하는 함수도 있습니다. 그리고 프로그래머가 직접 만드는 함수도 있습니다.

함수는 1) def으로 시작되고, 2) 함수의 이름을 적은 뒤 3) 인자를 담을 ()를 써주고, 4) 그 뒤에 :(콜론)을 붙여줍니다. 5) 그 다음 줄부터 4칸짜리 들여쓰기를 한 블록을 만들어 사용합니다. 여기서 '인자'는 파라미터(parameter)라고도 부릅니다. 인자는 함수나 클래스 등을 만들 때 사용하는 변수를 의미합니다. 반면 이미 만들어진 함수를 호출하면서 인자에 특정한 값을 전달할 때의 그 특정값을 '인수'라고 부릅니다.

```
def 함수의이름(인자, 인자, 인자):
    함수가 실행되는 문장들
    함수가 실행되는 문장들
    함수가 실행되는 문장들
```

[CoLab 코드]

```
#3.7 함수 1
def hello():
    name = input("What's your name? : ")
    print("Nice to meet you, " + name + ".")
hello()
```

[실행 결과] What's your name? :

def로 함수를 만듭니다. def 뒤에는 함수의 이름이 오고, 함수의 이름 뒤에는 함수임을 알리고 인수를 넣기 위해 ()를 둡니다. () 안은 인수를 넣거나 혹은 빈 채로 둡니다. 그 뒤에 :(콜론)을 넣습니다. 그 상태에서 [Enter] 키를 치면 커서는 바로 아랫줄 앞에서 4칸을 비운 위치로 갑니다. 그 자리가 블록이 시작되는 곳입니다.

이후 함수 안에 포함된 명령들은 모두 동일하게 앞에서 2칸 비운 위치, 동일한 블록에 속한 상태에서 명령(실행될 문장)을 넣습니다. 함수의 실행은 아래와 같이 함수가 만들어진 이후에 어느 곳에서나 "함수의 이름()"으로 이루어집니다.

```
hello()
```

실행 결과 화면입니다. input() 안에 들어간 문장을 화면에 보여준 다음 키보드 입력을 기다리고 있습니다. 여기에 자신의 이름을 키보드로 입력하고 [Enter] 키를 치면 다음과 같은 화면이 나옵니다.

[실행 결과 - 입력 전]	[실행 결과 - 입력 후]
What's your name? : _	What's your name? : Baram [Enter] Nice to meet you, Baram.

인수가 들어간 함수는 다음과 같습니다.

```
#3.7 함수 2
def hello(name):
    print("Nice to meet you, " + name + ".")
hello('Baram')
```

◉ 3-8 클래스와 객체

함수의 조합을 이용해서 프로그램을 구성할 수 있습니다. C언어는 함수를 사용해서 코드를 만드는 프로그래밍 언어이고, 이런 언어를 사용하는 코딩을 절차 지향 프로그래밍 기법이라고 부릅니다. 크지 않고 혼자서 만들기 적당한 정도라면 절차 지향 프로그래밍 방법으로 만들어도 충분합니다. 하지만 보다 큰 프로그램을 만들거나 여럿이 함께 작업할 때에는 절차 지향 프로그래밍은 어려움이 있습니다. 이를테면 함수나 변수의 이름을 만들 때 같은 이름을 붙여서 사용할 수 있고, 이때 곤란한 문제가 발생할 수 있습니다.

객체 지향 프로그래밍에서는 이러한 문제를 방지하기 위해서 클래스라는 것을 사용합니다. 지금까지는 특정한 명령어들의 집합을 함수로 만들어 사용했다면 클래스에서는 특정한 명령어들의 기능 집합과 함께 변수들까지 모아 둔 프로젝트별 패키지를 구분해 두게 됩니다. 클래스에 있는 변수를 필드(field)라고 부르고, 함수를 메소드(method)라고 부릅니다. 하지만 이 책에서는 변수와 함수로 부르겠습니다.

클래스를 사용해 만들어지는 것을 객체(Object)라고 합니다. 클래스를 틀에 비유하면 객체는 틀에 부어 만들어진 최종 제품입니다. 클래스를 이용해 만들어지는 객체는 클래스가 가지고 있는 정보(변수)와 기능(함수)을 가지게 됩니다.

함수 = '기능' 모음
클래스 = '정보 + 기능' 모음

클래스를 이용해서 객체(Object)를 만들어 사용하게 됩니다. 이를테면 '자동차클래스'를 이용해 '벤츠'라는 차를 만들게 됩니다. '자동차클래스'는 '벤츠'뿐만 아니라 'BMW'

도 만들 수 있습니다. 아래와 같습니다.

객체이름 = 클래스 이름(인수들)

실제로도 위와 같습니다.

```
benz = Car(50)
bmw = Car(60)
```

3.8.1 클래스 생성

자동차를 위한 클래스를 만들어보겠습니다. 클래스 변수로는 '스피드'와 '연료'가 있고, 기능은 연료와 스피드를 수치로 보여주는 '모니터기능'과 속도를 올리는 '가속기능'이 있습니다.

```
자동차클래스
    변수 : speed, fuel
    기능 : show( ), speed_up( )
```

클래스는 다음과 같이 만들 수 있습니다.

```
class 클래스 이름:
    변수1 …
    변수2 …
    def __init__(self, 인수1, 인수2, … ):    #생성자
        …
    def 클래스함수1(self, 인수1, 인수2, … ):
        …
    def 클래스함수2(self, 인수1, 인수2, … ):
        …
```

클래스에는 정보를 저장하기 위한 변수와 기능을 구현하기 위한 함수가 포함됩니다. 함수 중 클래스의 시작을 위한 __init__() 함수가 있습니다.

3.8.2 init_()

클래스를 이용해서 객체를 만들 때 초기 설정값을 전달하기 위해 사용하는 함수(메소드)가 __init__() 입니다. init의 앞과 뒤에 _ (언더바)가 2개 들어있습니다. __init__()를 이용하면 자동차 클래스를 이용해서 객체를 만들 때 초기 속도나 연료를 설정할 수 있습니다. __init__()는 클래스로 객체를 만들 때 자동으로 실행됩니다.

```
class Car:
    def __init__(self, fuel):
        self.fuel = fuel
        self.speed = 0
```

3.8.3 self

클래스로 만들어지는 객체는 클래스 안에 있는 변수를 가집니다. Car 클래스를 사용하여 benz 객체를 만들어 보겠습니다.

```
benz = Car(5)
```

benz 객체는 fuel과 speed 변수를 가지게 됩니다. 클래스는 첫 번째 인자로 자기 자신을 가리키는 인자를 사용합니다. 인자 이름으로는 일반적으로 self를 사용합니다. self는 클래스로 만들어진 객체 자신을 가리킵니다. 세부적인 내용은 별도의 프로그래밍 관련 책을 참고하시기 바랍니다. 우선 클래스의 모든 함수의 첫 번째 인자로 self를 넣는다는 것만 기억하시기 바랍니다. 객체 내부의 변수를 읽거나 쓸 때도 self

를 사용합니다.

```
class Car:
    def __init__(self, fuel):    #1. 생성자
        self.fuel = fuel    #2. self.fuel과 fuel은 다름
        self.speed = 0    #3. self.speed에 0을 저장
```

#1. 여기서 def __init__(self, fuel):는 클래스를 사용해서 객체를 만들 때 자동으로 실행되는 함수입니다. 자동으로 실행되기 때문에 '생성자(constructor)'라고도 부릅니다. __init__() 함수가 실행될 때 self와 fuel이 필요합니다. self는 __init__() 함수가 속한 객체 자신을 의미하고, fuel은 외부에서 가져오는 값입니다. 즉 Car(5)로 클래스를 실행하면서 객체를 만들 때 () 안에 있는 5라는 값이 fuel에 들어갑니다.

#2. 등호(=, equal)의 왼쪽에는 값을 저장할 메모리 공간의 이름이 들어가고, 등호의 오른쪽에는 메모리 공간에 들어갈 값이 위치합니다. 즉, 왼쪽의 self.fuel은 변수의 이름이고, 오른쪽의 fuel은 실제 값입니다. Car(5)를 수행하면서 fuel은 5라는 인자값을 가지게 되고, 그 값이 등호의 오른쪽에 위치합니다.

#3. self.speed의 self는 클래스를 이용해 만들 객체를 의미하고, 객체에 속한 speed라는 변수에 0을 저장하라는 뜻이 됩니다. '객체.변수'의 모습으로 객체에 속한 정보를 읽거나 쓸 수 있고, '객체.함수()'의 모습으로 객체에 속한 기능 함수를 실행할 수 있습니다.

위에서 만들었던 Car 클래스에 속도와 연료를 보여주는 함수와 속도를 높이는 함수를 추가해 보겠습니다.

```
#3.8 클래스와 객체 1

class Car:
    def __init__(self, fuel):
        self.fuel = fuel
        self.speed = 0
        print('fuel =', fuel)

    def show(self):
        print('speed =', self.speed, 'fuel =', self.fuel)

    def speed_up(self):
        self.fuel = self.fuel -1
        self.speed = self.speed + 1
```

3.8.4 객체 내부함수 실행

클래스를 이용해서 객체를 만들고, 만들어진 객체 안에 있는 기능을 구현해 보겠습니다.

```
#3.8 클래스와 객체 2

benz = Car(5)        #1 클래스로 객체 만들기
benz.speed_up()      #2 객체 benz 안의 speed_up() 함수 실행
benz.show()          #3 객체 benz 안의 show() 함수 실행
```

#1. 첫 번째 줄에서 Car라는 클래스를 이용해서 benz 객체를 만들었습니다. 객체를 만들 때 5라는 인수(클래스를 정의할 때 쓰는 변수의 이름이 '인자'이고, 만들어진 인자에 들어갈 구체적인 값이 '인수'입니다)를 넣었습니다. 그러면 객체를 만들기 위해 Car 클래스로 benz라는 객체를 만들면서 바로 앞에서 만들었던 __init__() 함수가 실행됩니다. 실행의 결과로 self.fuel 즉, benz.fuel에 5라는 값이 저장됩니다.

#2. benz.speed_up()은 benz 객체에 있는 speed_up() 함수를 실행하라는 명령입니

다. speed_up() 함수는 fuel을 1 줄이고 speed를 1 높이는 기능을 가지고 있습니다. 연료를 1 사용(소모)해서 속도를 1 올리는 기능입니다.

#3. benz.show()는 benz에 있는 show() 함수를 실행합니다. 객체가 가진 speed와 fuel 즉, benz.speed와 benz.fuel을 화면에 출력합니다.

이제 위의 내용을 응용하면 하나의 클래스로 여러 객체를 만들어 사용할 수 있습니다.

```
#3.8 클래스와 객체 3

benz = Car(5)          #1 Car 클래스로 객체 benz 만들기
bmw = Car(7)           #2 Car 클래스로 객체 bmw 만들기

benz.speed_up()        #3 benz의 연료1 소모 속도1 상승
benz.speed_up()        #4 benz의 연료1 소모 속도1 상승
benz.show()            #5 benz 연료와 속도 출력

bmw.speed_up()         #6 bmw의 연료1 소모 속도1 상승
bmw.show()             #7 bmw 연료와 속도 출력
```

클래스에 대한 설명은 여기까지 하겠습니다. 이 외에도 상속이나 오버라이드 등 중요한 개념들이 있지만 이 책에서는 상속을 사용하지 않습니다.

◎ 3-9   numpy 패키지의 사용

앞부분에서 우리는 scipy 패키지를 설치했습니다. scipy를 설치하면 자동으로 numpy까지 설치됩니다. 과학기술용 패키지인 numpy와 함께 scipy를 잘 사용할 수 있으면 MATLAB과 같은 상용의 고가 과학/공학계산용 프로그램을 거의 대체할 수 있습니다. 여기서는 numpy를 사용하는 기초적인 내용만 다루겠습니다.

CoLab을 사용하는 경우 사용자는 별도로 scipy나 numpy를 설치할 필요가 없습니다. 이미 CoLab에는 numpy와 함께 이 책에서 사용하는 패키지들이 설치되어 있습니다.

3.9.1 배열 만들기

```
import numpy as np
```

파이썬에서 패키지를 가져올 때 import문을 이용합니다. 'import [패키지명]'으로 원하는 패키지를 가져와서 그 안에 있는 함수(메소드)를 사용할 수 있습니다. 명령은 numpy라는 이름을 가진 패키지를 가져오고, 그것을 사용할 때 이름을 np로 줄여서 사용하겠다는 의미입니다.

파이썬은 여러 데이터를 담고 사용할 수 있는 리스트나 딕셔너리와 같은 자료구조가 있습니다. 그것을 활용하면서 수학적 계산을 보다 용이하게 만든 것이 numpy의 배열입니다. 배열을 만들 때 numpy 패키지를 불러온 다음, 그 안에 있는 array() 함수를 사용합니다.

```
#3.9 배열

import numpy as np
a = np.array([1, 2, 3, 4])
print(a)
print(type(a))
```

```
[실행 결과]
[1 2 3 4]
<class 'numpy.ndarray'>
```

a = np.array([1, 2, 3, 4])

이 모양을 잘 보면 앞에서 우리가 배웠던 '클래스를 이용한 객체'의 모양과 같습니다. np.array()는 '객체이름.함수이름()' 모양입니다. 파이썬의 거의 모든 것은 객체로 구성되어 있습니다. 주의 깊게 살펴보면 파이썬에서뿐만 아니라 많은 언어에서 'xxx. yyy'처럼 '.'으로 연결된 모양을 자주 볼 수 있습니다.

3.9.2 산술연산

numpy 안에 있는 array()라는 함수를 사용하면서 [1, 2, 3, 4]라는 값을 a에 저장해 보겠습니다. 앞에서 언급했듯 리스트를 저장하는 변수라고 해서 별도로 리스트 저장용 변수로 선언하지 않습니다. 변수에 리스트를 넣으면 그 변수가 리스트를 담을 수 있는 타입이 됩니다.

오른쪽 a는 리스트처럼 보이지만 정확하게는 리스트가 아닌 numpy에서 제공하는 ndarray입니다. numpy의 배열(array)은 리스트와 비슷해 보이지만 다릅니다. 아래는 리스트(list)와 배열(numpy.ndarray)을 이용한 덧셈식의 결과를 나타내었습니다. 차이점을 직접 보세요.

```
a = [1,2,3,4]                    a = np.array([1,2,3,4])
b = [1,2,3,4]                    b = np.array([1,2,3,4])
print(a+b)                       print(a+b)
```

```
[실행 결과]
[1, 2, 3, 4, 1, 2, 3, 4]
[2 4 6 8]
```

리스트와 리스트의 덧셈은 앞의 리스트의 끝부분에 뒤 리스트를 덧붙이게 됩니다. numpy의 배열과 배열의 덧셈의 요소별로 산술연산을 한 후 그 결과를 출력합니다. 즉, 리스트와 리스트의 덧셈은 두 개의 리스트의 크기가 달라도 관계없지만 배열과 배열의 덧셈은 크기(배열 요소의 개수)가 달라지면 오류를 출력합니다.

그래서 배열의 사칙연산은 크기가 같은 배열에서만 가능합니다. 배열은 정수, 또는 실수 어느 것이든 사용할 수 있습니다. 실수를 사용할 때 0.1과 같은 형태뿐 아니라 .1처럼 사용하기도 합니다. 인공지능 쪽 공부를 하다 보면 나중에 통계에 관련한 공부도 하게 됩니다. 확률값은 항상 0 이상 1 이하의 값입니다. 그래서 확률값을 기록할 때에는 소수점 앞의 0을 빼고 기록하기도 합니다. numpy에서도 실수를 쓸 때 소수점 앞의 0을 제외하고 사용할 수 있습니다. '.1' 같은 모양은 평소에 잘 보지 못하는 것입니다. 특히 프로그램에서 '.'은 다양하게 사용이 됩니다. 그래서 더더욱 '.1'을 보았을 때 당황하게 됩니다. '.1'은 '0.1'과 같다는 것을 여기서 알아두었으니 당황할 일이 하나는 줄어들 것입니다.

```
#3.9.2. 산술연산

import numpy as np

a = np.array([1,2,3,4])
b = np.array([.4, .4, .3, .2])
print(a+b)
print(a-b)
print(a*b)
print(a/b)
```

```
[실행 결과]
[1.4 2.4 3.3 4.2]
[0.6 1.6 2.7 3.8]
[0.4 0.8 0.9 0.8]
[2.5 5. 10. 20. ]
```

배열 간 사칙연산의 결과를 잠시 보겠습니다. 위의 도표와 아래 내용을 기억해 두시기 바랍니다.

첫째, '.4'는 '0.4'를 의미한다.
b = np.array([.4, .4, .3, .2])는
b = np.array([0.4, 0.4, 0.3, 0.2])와 동일합니다.

처음에는 0.4를 .4로 쓰는 것이 익숙하지 않겠지만 계속 사용하다 보면 생각보다 편하다는 것을 알게 됩니다. 특히 확률과 통계 쪽을 프로그램할 때에는 오히려 0을 쓰지 않음으로 인해 소수 부분을 보다 빠르고 정확하게 볼 수 있습니다.

둘째, numpy 배열의 사칙연산은 배열 요소의 사칙연산입니다. numpy 배열은 요소 각각이 가진 값을 사용하기 위해서 만들어졌습니다. 리스트를 사용할 경우 인덱스와 반복문을 사용, 배열의 크기만큼 각 요소들을 각각 계산해야 하지만 numpy 배열을 쓰면 매우 간단하게 코드를 만들 수 있습니다.

셋째, 두 배열의 사칙연산의 결과는 두 배열의 크기와 같다. 결과적으로 +, -, *, / 연산을 하기 위해서 두 배열은 크기가 동일해야 하고 그 결과로 만들어지는 배열도 크기가 동일합니다.

3.9.3 2차원 배열과 행렬

```
a = np.array([1,2])
```

위의 배열은 가장 단순한 형태인 1차원 배열입니다. 1차원 배열은 각각의 요소가 한 줄로 죽 늘어선 배열을 말합니다. 배열 안에 배열이 들어간 것을 2차원 배열이라고 부릅니다. 즉, 배열이 배열을 요소로 가지게 되는 것이 2차원 배열입니다. 마찬가지로 2차원 배열을 배열로 가지는 3차원 배열도 가능하고 그 이상의 고차원 배열, N차원 배열도 있습니다.

신경망을 구성할 때 행렬을 사용합니다. 행렬의 정의는 교과서나 여러 참고서적에서 찾아볼 수 있습니다만 대부분의 정의가 대학에서 가르치는 선형대수와 연관되어 있어서 쉽게 받아들이기가 어렵습니다. 여기서는 조금 쉽게 설명해보겠습니다.

행렬은 여러 숫자가 직사각형 형태로 배열되어 있는 것입니다. 직사각형 형태인 행렬은 가로 방향으로 여러 개의 숫자가 모여 있고, 계속해서 아래쪽으로 동일한 개수의 숫자들이 있게 됩니다. 이것을 2차원 배열로 표현해보면 다음과 같습니다.

```
np.array([[1,2],[3,4]])
```

이 줄을 천천히 들여다봅시다.

np. array([[1,2],[3,4]])

배열을 만듭니다. 배열 안에 배열이 포함되어 있습니다.

| array([
         [1, 2],
         [3, 4]
      ]) | 왼쪽에 구조화된 모습으로 보면 이해가 빠를 겁니다.
하나의 배열 안에 1차원 배열들이 요소로 담겨있는 구조입니다. |

표 3-3. 배열

이 모습은 앞으로 자주 보게 될 것입니다. 신경망을 프로그램할 때 많은 계산이 필요합니다. 계산에 필요한 수치들을 행렬에 넣고, 그 행렬을 사용해서 계산하게 됩니다.

numpy의 2차원 배열을 이용한 행렬로 2행 2열의 행렬 A, B를 만들고 요소별 덧셈과 곱셈을 하는 코드를 만들어보겠습니다.

요소별 덧셈과 곱셈의 결과는 다음과 같습니다.

	1행1열	1행2열		2행1열	2행2열
A =	[[1	,2]	,	[3	,4]]
B =	[[5	,6]	,	[7	,8]]
A+B =	[[1+5	,2+6]	,	[3+7	,4+8]]
A*B =	[[1*5	,2*6]	,	[3*7	,4*8]]

표 3-4. 배열 요소의 덧셈과 곱셈

```
#3.9.3. 2차원 배열과 행렬

import numpy as np

A = np.array([[1,2],[3,4]])
B = np.array([[5,6],[7,8]])
print(A+B)
print(A*B)
```

```
[실행 결과]
[[ 6  8]
 [10 12]]
[[ 5 12]
 [21 32]]
```

3.9.4 행렬의 곱

행렬 요소의 사칙연산을 살펴보았습니다. 그중 행렬 요소들의 곱과 행렬의 곱은 의미가 다릅니다. 여기서는 요소들의 곱이 아닌 행렬의 곱을 알아보겠습니다.

$$\begin{pmatrix} a_1 & a_2 \\ a_3 & a_4 \end{pmatrix} \cdot \begin{pmatrix} b_1 & b_2 \\ b_3 & b_4 \end{pmatrix} = \begin{pmatrix} c_1 & c_2 \\ c_3 & c_4 \end{pmatrix}$$

```
c1 = a1b1+a2b3
c2 = a1b2+a2b4
c3 = a3b1+a4b3
c4 = a3b2+a4b4
```

같은 위치의 요소끼리의 곱이었던 행렬 요소의 곱과 달리 행렬의 곱은 행 번호와 열 번호에 해당되는 요소들을 순서대로 곱한 다음 전체를 더해서 결괏값을 만들어냅니다. 즉, 결과 행렬의 1행 1열의 값은 첫 번째 행렬A의 1행의 값인 1, 2를 두 번째 행렬의 1열의 값인 1, 3과 각각 곱합니다. 1*1, 2*3인 1과 6이 그 결과가 됩니다. 그것을 더하면 1+6인 7이 되고 이것이 결과 행렬의 1행 1열의 값이 됩니다.

행렬의 곱은 첫 번째 행렬의 열의 크기와 두 번째 행렬의 행의 크기가 같아야 합니다. 즉 (2x2) 행렬과 (2x3) 행렬은 곱할 수 있지만 (2x3) 행렬에 (2x2) 행렬을 곱할 수는 없습니다. 행렬의 곱에 대해서는 고등학교 수학을 참고해 보시기 바랍니다.

이런 행렬의 곱은 아래 예제와 같이 numpy의 dot() 함수로 계산할 수 있습니다.

```
#3.9.4. 행렬의 곱

import numpy as np

A = np.array([[1,2],[3,4]])
B = np.array([[1,2],[3,4]])
print(np.dot(A,B))
```

```
[실행 결과]
[[ 7 10]
 [15 22]]
```

3.9.5 브로드캐스트

행렬의 곱은 곱하고자 하는 두 행렬 간 첫 번째 행렬의 열과 두 번째 행렬의 행의 개수가 같아야 합니다. 마찬가지로 두 행렬 간 요소의 곱은 두 행렬의 행과 열의 개수가 동일해야 합니다. 이때 두 번째 행렬의 크기가 첫 번째 행렬과 같지 않고 하나의 값이거나, 하나의 행이나 열만 있을 때 나머지를 기존의 값으로 복사해서 사용하는 연산이 있습니다. 이것을 브로드캐스트(broadcast)라고 부릅니다. 브로드캐스트 기능을 사용하면 같은 값을 일일이 복사해서 맞춰주지 않더라도 쉽게 프로그램이 가능합니다.

아래의 코드를 넣어서 직접 실행해보시기 바랍니다. 각각 순서대로 행과 열의 크기가 같은 경우, 한 행만 있는 경우, 한 열만 있는 경우, 하나의 값만 있는 경우에 대한 곱입니다. 이 기능이 없다면 100×100 크기의 행렬의 각 요소를 2배하려면 또다시 100×100 행렬을 만들고 그 안에 2를 넣은 다음 곱셈을 해야 합니다. 하지만 브로드캐스트 기능이 있어서 A*2로 간단한 계산이 가능합니다.

```
#3.9.5. 브로드캐스트 1

import numpy as np

A = np.array([[1,2],
              [3,4]])

B = np.array([[1,2],
              [3,4]])
print(A+B)

B = np.array([[1,2]])
print(A+B)

B = np.array([[1],
              [2]])
print(A+B)

B = 2
print(A+B)
```

```
[실행 결과]
[[2 4]
 [6 8]]
[[2 4]
 [4 6]]
[[2 3]
 [5 6]]
[[3 4]
 [5 6]]
```

numpy는 1행짜리 행렬을 A에 곱할 경우 두 번째 행렬의 첫 번째 행의 값을 복사한 후 그 값으로 나머지 행을 만들어서 사용합니다. 1열 행렬을 곱할 때도 마찬가지로 나머지 열을 1열의 값으로 복사해서 동일한 크기로 만들어 사용합니다.

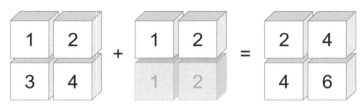

그림 3-2. 브로드캐스트 행 확장

위의 그래프를 코딩한 것이 아래에 있습니다. 2행 2열의 행렬에 1행짜리 행렬을 더한다면 수학적으로는 크기가 다르기 때문에 계산할 수 없지만, 부족한 부분이 생략된 것으로 전제해서 numpy에서는 생략된 2번째 행을 첫 번째 행의 값으로 복사해서 만든 다음 앞과 뒤의 행렬의 크기를 동일하게 만들어줍니다. 그 다음 원소의 값을 사칙연산에 의해 계산합니다.

```
#3.9.5. 브로드캐스트 2

A = np.array([[1,2],
              [3,4]])
B = np.array([[1,2]])
print((A+B))
```

아래는 열 행렬을 더할 경우 내부적으로 어떻게 연산되는지를 보여줍니다. 2행 2열의 행렬에 2행 1열짜리 행렬을 더할 경우 부족한 2열을 1열의 값을 복사해온 다음 그 값으로 계산해 줍니다.

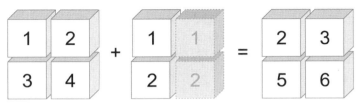

그림 3-3. 브로드캐스트 열 확장

```
#3.9.5. 브로드캐스트 3

A = np.array([[1,2],
              [3,4]])
B = np.array([[1],
              [2]])
print((A+B))
```

행렬에 하나의 값을 더하는 것으로 전체 행렬의 원소를 수정할 수 있습니다.

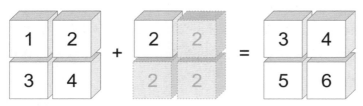

그림 3-4. 브로드캐스트 행과 열 확장

```
#3.9.5. 브로드캐스트 4

A = np.array([[1,2],
              [3,4]])
B = 2
print((A+B))
```

matplotlib를 이용한 그래프

3.10.1 sin 그래프 그리기

파이썬과 행렬을 사용해서 인공지능 프로그램에서 사용되는 신경망을 프로그래밍할 것입니다. 이때 그래프를 이용해서 시각적으로 보여줄 때 matplotlib를 사용합니다. 이 패키지는 계산을 위한 것이 아니므로 없어도 인공지능, 신경망 프로그램에 지장은 없습니다. 하지만 그때그때 계산 결과와 중간에 나오는 값의 의미를 파악할 때 그래 프를 통해 직접 보는 것이 프로그램의 진행 과정을 쉽게 만들어 줍니다. 여기서는 간단한 그래프를 그려보겠습니다.

```python
import numpy as np
import matplotlib.pyplot as plt
```

처음으로 할 일은 numpy와 matplotlib를 사용하겠다고 알리는 것입니다. 첫 번째 줄에서 numpy를 사용할 때 np라는 줄임말을 쓰겠다고 알려줍니다. 두 번째 줄에서 matplotlib 패키지 안에 있는 pyplot이라는 모듈을 plt라는 이름으로 사용하겠다고 알려줍니다. 이 두 줄은 앞으로 이 책에 있는 모든 코드를 실행할 때 맨 위에 붙여줍니다. 이후로 np.[numpy안에 있는 명령]이나, plt.[matplotlib의 pyplot안에 있는 명령]을 사용합니다. 이를테면 np.dot(A,B) 이런 식으로 사용됩니다.

간단한 사인함수의 그래프를 그려보겠습니다. 그래프를 그린다는 것은 x와 y의 값을 가진 많은 점을 만들어 낸 다음 그 점들을 화면에 찍는 것입니다. 60개의 점을 만든 다음 그 점을 화면에 찍는 프로그램입니다. 각각의 점은 x 좌표를 0부터 시작해서 0.1씩 증가시키면서 6이 될 때까지(6이 되기 직전까지) 만들어냅니다. 우선 x값부터 60

개를 만들어 보겠습니다.

```
x = np.arange(0, 6, 0.1)
```

이 명령으로 0부터 6까지, 0.1씩 증가하면서 x를 만들었습니다. x는 이제 [0, 0.1, 0.2, 0.3, … , 5.9] 의 60개의 값을 담고 있는 배열(array)이 됩니다.

이 60개의 값으로 y값을 만들어 보겠습니다. numpy의 sin() 함수를 사용합니다.

```
y = np.sin(x)
```

y는 60개의 x의 각 값이 모두 sin() 함수에 적용된 60개의 결과를 담고 있는 배열이 됩니다. y에 포함된 값들은 [0, 0.09983342, 0.19866933, 0.29552021, … , -0.37387666]입니다.

이제 60개의 x와 60개의 y를 각각 가지고 와서 각 위치에 점을 찍어주면 됩니다. 즉, x의 첫 번째 값인 0과 y의 첫 번째 값인 0을 가지고 첫 번째 위치 (0, 0)에 점을 찍습니다. 그 다음 x의 두 번째 점인 0.1과 y의 두 번째 값인 0.0998334를 사용해서 두 번째 위치 (0.1, 0.0998334)에 점을 찍습니다. 이렇게 60개의 점을 계속 찍어서 연결합니다. 이때 사용되는 함수가 plot()입니다.

```
plt.plot(x,y)
```

그 다음 적용된 모든 것을 화면에 보이기 위해서 show() 함수를 사용합니다.

```
plt.show()
```

아래와 같은 결과를 확인할 수 있습니다.

```
#3.10.1. sin 그래프 그리기

import numpy as np
import matplotlib.pyplot as plt

x = np.arange(0, 6, 0.1)
y = np.sin(x)
plt.plot(x,y)
plt.show()
```

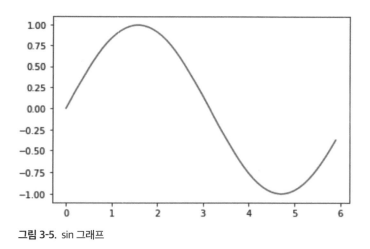

그림 3-5. sin 그래프

3.10.2 그래프를 그리기 위한 데이터

여기서 한 가지 더 진행해보겠습니다.

1) 0에서 6까지 0.5씩 증가시키면서 x를 구하는 경우 [점의 수는 총 12개]

2) 0에서 6까지 0.01씩 증가시키면서 x를 구하는 경우 [점의 수는 총 600개]

직접 해보고 아래 그래프와 같은지 확인합니다.

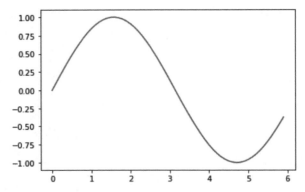

그림 3-6. 데이터의 수 60

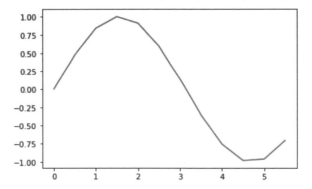

그림 3-7. 데이터의 수 12

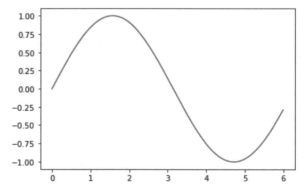

그림 3-8. 데이터의 수 600

위의 그림에서 볼 수 있듯이 60개 데이터로 그린 그림과 600개 데이터로 그린 그림의 차이는 미미합니다. 즉, 눈에 보이는 그래프를 그릴 때 지나치게 많은 데이터를 사용해서 시간과 자원을 낭비할 필요는 없다는 것입니다. 반면 12개의 데이터를 사용한 그래프는 꺾이는 부분이 거슬려 보입니다. 12개의 점을 직선으로 이었기 때문에 이런 현상이 발생합니다. 그래프로 그릴 때에는 이런 부분을 고려해서 어느 정도의 데이터 수를 사용할 것인지 결정해줍니다.

이외에도 pyplot에는 막강한 기능이 있습니다. 그중 필요한 부분은 차근차근 하나씩 본문에서 공부하겠습니다. 더 필요하면 구글에서 'matplotlib', 'pyplot'을 키워드로 검색하면 많은 자료가 나옵니다.

3.10.3 CoLab과 주피터 노트북을 이용한 이미지 파일 화면 출력

간단히 이미지를 불러와서 화면에 보이게 하겠습니다.

CoLab은 내 PC가 아니기 때문에 구글의 CoLab 서버에 이미지 파일을 올리는 것부터 시작해야 합니다. CoLab에서 파일을 올리기 위해서는 별도의 패키지와 명령이 필요합니다. 아래 두 줄은 별도로 문법적 이해를 하지 말고 그냥 사용하시기 바랍니다. 구글에서 제공해주는 google.colab이라는 패키지에 포함된 files라는 모듈(객체)을 사용합니다. files 안에 있는 upload()라는 함수(클래스에 속한 함수, 메소드)를 사용하는 명령입니다. 처음 실행하면 오류 메시지가 뜰 수 있습니다. 오류 메시지가 뜨더라도 다시 왼쪽 삼각형 실행 버튼을 누르면 아래와 같이 제대로 된 실행 화면이 뜹니다. [파일 선택] 버튼을 누른 다음 PC에 있는 적당한 이미지 파일을 올려봅시다. 여기서는 sample_img.jpg를 선택했습니다.

그림 3-9. CoLab으로 파일을 전송

파일이 구글 서버로 올라가고 결과가 화면에 출력됩니다. 파일이 잘 올라갔는지 확인해 보겠습니다. 윈도우의 명령은 dir이고 리눅스 명령은 ls입니다. 화면의 명령줄의 맨 앞부분에 '!'(느낌표)를 넣으면 시스템 명령을 실행시킬 수 있습니다. 개인 윈도우 PC라면 **dir** 명령을 쓰면 되고, 구글 CoLab이라면 리눅스의 **ls** 명령을 쓰면 됩니다. 구글 CoLab에서 '-l' 옵션을 포함해서 ls명령을 주면 파일의 자세한 정보가 출력됩니다.

그림 3-10. 전송된 파일의 정보

방금 올린 sample_img.jpg라는 이미지 파일의 정보가 보입니다. 144152는 파일의 크기입니다. 뒤 3자리를 빼고 144kByte(킬로바이트)라고 읽으면 됩니다. 정확하게는 144152/1024를 계산한 140kByte(소수점 이하는 일반적으로 버림)이지만 대략적인 파일의 크기를 읽을 때에는 1024 대신 1000으로 나눈 값을 사용해도 크게 지장은 없습니다. 그 앞에 있는 정보들은 리눅스 운영체제를 공부하면 알게 되는 부분입니다. 이 책에서는 설명하지 않고 넘어갑니다. 다른 이미지 파일들도 올려 보시기 바랍니다.

자신의 PC 운영체제인 윈도우에서 주피터 노트북을 사용한다면 파일을 올리기 위해 애쓸 필요는 없습니다. 그냥 지금 실행되고 있는 곳(이 책의 지시를 따랐다면 'C:\dev\aicode')에 이미지 파일을 복사해서 넣어두면 됩니다. 파일탐색기 등으로 파일을 복사해서 넣었다면 dir 명령으로 디렉터리(폴더의 일반적인 명칭)의 파일 정보를 볼 수 있습니다.

```
from google.colab import files
uploaded = files.upload()
```

파일 선택 lena_gray.gif
- **lena_gray.gif**(image/gif) - 264598 bytes, last modified: 2019. 11. 8. - 100% done
Saving lena_gray.gif to lena_gray.gif

그림 3-11. PC 디렉터리(폴더) 내용을 화면에 출력

dir은 윈도우의 전신인 도스 시절부터 있어온 시스템 명령어입니다. 디렉터리 내의 파일 정보를 알려주는 명령입니다. 리눅스의 ls와 같은 기능을 합니다. 지금 디렉터리인 C:\dev\aicode에 여러 파일이 있습니다. 제가 만든 것과 외부에서 다운받은 것을 이곳으로 복사해 둔 것입니다. CoLab은 다양한 이미지 처리용 패키지가 들어있기 때문에 gif, jpg 등의 대부분의 그래픽 파일을 처리할 수 있지만 PC에는 아직 우리가 이미지를 읽기 위한 패키지들을 설치하지 않았으므로 matplotlib에서 읽을 수 있는 png 파일만 읽을 수 있습니다. PC의 주피터노트북에서 jpg 파일을 읽기 위해서는 PIL이라는 라이브러리를 설치해야 합니다. #3.10.3에서 사용하는 명령어로 PIL을 설치하면 이후로 jpg 파일을 열 수 있습니다. 다만, 인터넷을 사용할 수 없는 특별한 경우가 아니라면 CoLab을 이용해서 이후의 실습을 진행해 주시기 바랍니다.

이제 이미지 파일을 읽어서 화면에 보이게 하겠습니다. sample_img.jpg는 색이 있는 플라스틱 병뚜껑을 찍은 사진입니다. 날씨 좋은 어느 날 강의 중 쉬는 시간에 창가에서 찍은 사진입니다.

#3.10.3. CoLab과 주피터 노트북을 이용한 이미지 파일 화면 출력

```
from google.colab import files
upload = files.upload()

import matplotlib.pyplot as plt
import matplotlib.image as pmg

img = pmg.imread('sample_img.jpg')
plt.imshow(img)
plt.show()
```

그림 3-12. sample_img.jpg 파일을 화면 출력

4

MNIST 기초 이해

◎ 4-1 MNIST DataSet 구성

인공지능, 신경망을 이용한 프로그램을 시작할 때 제일 처음 접하는 것이 MNIST라는 손글씨 데이터입니다. 손으로 쓴 0부터 9까지의 글자들을 모아둔 것입니다. 이 데이터를 사용해서 프로그램을 학습시키고, 학습된 결과로 얼마나 정확하게 손글씨를 인식할 수 있는지 검증합니다. 훈련용 데이터가 60,000개 있고, 검증 데이터가 10,000개 있습니다. 모든 데이터는 가로×세로가 28×28픽셀 크기로 되어 있습니다.

MNIST Dataset 구성	훈련용(train data) 60,000개 28×28픽셀		검증용(test data) 10,000개 28×28픽셀	
	x_train 훈련데이터	y_train 0~9 정수	x_test 훈련데이터	y_test 0~9 정수

표 4-1. MNIST Dataset

MNIST 데이터셋은 인터넷에서 쉽게 다운받을 수 있습니다. 데이터가 모여 있는 압축파일을 다운받아서 사용할 수도 있습니다. 하지만 오픈소스로 공개되어 이미 패키지 형태로 만들어져 있는 것을 사용하겠습니다. keras에서 제공하는 MNIST입니다.

```
#4.1 MNIST DataSet 구성

from keras.datasets import mnist
(x_train, y_train), (x_test, y_test) = mnist.load_data()
```

keras 패키지의 datasets 클래스에서 mnist 데이터를 포함한 모듈(mnist.py)을 가져옵니다. 이 모듈에는 load_data() 함수가 있고, 이 함수를 사용해서 학습용 데이터 6만 개와 검증용 데이터 1만 개를 가져옵니다. x_train은 6만 개의 학습용 데이터이고, y_train은 6만 개 학습용 데이터의 실제 값입니다. x_train은 28×28 크기의 행렬이고, y_train은 같은 인덱스를 가지는 x_train의 실제 값인 0에서 9 사이의 정수입니다.

왜 이런 식으로 데이터가 구성되어 있는지 생각해 보시기 바랍니다. 앞으로 이 책의 학습은 다음의 과정으로 이루어질 것입니다.

1. x_train의 첫 번째 데이터인 28×28 행렬에 담겨 있는 값을 신경망 프로그램에 통과시킵니다.

2. 그때 신경망 프로그램의 최종 결괏값, 즉 정답이 y_train의 첫 번째 데이터에 담겨 있고 그 값은 0에서 9 사이의 정수입니다. 이때 신경망 프로그램에서 판단에 사용되는 일정한 스위치들을 조금씩 조작합니다. 신경망 프로그램의 최종 결과가 정답에 가깝게 되도록 여러 변수들을 조정합니다.

3. x_train의 두 번째 데이터를 가지고 위의 과정을 반복합니다.

4. x_train의 마지막 데이터, 6만 번째 데이터까지 위의 과정을 반복합니다.

5. 위의 과정을 반복합니다.

6. 신경망 프로그램의 여러 변수들이 바뀌면서 학습용 데이터를 넣었을 때 정답이 잘 나오게 되면 훈련을 종료합니다.

7. 여러 변수들이 조정된 신경망 프로그램에 검증용 데이터를 넣어서 처리합니다.

8. x_test의 결괏값이 y_test 값과 얼마나 같은지를 확인합니다.

이런 과정을 거치면서 신경망 프로그램을 직접 만들어가게 될 것입니다. 이 모든 과정을 거치면서 수학적 기초를 다시 복습하고, 꼭 필요한 파이썬 문법도 다루게 됩니다.

MNIST 화면 출력

우선 MNIST 안에 담긴 데이터의 모습, 손글씨의 모습을 한번 확인하겠습니다. 위에서 mnist 데이터를 가져와 x_train, y_train, x_test, y_test에 저장했습니다. x_train의 값을 가지고 와서 확인해 보겠습니다.

```
#4.2 MNIST 화면 출력 1

print(type(x_train), x_train.shape)
```

결과는 〈class 'numpy.ndarray'〉 (60000, 28, 28)입니다. 60000×28×28 크기를 가지는 3차원 배열이 x_train입니다. 첫 번째 60000은 손글씨 그림 파일의 수이고, 두 번째 28은 열의 수, 세 번째 28은 행의 수가 됩니다.

첫 번째 데이터인 x_train[0]을 가지고 다시 정보를 보겠습니다.

```
#4.2 MNIST 화면 출력 2

print(type(x_train[0]), x_train[0].shape)
```

```
[실행 결과]
<class 'numpy.ndarray'> (28, 28)
```

이렇게 나오리라 예상을 하셨다면 잘하셨습니다. 첫 번째 데이터는 28×28 즉, 28행과 28열을 가진 2차원 배열인 행렬입니다. 이제 x_train[0]의 28×28 즉, 784개의 데이터를 잠시 살펴보겠습니다.

#4.2 MNIST 화면 출력 3

```
print(x_train[0], y_train[0])
```

크롬의 화면에 나오는 숫자들을 적당한 텍스트 편집기에 넣고 크기를 줄이면 그림
4-1과 같이 보입니다. 컴퓨터의 폰트가 아닌 손글씨라서 잘 알아보기 힘듭니다. 3으
로도 보이고 5로도 보입니다. 옆에 같이 나온 y_train[0]의 값이 5인 것을 보니 5를 쓴
다고 쓴 글씨입니다. 실제로 이 데이터로 화면에 출력하면, 숫자 0은 흰색으로 출력
되고 숫자가 커질수록 짙은 검은색으로 변환해서 화면에 나오게 됩니다.

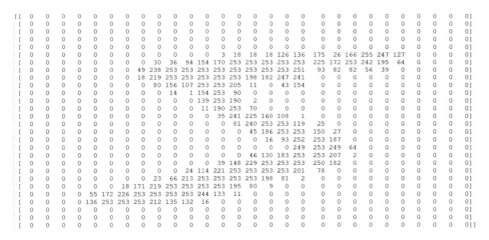

그림 4-1. MNIST 데이터의 실수치 출력

이제 이 데이터를 가지고 직접 그림으로 출력해 보겠습니다. 이때 우리가 앞에서 살
펴본 matplotlib를 사용할 수 있습니다. 여기서는 CoLab에서만 확인하겠습니다.

```
#4.2 MNIST 화면 출력 4

import matplotlib.pyplot as plt

image = x_train[0]
plt.imshow(image, cmap='Greys')
plt.show()
```

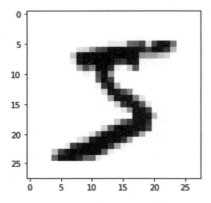

그림 4-2. 수치를 그레이 음영으로 화면 출력

위의 간단한 명령을 사용하면 내가 보고 싶은 mnist 학습데이터와 검증데이터를 화면에 띄울 수 있습니다. 학습의 집중을 위해 꼭 필요하지 않은 옵션은 제거한 최소한의 명령 구문을 사용했습니다. 인터넷에서 matplotlib의 사용법을 검색하면 나오는 문구들이 꽤 길고, 겁나는 것들이 많습니다. 한번에 모든 것을 다 알려고 하지 않으셔도 됩니다. 하나씩 천천히 공부해가면 됩니다.

퍼셉트론과 XOR

◎ 5-1 인공지능 연구의 역사

퍼셉트론은 처음 인공지능이 연구되기 시작하던 무렵에 나온 알고리즘입니다. 코넬 항공 연구소의 프랭크 로젠블라트(Frank Rosenblatt)가 1957년에 고안했습니다. 퍼셉트론은 여러 입력값을 받습니다. 입력값이 개별 가중치를 곱하고 그것을 모두 합한 다음 임계치를 넘으면 출력으로 1을 아니면 0 또는 -1을 보내게 됩니다.

1957년을 기점으로 퍼셉트론이 발표되면서 인공지능 연구는 활발하게 이루어졌습니다. 인공지능 연구의 황금기가 왔던 것입니다. 가까운 미래에 인공지능이 인간의 모든 귀찮은 일을 맡아서 처리할 수 있으리라 여겼습니다. 마빈 민스키가 '퍼셉트론' 이란 논문을 발표하기 전까지의 일입니다.

민스키는 자신의 논문 퍼셉트론에서 퍼셉트론은 XOR 문제를 해결할 수 없음을 수학적으로 증명해냅니다. 이후 인공지능 연구의 암흑기가 오게 됩니다. 인류의 문제를 해결할 수 있으리라 여겨졌던 인공지능이 간단한 XOR 문제도 풀지 못한다는 것 때문이었습니다. 물론 지금은 XOR 문제를 해결할 수 있습니다. 당시의 퍼셉트론은 단층이었습니다. 지금은 다층퍼셉트론, 즉 2층 이상으로 구성된 퍼셉트론이 신경망에서 사용됩니다.

인공지능의 역사를 간단히 살펴보면 시작 지점은 앨런 튜링으로 볼 수 있습니다. 튜링머신으로 잘 알려진 튜링은 2차 대전 때 독일군의 암호 '에니그마'를 풀어냅니다. 그의 이야기는 '이미테이션 게임'이라는 영화로도 나와 있습니다.

인공지능의 역사	
	앨런 튜링 (1912-1954)
1950	튜링 – 생각하는 기계의 구현 가능성, 튜링테스트
1956	낙관의 시대
	프랭크 로젠블라트의 퍼셉트론
1969	마빈 민스키 '퍼셉트론' 무용론
	암흑기 시작
	전문가 시스템
1982	역전파 이론으로 신경망의 개선과 보완, 재조명
1997	딥블루 (체스)
2005	DARPA
2011	왓슨
2016	알파고
현재	인공지능, 머신러닝의 전성기

표 5-1. 인공지능의 역사

인공지능을 공부하기 위해서 신경망의 시초격인 퍼셉트론을 다뤄보겠습니다. 퍼셉트론은 신경망 구조를 알기 위해서는 필수적으로 알아야 하는 내용입니다. 하지만 인공지능이라고 말할 때 분야는 굉장히 넓습니다. 인공지능 연구가 시작된 것은 1950년대인데 지금 2020년을 맞은 이 시점에서도 여전히 결정지어진 것은 많지 않습니다. 결론이 난 연구들, 최적화된 방법은 교과서로 만들기 편합니다. 하지만 아직 결론이 나지 않은 분야의 연구들은 여전히 많은 시행착오를 거쳐야만 합니다. 언제 끝날지도 모르는 연구이기도 합니다. 그래서 인터넷으로 '인공지능'을 검색하면 너무나 많은 정보들이 쏟아져 나옵니다. 무엇이 옳은지 그른지도 모르겠지만, 옳다고 하는 것들만 살펴봐도 너무 많은 정보들입니다. 단어 하나를 정의하기도 쉽지 않을 정도입니다. 인공지능이란 무엇인지 묻는 단순한 질문에도 벌써 약인공지능인지 강인공지능인지를 전제로 합니다. 이 모든 것은 아직 인공지능에 대한 연구의 체계가 정리되지 않았다는 것을 의미합니다. 1950년부터 지금까지 70년을 연구해 왔지만 여전히 기계에 인간의 지능을 입힌다는 것이 만만한 일이 아니라는 것을 깨닫고 있을 뿐입니다.

종종 인공지능에 대해 잘 모르는 사람들에게서 미래에 대한 암울한 이야기나 러다이트 운동과 같은 이슈가 나오곤 합니다. 정작 인공지능을 연구하는 사람들은 바둑이라는 게임에서 알파고가 인간을 이긴 것이 곧 모든 문제를 해결할 수 있다는 신호가 아니라고 열심히 이야기합니다. 70년을 연구해서 겨우 바둑이라는 게임에서 인간을 이길 수 있게 된 것이 인공지능이라고 말한다면 무리일까요? 그만큼 인공지능은 연구할 것도 많고, 무궁무진한 확장이 가능한 분야이면서 동시에 너무도 많은 오해를 안고 있는 분야라는 뜻입니다. 조만간 자율주행 자동차는 나올 확률이 높지만 인간의 모든 일을 처리할 인간 같은 인공지능이 나올 확률은 매우 낮습니다. 그래서 지금 이 책을 쓰면서 많은 학생들이 단지 이미 나온 인공지능 패키지를 사용하는 방법만을 익히는 것이 아니라 어떻게 작동하는지를 깊이 들어가서 살펴보기를 기대합니다.

이 책이 다루는 분야는 전체 인공지능의 분야 중 극히 일부에 해당합니다. 기초적인 이론과 함께 지도학습 분야를 다룹니다. 지도학습은 각각의 학습용 데이터가 답을 가지고 있는 경우에 해당합니다. MNIST 데이터는 손글씨뿐만 아니라 그 글씨에 해당하는 답을 가지고 있습니다. 그래서 하나의 데이터를 학습할 때 답을 바로 비교해서 맞았는지 틀렸는지를 확인하고 그 결과를 다시 반영해서 조정할 수 있습니다.

◎ 5-2 머신러닝의 분야

본격적인 내용으로 들어가기 전 인공지능, 머신러닝 분야에서 현재 이루어지고 있는 연구의 큰 분류를 소개합니다.

여기저기에 인공지능이라는 말이 많이 들어갑니다. 이 지면에서 말하는 내용이 아니라고 해서 인공지능 분야가 아니라고 말할 수는 없습니다. 하지만 인공지능에 대한 연구가 오래되었다고 해서 분야가 그렇게 넓게 퍼져있지는 않습니다.

일반적으로 인공지능과 머신러닝은 거의 같은 의미로 사용됩니다. 인공지능의 연구는 크게 3개의 분야로 나눠집니다.

첫째, 지도학습(Supervised Learning)입니다. Super와 vis가 합쳐진 supervise는 초월(super)한 대상이 보는(vis) 것을 의미합니다. 지도학습은 학습하는 대상을 보면서 '잘하고 있군, 더 열심히 하게'라고 말하거나 '이건 아닌데, 다시 해보게'라는 신호를 주는 학습입니다. 문제를 풀고 있는 학생을 어깨너머로 보면서 다음 단계로 갈 것인지, 아니면 다시 한번 생각을 해볼 것인지 말해줄 선생님이 있는 학습입니다. 정답을 알고 있는 선생님이 있으니 학습에 큰 어려움이 없습니다.

지도학습은 학습을 위한 데이터와 그 데이터에 대한 정답 레이블(Label)이 함께 주어집니다. 우리가 사용하려는 MNIST는 손으로 쓴 글씨에 대한 이미지 데이터입니다. 각각의 데이터는 손으로 쓴 글씨로 28×28 크기의 정보 x를 담고 있고, 동시에 정답 레이블인 0에서 9 사이의 답 t를 함께 가지고 있습니다. 데이터 x를 가지고 0에서 9 사이의 어떤 값을 가질 것인지를 추론한 다음 그것이 맞는지 정답 t를 통해 확인합니다. 정답이 있는 지도학습은 처음 인공지능을 접하는 사람들도 시작할 수 있습니다.

다른 분야에 비해 상당 부분 이론이 잘 정비되어 있고, 학습률도 좋습니다.

인공지능 연구에 많은 사람들이 필요한 이유 중 하나는 이 정답을 만드는 것은 사람이 하는 일이기 때문입니다. 한동안 인공지능 분야의 연구에 인력이 부족하다는 기사가 종종 나왔습니다. 여기서 필요한 인력은 코드를 만드는 인력보다는 사진을 보고 사진에 있는 차의 위치를 레이블링하고, 사람의 위치를 레이블링하는 작업을 할 사람이 부족하다는 의미입니다. 인공지능 분야에 종사하는 사람들이 모두 구글 연구실 같은 분위기에서 편하고 자유롭게 일하지는 않습니다. 다수의 사람들은 수백 장의 사진을 보면서 어디에 사람이 있는지, 어디에 자동차가 있는지, 어디에 개와 고양이가 있는지를 체크하고 그 위치정보를 레이블링하면서 지도학습용 데이터를 만드는 일에 종사합니다. 이 일에는 인공지능 알고리즘에 대한 깊은 이해가 필요 없습니다. 단순한 작업이므로 누구든지 할 수 있습니다. 그래서 임금이 비싼 나라에서는 이런 일을 직접 하지 않고 저임금 국가에 하청을 주는 식으로 진행됩니다. 데이터 레이블링이라고 불리는 이 일은 별도의 클라우드 플랫폼에서 진행되는데 외부에서 레이블링이 필요한 사진을 맡기면 작업이 진행됩니다. 이 일을 하는 근로자의 평균 임금은 2018년 기준, 시간당 2달러(2,316원) 정도라고 합니다. 2018년 우리나라의 최저시급이 7,530원(2020년 기준 최저시급 8,590원)인 것을 감안할 때 너무 작은 액수입니다. 인공지능 분야에서 일한다고 모두 다 억대 연봉을 받는 것은 아닙니다.

둘째, 비지도학습(Unsupervised Learning)입니다. 비지도학습은 정답이 없는 데이터를 가지고 하는 학습입니다. 이를테면 강아지(dog) 사진 1만 장과 고양이(cat) 사진 1만 장을 가지고 있습니다. 각각의 사진마다 dog 혹은 cat이라는 레이블이나 강아지를 의미하는 0, 고양이를 의미하는 1을 붙인다면 지도학습이 됩니다.

지도학습에서는 2만 장의 정답 레이블이 적힌 데이터를 가지고 학습을 하게 됩니다. 반면 2만 장의 사진에 정답 레이블이 없다면 그때에는 정답 없이 학습을 진행하는 것이므로 비지도학습이 됩니다. 비지도학습은 2만 장의 사진 데이터를 AI가 알아서 분류하면서 적당한 선에서 두 그룹으로 나누게 합니다. 이때 일반적인 고양이보다 작은 개는 어떻게 분류가 될까요? 고양이나 강아지도 여러 종이 있습니다. 이런 종별 특성들이 과연 2개의 그룹으로 제대로 분류가 될까요? 비지도학습은 지도학습에 비해 쉽지 않아 보입니다. 그래서 이 책에서는 지도학습만을 다루고, 데이터도 처음 시작하는 이들을 위한 MNIST를 사용합니다. 비지도학습과 이후에 나올 강화학습은 이 책의 학습 범위를 벗어납니다.

셋째, 강화학습(Reinforcement Learning)입니다. 강화학습은 지도학습, 비지도학습과 다른 종류입니다. 강화학습은 강화되는 방향으로 향하는 학습입니다. 지도학습이나 비지도학습이 이미 존재하고 움직이지 않는 데이터에 대한 분류라면 강화학습은 변하는 환경에서 어떤 행위를 했을 때 주어지는 보상을 더 크게 얻기 위한 학습입니다.

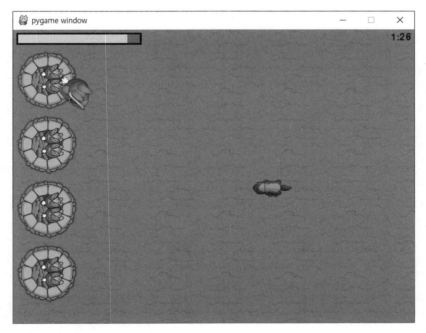

그림 5-1. 강화학습 중인 슈팅게임

그림 5-1은 이전에 파이썬으로 만들어 둔 간단한 슈팅게임입니다. 왼쪽의 아기 고양이들에게 접근하는 오소리를 막는 게임입니다. 시간이 흐르는 동안 오소리들이 아기 고양이에게 접근하지 못하도록 로빈후드 고양이는 화살을 쏩니다. 인간이 직접 방향키와 화살을 날리는 명령을 넣어서 조정하는 방법도 있지만 이 부분을 AI가 처리하게 만들 때 사용하는 인공지능이 강화학습입니다. 여러 번 반복하면서 언제 어떤 행위를 했을 때 보상(점수와 명중률)이 더 나은지를 계속 판단하면서 다음번에 할 때에는 조금 더 나은 보상을 얻기 위한 행위를 하게 됩니다. 강화학습으로 대표적인 알고리즘은 Q-Learning이고 이것이 딥러닝과 결합한 DQN(Deep Q Network)이 있습니다.

◎ 5-3 퍼셉트론과 뉴런

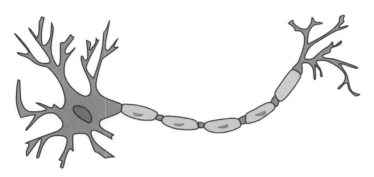

그림 5-2. 뉴런

인간의 몸에 있는 뉴런은 신호를 전달할 때 다수의 입력값을 받은 후 그 합이 임계치를 넘으면 전달하고 임계치를 넘지 않으면 전달하지 않습니다. 퍼셉트론은 그 원리를 적용해서 다수의 입력값을 받은 후 그 합이 임계치를 넘어야만 출력이 되게 합니다.

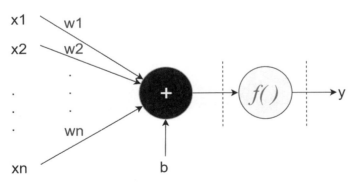

그림 5-3. n개의 입력 X에 n개의 가중치가 곱해지고, 편차 b가 보정되는 퍼셉트론 함수

아주 간단한 퍼셉트론을 하나 그려보겠습니다. 여러 입력값(x0 … xn)이 있고, 입력값에 w라는 가중치를 곱한 다음 그 합을 만들어서 합이 일정한 임계치를 넘으면 출력

을 보내고, 임계치가 되지 않으면 출력을 보내지 않습니다. 퍼셉트론은 지금까지 복잡하게만 생각해왔던 인간의 사고 구조를 뉴런 단위의 최소 전달 구조로 해석한 것입니다. 즉, 전체적으로 볼 때 복잡한 인간의 사고방식은 개별 뉴런의 입장에서 볼 때에는 0과 1의 신호, 즉 있거나 없거나의 신호들의 합에 대한 함수로 나타납니다.

이렇게 단순화한 뉴런은 수학적 모델로 구성할 수 있습니다.

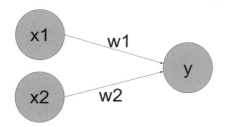

그림 5-4. 두 입력과 하나의 출력으로 단순화한 뉴런

두 개의 입력 x1, x2가 있고, 1개의 출력 y가 있습니다. 두 입력값에 각각 w1, w2의 가중치가 곱해집니다. 입력에 가중치를 곱한 것을 더하면 다음과 같습니다.

```
w1x1 + w2x2
```

이것이 임계값(theta)을 넘었는지를 확인해서 임계치 q 이상이면 출력 1을, 아니면 출력 0을 보냅니다.

$$
y \begin{cases} 1 & (\text{if } w1x1+w2x2 > q) \\ \\ 0 & (\text{if } w1x1+w2x2 <= q) \end{cases}
$$

⊙ 5-4 퍼셉트론으로 논리연산자 만들기

퍼셉트론으로 논리연산자를 만들어 보겠습니다. AND, OR, NAND를 만들어서 퍼셉트론이라는 구조가 얼마나 유용하고 폭넓게 사용될 수 있는지를 살펴보겠습니다.

5.4.1 퍼셉트론으로 만드는 AND

이 퍼셉트론을 사용해서 간단한 논리연산자를 만들어 보겠습니다. 첫 번째로 논리곱인 AND 연산자입니다.

그림 5-5. AND 연산자, 논리곱

AND 연산자는 두 개의 입력이 모두 1일 때 출력이 1이 되는 연산자입니다. 두 명에게 각각 500원씩 주고 심부름을 시켰습니다. 1,000원짜리 빵을 사 오는 심부름입니다. 두 명이 모두 가게에 가야만 1,000원짜리 빵을 살 수 있습니다. 둘 중 하나라도 중간에 PC방에 가면 빵을 살 수 없습니다. 두 개의 입력이 모두 참(1)일 때만 출력도 참(1)이 됩니다. 그 외의 모든 경우는 출력이 거짓(0)이 됩니다.

다음 표와 같습니다.

입력(X1, X2)		출력(Y)
X1	X2	AND(X1, X2)
0	0	0
0	1	0
1	0	0
1	1	1

표 5-2. AND 연산자의 입력과 출력 관계

이 표를 이용해서 AND 연산자 역할을 할 퍼셉트론을 만들어보겠습니다.

y = w1x1+w2x2이므로 x1, x2, w에 대해서 다음의 관계가 성립합니다. 여기서 w1, w2, q는 아직 모르는 값이고 x1, x2는 입력으로 들어오는 값입니다. 입력과 w1, w2, q를 조합해서 만들어지는 결괏값 y는 AND(x1, x2)의 결과와 같은 {0, 0, 0, 1}이 되어야 합니다.

입력		결과	결과 - 임계값 (#2)	출력
x1	x2	w1x1+w2x2	w1x1+w2x2-q	y
0	0	0	-q ----------- (#3)	0
0	1	w2	w2-q -------- (#4)	0
1	0	w1 ---- (#1)	w1-q -------- (#5)	0
1	1	w1+w2	w1+w2-q ---- (#6)	1

표 5-3. 퍼셉트론으로 구현한 AND 연산자 1

(#1). x1, x2의 값이 있으면 거기에 각각 w1과 w2를 곱한 후 더해서 세 번째 열을 채웁니다. 예를 들어 x1과 x2가 0과 1이면, w1x1+w2x2에서 w1x1는 0이 되어 w2x2

만 남습니다. x2는 1이므로 w1x1+w2x2은 w2가 됩니다.

(#2). 퍼셉트론은 계산 결과가 임계치 이상이면 1을, 이하면 0을 반환합니다. 그래서 w1x1+w2x2-q가 0보다 크면 1, 아니면 0을 반환합니다.

(#3). x1, x2가 0일때 w1x1+w2x2는 0입니다. 여기에 임계치 q를 빼면 w1x1+w2w2-q = -q가 됩니다. 이때의 출력이 0이므로 -q는 0보다 작거나 같아야 합니다. q > 0이면 이 조건을 만족합니다.

(#4), (#5)에서 w2-q <= 0이므로 w2 <= q이고, w1-q <= 0이므로 w1 <= q가 됩니다.

(#6). w1+w2-q > 0이므로 w1+w2 > q입니다.

위의 내용을 종합해서 임계치 q가 정해지면 그에 따라 w1, w2를 구할 수 있습니다.

w1과 w2에 적당한 값을 넣고 q를 w1, w2보다는 크되 두 수를 더한 값보다 작게 만들어 넣으면 됩니다. 즉, w1, w2는 0.4를 넣고, q는 0.7을 넣으면 다음의 표가 만들어집니다.

입력		결과	결과 - 임계값(q=0.7)		출력
x1	x2	w1x1+w2x2	w1x1+w2x2-0.7		y
0	0	0	-0.7	<= 0	0
0	1	0.4	0.4-0.7	<= 0	0
1	0	0.4	0.4-0.7	<= 0	0
1	1	0.4+0.4	0.4+0.4-0.7	> 0	1

표 5-4. 퍼셉트론으로 구현한 AND 연산자 2

이것으로 퍼셉트론 함수를 만들어보겠습니다.

```
#5.4.1 퍼셉트론으로 만드는 AND

def AND(x1, x2):
    w1, w2, theta = .4, .4, .7
    if x1*w1 + x2*w2 <= theta:
        return 0
    else:
        return 1

print(AND(0,0), AND(0,1), AND(1,0), AND(1,1))
```

```
[실행 결과]
0 0 0 1
```

함수를 만들면서 함수의 내부에 x1*w1+x2*w2를 theta와 비교하도록 만들었습니다.
앞으로 만드는 퍼셉트론 함수는 모두 위와 동일합니다. w1, w2, theta의 값만 달라집
니다.

5.4.2 퍼셉트론으로 만드는 OR

AND 연산자에 이어 OR 연산자를 만들어보겠습니다.

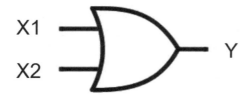

그림 5-6. OR 연산자, 논리합

OR 연산자는 논리합이라고 부릅니다. 두 개의 입력 중 하나만 참(1)이어도 출력
이 참(1)이 되는 함수입니다. 두 명에게 각각 1,000원씩 주고 심부름을 시켰습니다.

1,000원짜리 빵을 사 오는 심부름입니다. 두 명 중 한 명이라도 가게에 가면 1,000원 짜리 빵을 살 수 있습니다. 둘 다 가게에 가지 않은 경우에만 빵을 살 수 없습니다. 두 개의 입력이 모두 거짓(0)일 때만 출력도 거짓(0)이 됩니다. 그 외의 모든 경우는 출력이 참(1)이 됩니다.

입력(X1, X2)		출력(Y)
X1	X2	OR(X1, X2)
0	0	0
0	1	1
1	0	1
1	1	1

표 5-5. OR 연산자

$y = w1x1+w2x2$이므로 $x1$, $x2$, w에 대해서 다음의 관계가 성립합니다.

입력		결과	결과 - 임계값		출력
x1	x2	w1x1+w2x2	w1x1+w2x2-q		y
0	0	0	-q	<= 0	0
0	1	w2	w2-q	> 0	1
1	0	w1	w1-q	> 0	1
1	1	w1+w2	w1+w2-q	> 0	1

표 5-6. 연산자의 입력-출력 관계

위의 AND와 동일한 방법으로 한 단계씩 써 내려가면 어렵지 않게 표를 이해할 수 있습니다.

q는 0 이상이고, w1보다 작고, w2보다 작고, w1+w2보다 작아야 합니다. w1, w2를 앞과 같이 0.4, 0.4라고 하면 q는 0.4 보다 작으면 됩니다. w1, w2, theta를 각각 0.4, 0.4, 0.3으로 놓겠습니다.

입력		결과	결과 - 임계값		출력
x1	x2	w1x1+w2x2	w1x1+w2x2-q		y
0	0	0	-0.3	<= 0	0
0	1	0.4	0.4-(-0.3)	> 0	1
1	0	0.4	0.4-(-0.3)	> 0	1
1	1	0.4+0.4	0.4+0.4-(-0.3)	> 0	1

표 5-7. OR 연산자의 입력-출력 관계

위 표에서 보이듯 모두를 만족합니다. 이것으로 코드를 만들어 보겠습니다.

```
#5.4.2 퍼셉트론으로 만드는 OR

def OR(x1, x2):
    w1, w2, theta = .4, .4, .3
    if x1*w1 + x2*w2 <= theta:
        return 0
    else :
        return 1

print(OR(0,0), OR(0,1), OR(1,0), OR(1,1))
```

```
[실행 결과]
0 1 1 1
```

위에서 AND() 함수를 만들었던 것과 내용은 동일합니다. w1, w2, theta의 값만 바꿨습니다. 결과는 0 1 1 1 즉 OR연산자의 결과가 제대로 나옵니다. 함수의 내용은

AND나 OR가 완전하게 동일합니다. w1, w2, theta의 값만 달라집니다. 이 세 개의 변수만 고치면 함수의 내용은 완벽하게 같은데 기능은 전혀 다른 함수가 됩니다. 퍼셉트론이 처음 등장했을 때 얼마나 많은 사람들이 놀라면서 환호했을까요? 이제 이 퍼셉트론 함수 하나만 있으면 그리고 여기에 들어가는 파라미터(w1, w2, theta)를 구하는 방법만 알면 모든 문제를 해결할 수 있는 만병통치약과 같은 만병통치함수를 만들 수 있는 겁니다. 이 파라미터 구하는 방법을 찾기 위한 연구가 시작되었습니다.

5.4.3 퍼셉트론으로 만드는 NAND

퍼셉트론을 사용한 함수를 하나 더 만들어 보겠습니다. 이번에는 NOT과 AND를 연결한 NAND라는 논리연산자입니다.

NOT 연산자는 1을 0으로 바꾸고, 0을 1로 바꾸는 연산자입니다. NOT과 AND를 연결하면 다음과 같습니다.

그림 5-7. NAND 연산자

입력(X1, X2)		T	Y
X1	X2	AND(X1, X2)	NOT(T)
0	0	0	1
0	1	0	1
1	0	0	1
1	1	1	0

표 5-8. NAND 연산자

x1과 x2의 AND 연산을 t로 두었습니다. 세 번째 열이 t의 값을 보여줍니다. 그렇게 나온 결과를 0은 1로, 1은 0으로 바꾼 것이 최종 결과인 y입니다.

이 NAND 연산자도 퍼셉트론으로 만들어 봅시다.

입력		결과	결과 - 임계값		출력
x1	x2	w1x1+w2x2	w1x1+w2x2-q		y
0	0	0	-q	> 0	1
0	1	w2	w2-q	> 0	1
1	0	w1	w1-q	> 0	1
1	1	w1+w2	w1+w2-q	<= 0	0

표 5-9. 퍼셉트론 NAND 연산자

표에 따르면 (1) q는 0보다 작아야 합니다. (2) q는 w2보다 작아야 합니다. (3) q는 w1보다 작아야 합니다. (4) q는 w1+w2보다는 크거나 같아야 합니다. 표의 (1)부터 (4)까지를 정리해보면, w1과 w2를 더한 값이 0보다 작기 때문에 w1과 w2 둘 중 적어도 하나는 0보다 작은 음수이면서 절댓값은 커야 합니다.

w1과 w2를 -0.4로 하면, q는 -0.4보다 작으면서 -0.8보다는 큰 음수가 됩니다. -0.6으로 두면 되겠군요. w1, w2, q는 -0.4, -0.4, -0.6으로 정하고 함수를 만들겠습니다.

```
#5.4.3 퍼셉트론으로 만드는 NAND

def NAND(x1, x2):
    w1, w2, theta = -.4, -.4, -.6
    if x1*w1 + x2*w2 <= theta:
        return 0
    else :
        return 1

print(NAND(0,0), NAND(0,1), NAND(1,0), NAND(1,1))
```

AND, OR, NAND 모두 동일한 함수를 사용했습니다. 바로 퍼셉트론이라는 만능 함수를 사용한 것입니다.

지금까지의 함수는 모두 사람이 인위적으로 생각해서 풀이 방법을 제공해 주어야만 했습니다. 그런데 퍼셉트론은 함수의 모양이 같습니다. w1, w2를 찾는 것이 어려운 것은 문제였지만, 만약 w1, w2를 자동으로 찾아낼 방법만 있다면 더 이상 사람이 문제를 풀기 위해 고민하지 않아도 됩니다. 초기 인공지능 연구자들은 이런 장밋빛 희망에 들떠 있었습니다.

5.4.4 퍼셉트론으로 만들지 못하는 XOR

여기에 찬물을 끼얹은 사람이 마빈 민스키와 세이무어 페이퍼였습니다. 퍼셉트론의 한계를 지적했는데, XOR 문제를 풀 수 없음을 수학적으로 증명합니다.

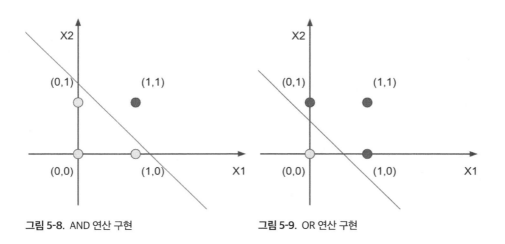

그림 5-8. AND 연산 구현   그림 5-9. OR 연산 구현

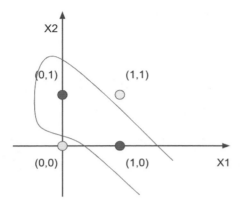

그림 5-10. XOR 연산 구현

AND와 OR는 참과 거짓을 나눌 수 있는 직선이 존재합니다. 이 직선의 식을 결정하는 것이 바로 w1, w2, theta라는 3개의 변수였습니다. 그런데 XOR는 직선으로 참과 거짓을 나누지 못합니다. 선형시스템의 한계였던 것입니다. 기존의 직선을 사용해서 참과 거짓을 구분하는 방식으로는 XOR 문제를 해결할 수 없었습니다. 인공지능 연구에 암흑기가 찾아왔습니다. 인간의 신경구조를 응용해서 모든 것을 해결할 수 있으리라 기대했던 퍼셉트론이 XOR라는 간단한 문제조차 해결하지 못한다는 것이 충격이었습니다. 많은 연구자들이 인공지능에 등을 돌리는 계기였습니다.

위에서 AND, OR, NAND 등을 구현한 방법으로 XOR를 구현하려고 아무리 애를 써봐도 문제는 풀리지 않습니다. 정말 그런지 궁금한 분은 직접 시도해 보시기 바랍니다.

다층퍼셉트론

물론 그 뒤에 이 문제는 해결됩니다. 문제의 해결 방법은 여러 가지가 있습니다만 대부분 비슷합니다. 쉽게 이 문제를 해결하기 위해서 위에서 말한 NAND를 이용해 보겠습니다.

5.5.1 NAND, OR, AND를 결합한 XOR 풀이

우선 XOR는 다음과 같습니다. x1 또는 x2 둘 중의 하나가 참일 때만 결과는 참이 됩니다. 둘 다 참이거나 둘 다 거짓이면 결과는 거짓입니다.

A

B

A XOR B

그림 5-11. XOR 연산자 기호

XOR의 진리표는 다음과 같습니다.

x1(입력1)	x2(입력2)	x1 XOR x2
0	0	0
0	1	1
1	0	1
1	1	0

표 5-10. XOR 연산자

XOR는 지금까지의 퍼셉트론으로 만들 수 없습니다. 그런데 XOR는 OR, AND, NAND를 사용해서 다음과 같이 만들 수 있습니다.

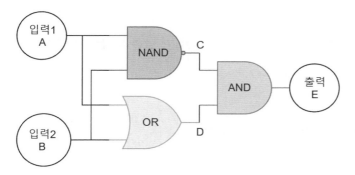

그림 5-12. AND, OR, NAND로 XOR 연산자 구현

AND, OR, NAND의 진릿값 표는 다음과 같습니다.

NAND				OR				AND		
입력1	입력2	출력		입력1	입력2	출력		입력1	입력2	출력
0	0	1		0	0	0		0	0	0
0	1	1		0	1	1		0	1	0
1	0	1		1	0	1		1	0	0
1	1	0		1	1	1		1	1	1

표 5-11. NAND, OR, AND 연산자

4가지 입력의 경우에 대해서 NAND, OR, AND를 위 그림처럼 구성한 것의 진리표를 만들어봅시다.

A 입력	B 입력	C NAND(A,B)	D OR(A,B)	E AND(C,D)	XOR
0	0	1	0	0	0
0	1	1	1	1	1
1	0	1	1	1	1
1	1	0	1	0	0
1	1	0	1	1	1

표 5-12. NAND, OR, AND 연산자로 만든 XOR 연산자

두 입력이 NAND를 통해 나온 값과 OR를 통해 나온 값을 다시 AND의 입력으로 하면 나오는 결과가 [0 1 1 0]이 됩니다. 이것은 XOR의 결과와 같습니다.

즉, 두 입력을 X1, X2라고 할 때

```
Y1 = NAND(X1, X2) ----- (1)
Y2 = OR(X1, X2)   ------(2)
```

(1), (2)의 결과를 입력으로 AND에 넣으면,

```
Y3 = AND(Y1, Y2)  ----- (3)
```

이 되고, Y3는 XOR(X1, X2)와 동일하게 됩니다.

NAND는 퍼셉트론으로 풀립니다. OR도 퍼셉트론으로 풀립니다. 그리고 이렇게 풀린 결과를 다시 퍼셉트론에 넣으면 XOR 문제를 풀 수 있게 됩니다. 즉, 원래의 퍼셉트론(단층퍼셉트론)으로는 AND, OR, NAND를 풀 수 있지만 XOR를 풀 수 없었습니다. 하지만 단층퍼셉트론을 여러 개 적층한 구조로 XOR 문제를 풀 수 있게 됩니다.

이것이 지금 우리가 관심 있게 배우려고 하는 신경망의 원형이 됩니다. 딥러닝이라고 불리는 최근의 신경망 이론은 초기에 하나의 층만 가지고 있었던 것에 비해 여러 층을 가지고 있어서 복잡한 (비선형의) 문제를 풀어낼 수 있게 됩니다.

표를 살펴보면 다음과 같은 것을 확인할 수 있습니다.

- A와 B의 값에 의해 C와 D의 값이 결정됩니다.
- C와 D의 값에 의해 E가 결정됩니다.
- E는 C AND D입니다. 즉, E는 (A NAND B) AND (A OR B)가 됩니다.
- XOR의 결괏값과 E의 결괏값은 같습니다.
- A XOR B는 (A NAND B) AND (A OR B)와 같습니다.

XOR는 AND, OR, NAND를 위의 그림처럼 조합하면 만들어집니다. 이것을 이용해서 퍼셉트론의 XOR 문제를 해결했습니다. 즉, 단층퍼셉트론으로는 만들지 못했던 XOR를 퍼셉트론으로 만들어진 AND, OR, NAND를 조합한 다층퍼셉트론을 이용하면 만들 수 있습니다. 기존의 한 층짜리 퍼셉트론이 아닌 여러 층으로 구성된 퍼셉트론이 바로 XOR 문제를 푸는 방법인 것입니다.

5.5.2 XOR 극복한 다층퍼셉트론

이후로 신경망은 입력과 출력 사이에서 입력값에 일정한 가중치를 곱하고, 편차를 더해서 만드는 단층에서 여러 층이 조합되는 다층으로 구성됩니다. 이것이 최근 주목을 받고 있는 인공지능 이론 중 딥러닝의 기반입니다. XOR 문제를 해결한 것은 대단하지만 조금만 더 주목해보면 실제로 해결한 것은 XOR 문제뿐입니다.

XOR 문제가 해결되었다는 것이 모든 문제를 해결할 수 있는 만병통치의 기준이 되지는 않습니다. 지나친 기대는 그 기대감이 무너졌을 때 오히려 지나친 낙담과 비관으로 이어졌습니다. XOR에 좌절해서 인공지능 연구의 암흑기가 있었던 것은 과도한 기대감이 있었기 때문입니다. 인공지능 연구의 가능성과 현재의 위치를 정확히 파악하고 계속해서 전진해가려는 노력이 중요합니다. 막연하고 현실감 없는 기대는 진보를 방해합니다.

XOR 문제를 극복했다는 것은 중요한 분기점입니다. 하지만 이 또한 넘어야 할 수많은 산 중의 하나일 뿐입니다.

5.5.3 NAND, OR, AND 결합한 XOR 코드

앞에서 만들어 둔 AND, OR, NAND를 사용해 XOR 함수를 만들어 보겠습니다. 앞의 'A XOR B는 (A NAND B) AND (A OR B)와 같습니다.'를 사용하면, XOR(x1, x2)는 AND(NAND(x1, x2), OR(x1, x2))입니다.

```
#5.5.3. NAND, OR, AND 결합한 XOR 코드

import numpy as np
import matplotlib.pyplot as plt

def AND(x1, x2):
    w1, w2, theta = .4, .4, .7
    if x1*w1 + x2*w2 <= theta:
        return 0
    else :
        return 1

def OR(x1, x2):
    w1, w2, theta = .4, .4, .3
    if x1*w1 + x2*w2 <= theta:
        return 0
    else :
        return 1
```

```
def NAND(x1, x2):
    w1, w2, theta = -.4, -.4, -.6
    if x1*w1 + x2*w2 <= theta:
        return 0
    else :
        return 1

def XOR(x1, x2):
    h1 = NAND(x1, x2)
    h2 = OR(x1, x2)
    return AND(h1, h2)

print(XOR(0,0), XOR(0,1), XOR(1,0), XOR(1,1))
```

```
[실행 결과]
0 1 1 0
```

NAND와 OR, AND를 이용해 구현한 XOR의 모습입니다. 단층퍼셉트론으로 NAND, OR, AND까지 만들고, 그것을 조합해서 XOR를 구현했습니다. XOR는 단층퍼셉트론들의 적층 구조인 다층퍼셉트론입니다.

5.5.4 다층퍼셉트론의 구조

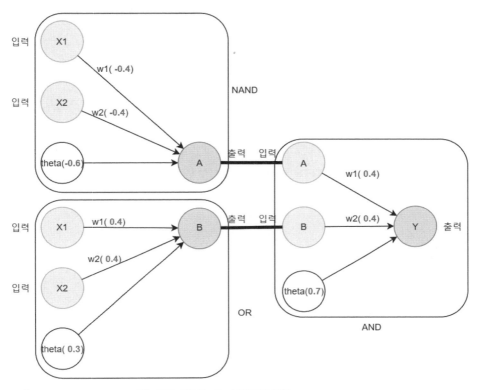

그림 5-13. NAND, OR, AND 퍼셉트론을 사용한 XOR 퍼셉트론 구현

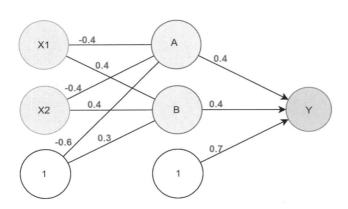

그림 5-14. XOR 다층퍼셉트론의 모형

단층퍼셉트론을 확장한 다층퍼셉트론(2층퍼셉트론)으로 만들어진 XOR 모형입니다. X1과 X2는 0 또는 1을 입력값으로 가집니다. 이때 빨간색으로 표시된 w의 값과 theta의 값을 위와 같이 만들어주면 XOR 함수가 됩니다.

단층으로 되지 않던 문제가 다층으로 구현하면 풀리는 것을 확인했습니다.

이제 위의 퍼셉트론을 조금 더 익숙한 모습으로 바꿔보겠습니다. 다양한 문제를 풀 수 있는 형태로 수정합니다. 단층을 2층으로 만들어보고, 입력 부분도 2개가 아닌 여러 개가 들어올 수 있게 만들어보겠습니다. 출력도 하나가 아니라 여러 개가 될 수 있게 합니다.

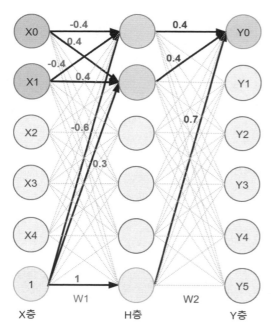

그림 5-15. 신경망 모양으로 구현한 XOR

단순하던 퍼셉트론이 모양을 조금 갖추었습니다. X0부터 X4까지 5개의 입력값을 받을 수 있고, 출력도 Y0부터 Y5까지 6개나 됩니다. 입력과 출력 사이에 층이 하나 있지만 위의 모양을 참고해서 얼마든지 여러 개의 층을 추가로 넣을 수 있습니다. 사실 X층, H층, Y층의 요소의 개수가 같을 필요는 전혀 없습니다만, 프로그램의 편의와 그림 그리기의 편의성 때문에 이렇게 했습니다.

X층에서 H층으로 연결되는 선에 가중치가 들어갑니다. 가중치는 W1이고, W1은 X0에서 H층의 보이지 않는 노드 6개에 연결됩니다. X1에서 X4까지 모두 H층 6개에 연결되고, X층의 맨 아래에 있는 1까지 포함하면 총 6*6개, 6개짜리 배열 6개가 있게 됩니다. 실선은 값이 존재하는 곳이고, 점선은 값이 0인 곳입니다. XOR 문제는 이미 우리가 알고 있듯이 총 6개의 값만 필요합니다. 나머지 30개의 점선 부분은 0으로 채우면 됩니다. theta는 W1, W2의 맨 아랫부분 6 크기의 배열에 넣었습니다. theta의 값은 비교를 위한 것이므로 실제 계산에서는 뺄셈으로 처리합니다. 즉, theta 는 -0.6, 0.3, 0.7을 0.6, -0.3, -0.7로 넣어서 사용합니다.

이 내용을 정리하면 다음과 같습니다.

```
W1 = [[-0.4, -0.4, 0, 0, 0, 0.6],
      [0.4, 0.4, 0, 0, 0, -0.3],
      [0, 0, 0,  0, 0, 0],
      [0, 0, 0,  0, 0, 0],
      [0, 0, 0,  0, 0, 0],
      [0, 0, 0,  0, 0, 1]]
```

마찬가지 방법으로 W2를 구하면,

```
W2 = [[0.4, 0.4, 0, 0, 0, -0.7],
      [0, 0, 0,  0, 0, 0],
      [0, 0, 0,  0, 0, 0],
      [0, 0, 0,  0, 0, 0],
      [0, 0, 0,  0, 0, 0],
      [0, 0, 0,  0, 0, 0]]
```

이 됩니다. W1과 W2에는 theta 값이 포함되어 있습니다. 이후 신경망 프로그램을 진행하면서 theta는 별도의 배열로 만들어 사용하겠지만 여기서는 W1과 W2 안에 포함시켰습니다.

W1과 W2를 알면 우리는 대단히 유용한 함수를 만들 수 있게 됩니다. 어떤 문제를 풀기 위해서 논리적으로 원인부터 하나씩 따라가면서 결과가 나오게 만드는 것이 연역적 알고리즘입니다. 대부분의 프로그래밍을 할 때 사용하는 방법입니다. 이를테면 은행에 저금된 돈의 이율을 계산하기 위해서는 원금 x, 기간 t, 이율 r을 고려해서 $y = x*(1+r)*t$와 같은 공식을 만들어서 사용합니다.

즉 지금까지 사용되어 온 일반적인 프로그래밍 방법은 인간의 사고를 동원해서 결과를 낼 수 있는 일련의 과정을 설계한 후, 그 설계된 것을 프로그래밍 언어로 구현하는 것입니다. $y = x*(1+r)*t$를 함수로 만들어서 x, t, r이라는 입력이 들어오면 y라는 출력을 만들어내는 것입니다.

반면 인공지능, 퍼셉트론은 조금 다릅니다. 결과가 나오기 위해 사람이 하나씩 설계하는 것이 아니라 퍼셉트론이라는 정형화된 틀 속에 넣어주면 답이 나오는 구조입니다. 물론 위에서 우리는 W1과 W2 값을 손과 머리를 써서 찾았습니다만, 만약 W1과 W2를 프로그래머가 찾는 것이 아니라 기계가 알아서 찾게만 된다면 얼마나 좋을까요?

원인부터 하나씩 인과관계를 따라 해법을 찾는 것이 아니라 W1, W2 값을 넣어주면 알아서 같은 형태의 함수(퍼셉트론)가 AND 함수, OR 함수, XOR 함수가 됩니다. 이것만 보면 만병통치약 사기 같은 느낌이 들 정도입니다. 그 정도로 인공지능, 신경망에 사용되는 퍼셉트론 함수는 매력적입니다.

문제는 과연 우리가 W1과 W2 값(혹은 W3, W4, ..., Wn)을 구할 수 있느냐입니다. 다행하게도 NAND, OR, AND 함수를 사용해서 XOR 함수를 만들 수 있었고, 그 과정에서 W1, W2, theta 값을 알 수 있었습니다.

5.5.5 다층퍼셉트론의 코드

이제 우리가 알고 있는 W1, W2, theta를 이용해서 프로그램을 완성해 보겠습니다. 편의상 theta를 앞으로 b로 쓰겠습니다. W1, W2, b를 이용한 XOR 퍼셉트론 함수의 소스코드입니다.

```
#5.5.5. 다층퍼셉트론의 코드 1

import numpy as np

def DLPerceptron(X, W1, W2):
    x = np.array(X)
    w1 = np.array(W1)
    w2 = np.array(W2)
    h1 = np.array([0.0]*len(X))
    y = np.array([0.0]*len(X))
    for count in range(len(X)):
        h1[count] = np.sum(x*w1[count]) > 0
    for count in range(len(x)):
        y[count] = np.sum(h1*w2[count]) > 0
    return y
```

DLPerceptron() 함수를 실행시킬 때 X, W1, W2를 넣어줍니다. X는 입력값이고, W1과 W2는 첫 번째 층과 두 번째 층에 대한 가중치입니다. 입력으로 (x1,x2)가 (0,0), (0,1), (1,0), (1,1)의 4가지 경우를 각각 넣어서 결과를 확인합니다. 물론 x1, x2를 제외한 나머지 입력값은 모두 0으로 처리했습니다. 변수 Ex00은 (x1,x2)가 (0,0)이고, Ex01은 (x1,x2)가 (0,1)입니다.

```
#5.5.5. 다층퍼셉트론의 코드 2

W1 = [[-0.4, -0.4, 0, 0, 0, 0.6],
[0.4, 0.4, 0, 0, 0, -0.3],
[0, 0, 0, 0, 0, 0],
[0, 0, 0, 0, 0, 0],
[0, 0, 0, 0, 0, 0],
[0, 0, 0, 0, 0, 1]]

W2 = [[0.4, 0.4, 0, 0, 0, -0.7],
[0, 0, 0, 0, 0, 0],
[0, 0, 0, 0, 0, 0],
[0, 0, 0, 0, 0, 0],
[0, 0, 0, 0, 0, 0],
[0, 0, 0, 0, 0, 0]]

Ex00 = [0,0,0,0,0,1]
Ex01 = [0,1,0,0,0,1]
Ex10 = [1,0,0,0,0,1]
Ex11 = [1,1,0,0,0,1]

print("x1, x2 = (0, 0) : ", DLPerceptron(Ex00,W1,W2))
print("x1, x2 = (0, 1) : ", DLPerceptron(Ex01,W1,W2))
print("x1, x2 = (1, 0) : ", DLPerceptron(Ex10,W1,W2))
print("x1, x2 = (1, 1) : ", DLPerceptron(Ex11,W1,W2))
```

```
[실행 결과]
x1, x2 = (0, 0) : [0. 0. 0. 0. 0. 0.]
x1, x2 = (0, 1) : [1. 0. 0. 0. 0. 0.]
x1, x2 = (1, 0) : [1. 0. 0. 0. 0. 0.]
x1, x2 = (1, 1) : [0. 0. 0. 0. 0. 0.]
```

°
6

신경망

인간의 신경은 뉴런이라는 신경세포로 구성되어 있습니다. 신경세포는 나트륨, 칼륨 등을 이온화하는 방법으로 전기신호를 만들어 신호를 전달합니다. 손으로 물건을 하나 잡아보세요. 손에 잡히는 물건의 감촉이 느껴질 것입니다. 그때 손부터 머릿속의 뇌까지 여러 개의 뉴런이 전기신호를 통해 손에 있는 물건을 뇌가 인식할 수 있게 합니다.

◉ 6-1 인간의 신경세포, 뉴런

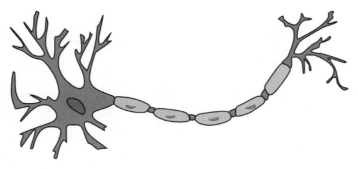

그림 6-1. 신경세포 뉴런의 모습

그림의 왼쪽에 수상돌기가 있습니다. 이곳은 다른 뉴런으로부터 전기신호를 받습니다. 여러 개의 전기신호를 실시간으로 받으면서 그것의 총합을 구하고, 그 합이 일정한 값 이상이 되면 오른쪽 끝 축삭돌기(axon)의 말단부, 끝부분에 전기 신호를 보내고, 그 전기신호가 신경전달물질을 외부로 보냅니다. 축삭돌기의 말단부는 또 다른 뉴런의 수상돌기와 매우 근접해 있습니다. 신호는 이렇게 여러 개의 뉴런을 통해 전기와 화학적 전달 방법으로 이동합니다.

◎ 6-2 인공신경망
(ANN, Artificial Neural Network)

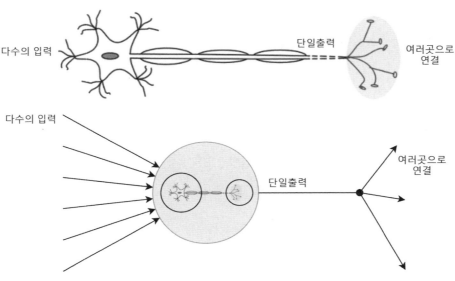

그림 6-2. 뉴런과 인공신경망

인간의 신경세포를 본떠 인공지능에 도입한 것이 바로 앞 장에서 살펴본 퍼셉트론입니다. 퍼셉트론은 여러 입력을 받고, 그 입력들에 가중치를 곱한 뒤, 그것을 모두 더한 값이 일정 임계치를 넘으면 출력 1을 아니면 출력 0을 보내는 기초적인 장치입니다.

퍼셉트론은 뉴런과 같이 다수의 입력을 받고 그것을 조합해서 하나의 출력을 만듭니다. 그 하나의 출력은 디지털 신호처럼 0 또는 1로 표현할 수 있습니다. 이 신호는 또다른 여러 곳으로 전달될 수 있습니다. 이것을 여러 번 적용해서 적층한 것이 신경망 중 딥러닝의 특징입니다. 이 책에서는 퍼셉트론에서 신경망, 거기서 조금 더 발전된 딥러닝의 기본적인 내용을 다루게 됩니다.

퍼셉트론은 하나의 층만으로는 XOR 문제를 해결하지 못했지만, 여러 층(정확히는 2개 층)을 중첩해서 사용함으로써 XOR 문제를 극복했습니다. 이제 퍼셉트론이 더 발전한 신경망으로 넘어가 보겠습니다. 여전히 퍼셉트론만으로는 해결하지 못했던 산이 남아 있습니다. 신경망을 살펴보면서 문제가 무엇이고 문제를 어떻게 해결했는지를 살펴봅시다.

이 책에서 퍼셉트론의 구조를 그릴 때 아래의 두 가지 모양을 사용합니다. 단순한 구조와 하나의 퍼셉트론만을 다룰 때에는 왼쪽의 그림을 주로 선호하고, 여러 개의 구조가 모일 때에는 오른쪽의 그림처럼 "입력 - 노드 - 출력"의 형태로 모아서 그리겠습니다. 여기서 원을 뉴런 혹은 노드라고 부릅니다. 노드는 한 가지 일만을 하는 것이 일반적입니다.

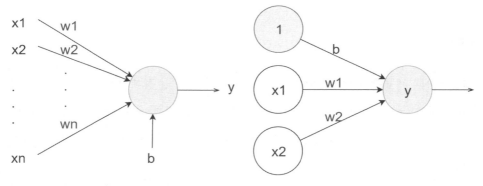

그림 6-3. 입력과 가중치, 편차를 반영한 퍼셉트론   **그림 6-4.** 2개의 입력으로 간소화한 퍼셉트론

6-3 퍼셉트론과 논리게이트

앞 장에서 배운 퍼셉트론은 단순한 함수처럼 보이지만 활용성은 짐작하기 어려울 정도입니다. 마치 만능 치트키 같은 함수입니다. NAND만을 조합해서 AND, OR, NOT 등을 만들 수 있습니다. 아래 왼쪽 그림은 XOR를 구현하는 데 AND, OR, NAND를 이용한 것이고 오른쪽은 NAND만을 이용해 만든 그림입니다.

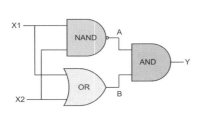

그림 6-5. XOR 구현 1

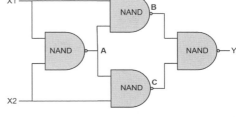

그림 6-6. XOR 구현 2

NAND는 컴퓨터에서는 아주 쓸모 있는 녀석입니다. 만약 대학에서 논리회로라는 과목을 공부하게 된다면 NAND 하나만을 가지고 컴퓨터를 만들 수 있다는 것을 알게 됩니다. AND, OR, NOT은 그 하나만을 조합해서 다른 논리연산자를 만들어내지 못합니다. 하지만 NAND는 NAND만을 여러 개 조합해서 다른 논리연산자를 만들 수 있습니다. 우리는 퍼셉트론으로 NAND를 만들었고, 퍼셉트론 NAND함수를 사용해서 컴퓨터를 구현해 볼 수도 있습니다. PC가 충분히 빠르기만 하고, 그 많은 W1, W2 등을 구할 수만 있다면 충분히 가능한 일입니다.

◎ 6-4 신경망의 수학적 이해

앞에서 본 간단한 구조의 퍼셉트론입니다.

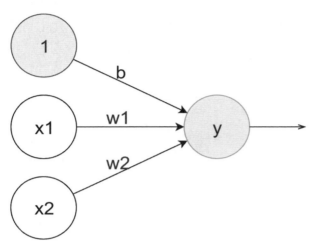

그림 6-7. 퍼셉트론

입력값 x1, x2를 받아서 y를 출력합니다. 이를 수식으로 나타내면 다음과 같습니다.

```
y = { 0 ( b + w_1 x_1 + w_2 x_2 <= 0 )
     { 1 ( b + w_1 x_1 + w_2 x_2 > 0 )
```

b는 앞에서는 theta로 표현했던 편향을 나타내는 변수입니다. 어느 정도에서 활성화 될지 비교하는 값입니다. w_1과 w_2는 개별 신호의 가중치를 나타냅니다.

b, w_1 x_1, w_2 x_2의 값을 구해서 모두 더한 것이 0보다 큰지 아닌지를 판별해서 y의 값을 결정해야 합니다. 그러기 위해서 수식을 조금 다듬어 보겠습니다.

```
a = b + w_1 x_1 + w_2 x_2 ..... (1)
h(x) = ⎰0 ( if x <= 0 ) ..... (2)
       ⎱1 ( if x > 0 )
y = h(a) ..... (3)
```

b + w_1 x_1 + w_2 x_2의 값을 a에 저장합니다. h(x)라는 함수를 하나 둡니다. h(x) 함수는 x가 0보다 크면 1을 아니면 0을 결괏값으로 출력합니다. 퍼셉트론의 출력 y 는 h(a)가 됩니다.

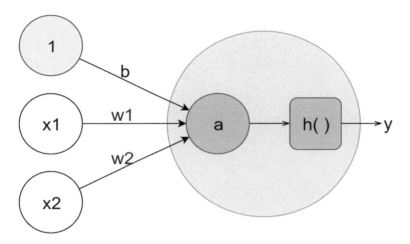

그림 6-8. 활성함수를 포함한 퍼셉트론

h(x)는 앞으로 '활성화함수' 혹은 '활성함수'라는 이름으로 부르게 됩니다. 입력 신호 의 총합(여기서는 b + w_1 x_1 + w_2 x_2)을 출력 신호로 변환하는 함수, 즉, 입력 신호 들을 가지고 출력 신호를 활성화하는 함수를 활성화함수라고 부릅니다. 앞의 퍼셉트 론에서는 활성화함수가 0 또는 1의 값만을 출력했지만 앞으로 공부하게 될 활성함수 는 이 외에도 몇 가지 종류가 더 있습니다. 단순하게 0보다 크면 1이라는 함수가 아닌 조금 더 의미를 담고 있는 활성함수를 앞으로 사용하게 될 것입니다.

⊙ 6-5 활성함수

입력값들이 가중치와 곱해진 후 그 값들의 합을 만들었습니다. 그 다음 그 합이 임계치를 넘는지 아닌지를 검토하고 넘으면 1 아니면 0을 보냈습니다. 입력값과 가중치를 곱해서 더하는 것까지는 활성함수에 도달하기 전에 이루어지는 과정입니다. 활성함수는 어떤 값이 들어왔을 때 그 값을 어떻게 변형해서 출력으로 내보낼지를 결정하는 함수입니다. 활성화함수라고도 부릅니다. 이 책에서는 활성함수로 통일하겠습니다.

퍼셉트론은 들어오는 입력값을 모아서 그것이 어떤 일정한 임계치를 넘었는지 아닌지를 판별해야 합니다. 그때 사용되는 것이 바로 활성함수입니다. 활성함수의 종류는 매우 많습니다. 그것들을 모두 소개할 수는 없고, 그중 대표적인 몇 가지만 소개하겠습니다.

6.5.1 계단함수

우리가 앞에서 사용한 활성함수 h(x)는

```
h(x) = { 0 ( if x <= 0 )
       { 1 ( if x > 0 )
```

입니다. 이 모양의 h(x)는 계단함수라는 이름으로도 불립니다. 그래프를 그려보면 쉽게 이해됩니다.

아래 코드를 넣어서 실행해보면 사용한 h(x)의 모양을 볼 수 있습니다. 0보다 크면 1이고 아니면 0이 출력되는 h(x)는 계단 모양을 가집니다. 그래서 계단함수라고 불리고, 영어로는 step function이라고 부릅니다.

```
#6.5.1. 계단함수

import numpy as np
import matplotlib.pyplot as plt

def h(x):
    return np.array(x>0)

x = np.arange(-3, 3, 0.1)
y = h(x)
plt.plot(x,y)
plt.show()
```

[실행 결과]

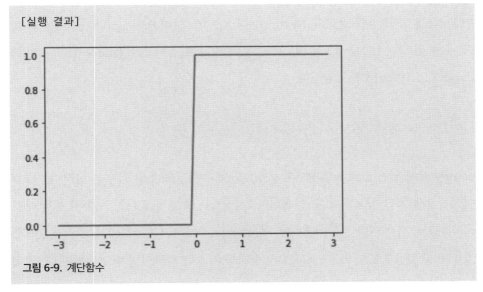

그림 6-9. 계단함수

6.5.2 계단함수의 코드 설명

사용된 코드의 의미는 다음과 같습니다. 활성함수의 하나인 계단함수를 만들기 위해 h(x)를 다음과 같이 정의합니다. 첫째 줄과 둘째 줄에서 numpy와 matplotlib의

pyplot을 가지고 와서 사용하겠다고 알려줍니다.

```
import numpy as np
import matplotlib.pyplot as plt
```

그 다음 활성함수 h()를 만듭니다.

```
def h(x):
    return np.array(x>0)
```

np.array(x>0)는 x의 값이 0보다 큰지 아닌지를 비교한 다음 맞으면 True를, 아니면 False를 출력(반환)합니다. 즉 h(-1)은 (-1 > 0), '-1이 0보다 크다'가 거짓이므로, False가 됩니다. h(2)은 (2 > 0), '2는 0보다 크다'가 참이므로 True가 됩니다. 이때 False는 0, True는 1과 같습니다.

```
x = np.arange(-3, 3, 0.1)
```

numpy 안에 있는 arange()라는 함수를 호출합니다. arange() 함수는 시작, 끝, 증감 이렇게 3개의 인자를 가질 수 있습니다. 시작하는 수에서 끝나는 수까지 증감 부분을 더해가면서 배열을 만들어줍니다. 즉 arange(-3, 3, 0.1)는 -3, -2.9, -2.8, …, -0.2, -0.1, 0, 0.1, 0.2, … , 2.7, 2.8, 2.9의 숫자를 가지는 넘파이의 배열이 됩니다. 참고로 파이썬에서 숫자의 일정 범위를 지정할 때 시작 부분은 포함되고, 끝부분은 포함되지 않습니다. 즉, -3에서 3까지라고 할 때 -3은 포함되지만 3은 포함되지 않습니다. 즉 x는

```
x = [-3, -2.9, -2.8, .... , 2.8, 2.9]
```

위와 같이 됩니다. (-3, 3, 0.1)은 '-3에서 3까지 0.1씩 증가시켜라'인데 여기서 마지막 숫자인 3은 포함되지 않는다는 것을 기억해 두세요.

```
y = h(x)
```

이 명령은 x의 모든 값을 활성화함수 h()에 넣은 뒤 결과를 y에 저장하는 것입니다. h(-3)은 (-3>0)이고, 이는 거짓이므로 False가 됩니다. 이렇게 하나씩 넣어보면

```
y = [False, False, ... , False, True, True, ..., True]
```

y는 위와 같이 총 60개의 요소를 가지고 있고, 앞에서 30개는 False이고 나머지 30개는 True입니다. 여기서 왜 30개인지 의문을 가지는 분이 계실 겁니다. 똑똑한 분입니다. x가 -3부터 0.1씩 증가하니까 30번째는 -3 + 0.1*29인 -0.1입니다. 31번째는 -3 + 0.1*30인 0이 됩니다. 즉 31번째 수는 0이고 0>0은 '0은 0보다 크다'라는 뜻이므로 거짓인 False가 나와야 합니다. 실제로 우리가 사용하는 프로그램에서는 31번째 숫자로 0이 아닌 2.6645352591003757e-15라는 생소한 수가 출력됩니다.

```
print(x[30])    # 2.6645352591003757e-15
```

원인은 컴퓨터가 사용하는 수가 10진수가 아닌 2진수이기 때문입니다. 10진 정수를 2진 정수로 바꾸는 것은 어렵지 않습니다. 십진수 13은 2^3인 8에 5를 더한 값입니다. 즉 2^3인 8에 해당하는 3번째 자리가 1로 채워집니다. 5는 2^2인 4에 1을 더한 값으로 2^2인 4에 해당하는 2번째 자리가 1로 채워집니다. 마지막으로 남은 1은 맨 끝자리에 채워집니다. 즉, 이진수 1101이 십진수 13과 같습니다.

6.5.3 소수점 이하를 이진수로 표현하기

십진정수 13   : $1 \times 10^1 + 3 \times 10^0$

이진정수 1101   : $1 \times 2^3 + 1 \times 2^2 + 0 \times 2^1 + 1 \times 2^0$

위와 같이 계산하면 이진수와 십진수 사이를 변환할 수 있습니다.

반면 이진수로 소수점 이하를 표현할 때에는 조금 복잡해집니다.

십진수 0.1 = 1×10^{-1} [십진수 0.1]

이진수 0.1 = 1×2^{-1} [십진수 0.5]

이진수 0.01 = 1×2^{-2} [십진수 0.25]

이진수 0.001 = 1×2^{-3} [십진수 0.125]

이진수 0.0001 = 1×2^{-4} [십진수 0.0625]

이진수 0.00001 = 1×2^{-5} [십진수 0.03125]

…

이진수 0.00011은 십진수 0.09375입니다. 0.1에 가깝지만 0.1보다는 작은 수이죠.

이후로 계속 아래로 내려가서 그것들을 조합해서 사용해도 결코 0.1을 만들어내지 못합니다. 0.0001100110011001100110011…로 0.1이 이진수로 표현될 때에는 0011이 무한 반복됩니다. 간단한 코드를 만들어서 소수점 이하 25번째 자리까지만 계산해 보았습니다.

```
#6.5.3. 소수점 이하를 이진수로 표현하기

a = [0,0,0,1,1,0,0,1,1,0,0,1,1,0,0,1,1,0,0,1,1,0,0,1,1]
b = 0
for index, num in enumerate(a):
    b += num*(2**(-(index+1)))

print(b)
```

```
[실행 결과]
0.09999999962747097
```

enumerate() 함수는 여러 개의 원소를 모은 것으로 리스트 등을 받을 수 있습니다. 위에서 a 리스트는 25개의 원소를 가지고 있습니다. 각각의 원소는 앞에서부터 차례로 번호를 붙일 수 있습니다. 이 번호를 인덱스라고 부릅니다. 인덱스와 값을 for문에서 함께 사용할 때 enumerate() 함수를 사용합니다. 0011을 무수히 반복하면 0.1에 가까워집니다. 이것을 수렴한다고 말합니다. 하지만 아무리 컴퓨터가 빠르게 계산한다고 해도 무수히 반복하는 것은 불가능합니다.

소수점을 가진 십진수 0.1은 이진수로 정확하게 표현되지 않습니다. 우리가 일상생활에서 너무나 쉽게 사용하는 0.1이 컴퓨터에서 표현될 수 없다는 것이 놀라울 것입니다. 그래서 3에서 0.1씩을 뺀 값이 컴퓨터에서는 정확한 0이 되지 못합니다. 0에 가까운 값이 됩니다.

-3에 0.1을 계속 더하다 보면 결국 -0.1에 0.1을 더하게 되는데 이때 0이 아닌 0에 가까운 값이 나옵니다. 그것이 2.6645352591003757e-15인 것입니다.

2.6645352591003757은 일반적으로 실수를 표시한 것이고, e-15는 10^{-15} 즉, 0.00000000000000으로 0이 15개가 있고 그 뒤에 숫자가 붙는다는 것을 의미합니다. 2.6645352591003757e-15는 0.0000000000000026645352591003757입니

다. 숫자가 너무 크거나 너무 작으면 사람이 눈으로 보아도 바로 그 의미를 파악하기가 어려워집니다. 그리고 옮겨 적을 때 실수할 가능성이 아주 커집니다. 그래서 이런 숫자들은 0을 제외한 숫자를 쓰고 크기를 별도로 표시합니다. 1000 대신 1e+3을 쓰는 표기법을 지수표기법이라고 합니다.

6.5.4 계단함수의 그래프 출력

다시 원래의 코드로 돌아가겠습니다.

```
plt.plot(x,y)
plt.show()
```

x와 y는 각각 60개의 데이터를 가진 배열입니다. 그것들을 각각 하나씩 점으로 만들면 총 60개의 점이 만들어집니다.

```
(x_1, y_1), (x_2, y_2), ... (x_60, y_60)
(-3, 0), (-2.9, 0), … (2.9, 1)
```

이 60개의 점을 화면에 출력시키는 명령입니다. plt는 matplotlib.pyplot의 약어이고, plot()은 점의 좌표를 넣으면 점을 화면에 그리는 명령입니다.

활성화함수를 설명하면서 계단함수를 다루다가 파이썬 넘파이 명령에 대한 부분과 소수점 이하의 이진수까지 설명했습니다. 조금 장황한 부분은 있지만 꼭 필요한 부분입니다. 종종 질문을 하는 학생들을 보면 아직 0.1이 컴퓨터에서 어떻게 저장되는지 잘 모르는 이들이 많은 듯합니다. 0.1의 이진수는 0.0001100110011001100…로 무한하게 반복되기 때문에 컴퓨터에는 0.1의 정확한 값이 저장될 수 없다는 것을 이번 기회에 알아두세요. 이런 작은 차이들이 모여서 실력의 차이를 낳게 되고, 만들어지는 시스템의 성능을 결정하게 됩니다.

6.5.5 시그모이드 함수

시그모이드 함수는 sigmoid 곡선, 즉 S자형 곡선을 가지는 함수입니다. 상당히 많은
곳에서 S자형 곡선을 가진 그래프가 사용됩니다. 고등학교 과학 시간에 배우는 미생
물의 생장곡선은 S자형 곡선입니다. 생물의 생장을 시간에 따라 측정해서 그래프로
표시한 생장곡선은 전형적인 S자 모양을 가집니다. S자 모양은 여러 그래프에서 사
용됩니다. 대표적으로 기업의 혁신을 나타내는 발표에서도 종종 이 S자 곡선이 사용
되고, 기술 발전의 단계 역시 이 S자 곡선이 많이 사용됩니다.

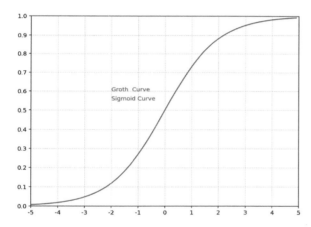

그림 6-10. 시그모이드 그래프

시그모이드 함수의 특징은 출력의 최솟값과 최댓값이 0과 1 사이라는 것입니다. 그
리고 중간값, 즉 입력 x가 0일때 0.5를 출력값으로 갖습니다. 입력이 아무리 큰 값이
더라도 출력은 1이고, 입력이 음의 값으로 작아지면 0에 가까워집니다. 기울기, 각 점
의 미분값은 0에서 최댓값 .25를 가집니다. 입력이 작아지거나 커지면 기울기인 미
분값은 점점 작아져서 0에 가까워집니다.

시그모이드 함수는 쉽게 사용되는 그래프의 모양을 가지고 있었기에, 신경망 초기에는 많이 사용되었지만 최근에는 그다지 사용되지 않습니다. 이유로는 첫째, x가 커지면 기울기가 계속 줄어드는 특징 때문입니다. 시그모이드 함수는 x=0에서 최대 기울기 .25입니다. 오른쪽으로 가면 갈수록 기울기값이 줄어듭니다. 실제로 계산해보면 x = [0, 1, 2, 3, 4, 5, 6]에서 기울기값은 [0.24994, 0.19659, 0.10500, 0.04519, 0.01766, 0.00665, 0.00246]입니다. 미분값이 0.00246이라는 의미는 입력이 1 변화할 때 출력은 0.00246 변한다는 뜻입니다. 즉, 출력을 1만큼 변화시키는 데 필요한 입력의 변화량이 406(=1/0.00246)이 됩니다.

둘째, 컴퓨터에서 호출하는 exp() 함수 사용에 많은 시간과 메모리가 필요합니다. 활성함수는 신경망 프로그램의 많은 부분을 담당하는데 여기에 많은 시간과 메모리가 사용되면 그만큼 효율이 떨어질 수밖에 없습니다. 현재는 시그모이드를 대체할 수 있는 많은 활성함수들이 여러 연구자에 의해서 나와 있습니다.

$$s(x) = \frac{1}{1+e^{-x}}$$

s(x)가 시그모이드 그래프를 그리는 함수식입니다. 이 식을 사용해서 코드를 만들어 보면 다음과 같습니다.

```
def sigmoid(x):
    return 1 / (1+np.exp(-x))
```

numpy를 사용해서 프로그래밍해 보겠습니다. 위의 수식을 그대로 이용합니다. 참고로 이 책에서는 그래프를 그리는 세부적인 방법을 소개하지는 않습니다. 단순하고 간단하게 그래프를 그려서 확인할 수 있을 정도만 이 책에 소개하고 있습니다. 이 책에 있는 대부분의 그래프는 파이썬과 matplotlib를 이용해서 그렸습니다.

```
#6.5.5. 시그모이드 함수 1

import numpy as np
import matplotlib.pyplot as plt

def sigmoid(x):
    return 1 / (1+np.exp(-x))

x = np.arange(-5, 5, 0.1)
y = sigmoid(x)

plt.plot(x,y)
plt.show()
```

그림 6-10의 시그모이드 그래프는 위의 소스에서 화면에 몇 가지 내용을 추가한 것입니다. 소스는 지면에는 싣지 않았지만 부록으로 #6.5.5에 수록되어 있습니다.

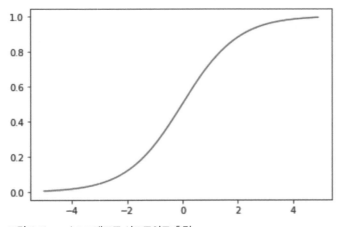

그림 6-11. pyplot 그래프로 시그모이드 출력

e^{-x}은 파이썬의 numpy 안에 있는 exp() 함수를 사용하면 됩니다. 즉, np.exp(-x)가 됩니다. 나머지 부분은 계단함수와 동일합니다.

계단함수와 시그모이드는 활성함수로 사용된다는 점에서 공통점이 있지만 모양에서 보듯이 확연히 서로 다른 부분이 있습니다. 활성함수가 가져야 할 중요한 특징은 '비선형'이어야 한다는 것입니다. 비선형이라는 말이 쉽지는 않게 들립니다. 비선형은 선형을 제외한 나머지를 말합니다. 그러면 선형이란 무엇일까요? 선형은 다음의 관계를 가질 때만 가능합니다.

```
f(x+y) = f(x)+ f(y) ------ (1)
f(ax) = af(x) ------ (2)
```

쉬운 예를 들어 봅시다. f(x) = 2x라는 원점을 지나는 일차직선의 식이 선형인지 검사해봅시다.

f(x+y) = f(x) + f(y)에서 x와 y에 1과 2를 넣어봅시다.

```
f(1+2) = f(1) + f(2)
f(3) = f(1) + f(2)
2*3 = 1*2 + 2*2
6 = 6
```

그렇습니다. 좌변과 우변이 같습니다. 수학적으로 다시 한번 정리해보면,

식1의 좌변은

```
f(x+y) = 2(x+y)
       = 2*x + 2*y ---- (3)
```

식1의 우변은

```
f(x) + f(y) = 2*x + 2*y ---- (4)
```

(3)과 (4)의 결과가 같습니다.

(2) 식에 대해서도 정리해 보겠습니다.

```
f(ax) = af(x) ------ (2)
```

좌변은

```
f(ax) = a(2x) = 2ax --- (5)
```

우변은

```
af(x) = a×2x = 2ax --- (6)
```

(5)와 (6)을 통해 두 결과가 동일함을 알 수 있습니다. 즉, 이런 관계가 될 때 이 식 f(x) = 2x는 '선형'이라고 말할 수 있습니다.

그러면 선형이 아닌 경우를 들어보겠습니다. $f(x) = x^2$

```
f(x+y) = f(x)+ f(y) ------ (1)
```

이 성립하는지 확인해 봅시다. 좌변은 다음과 같습니다.

```
f(x+y) = (x+y)²
= x² + 2xy + y²
```

우변은 다음과 같습니다.

$$f(x) + f(y) = x^2 + y^2$$

좌변을 계산한 것이 $x^2 + 2xy + y^2$인데 우변은 $x^2 + y^2$입니다. 다릅니다. 이럴 때 '선형이 아니다'라고 말합니다. 선형이 아닌 것은 모두 비선형(Non-Linear)입니다. 우리가 주변에서 쉽게 보는 원점을 지나는 일차함수, 직선의 식은 선형입니다.

왜 활성함수를 말하다가 갑자기 선형과 비선형을 이야기하고 있을까요? 활성함수의 가장 큰 특징은 '비선형'이어야만 한다는 것입니다. 선형은 안된다는 뜻입니다.

XOR 문제를 해결하기 위해 퍼셉트론부터 단층이 아닌 2층 이상을 사용합니다. 이때 활성함수로 선형함수를 사용하게 되면 심각한 문제가 발생합니다.

입력들의 합을 구해서 k배로 넘겨주는 함수를 활성함수로 가정해 봅시다.

활성함수 $h(x) = kx$

입력값 a가 들어오면 활성함수를 통과한 결과는 ka가 됩니다. 이 결괏값이 다음 층으로 넘어가서 다시 활성함수를 통과하면 k(ka)인 k^2a가 됩니다. 이 과정을 n번 반복하면 k^na가 됩니다.

```
f(a) = ka ,
f(f(a)) = k²a,
f(f(f(a))) = k³a,
f(f(…f(a)…)) = kⁿa = Ka    ( K = kⁿ )
```

즉, 선형으로 만들어진 활성함수는 아무리 여러 번 처리해도 최종값은 Ka 형태로 나옵니다. 입력의 상수배로 되는 것이고 이는 굳이 여러 층의 신경망을 둘 필요 없이 한 층으로도 같은 결과를 낼 수 있다는 뜻입니다.

이런 이유로 신경망의 모든 활성함수는 비선형입니다. 앞에서 논리회로인 XOR을 만들었던 활성함수도 0 또는 1을 출력하는 계단함수였고, 지금 살펴보고 있는 시그모이드 함수도 역시 비선형입니다.

계단함수와 다른 시그모이드의 또 하나의 특징은 '미분 가능'하다는 것입니다. '미분 가능'이라는 말은 기울기값을 구할 수 있는지로 살펴보면 쉽게 이해할 수 있습니다. 계단함수는 0점에서 기울기값을 구할 수 없습니다. 0에서 아주 작은 값을 뺀 곳의 기울기는 0이고, 0에서 아주 작은 값을 더한 곳에서의 기울기는 0입니다. 그런데 0에서 아주 작은 값을 뺀 곳의 값 h(0-)은 0이고, 더한 값 h(0+)은 1입니다. 0의 오른쪽과 왼쪽에서 값이 단절되었습니다. 수학자들은 이런 값들을 그다지 좋아하지 않습니다. 미분 가능한 시그모이드가 있으니 굳이 계단함수 같은 것을 쓰고 싶어 하지 않았습니다.

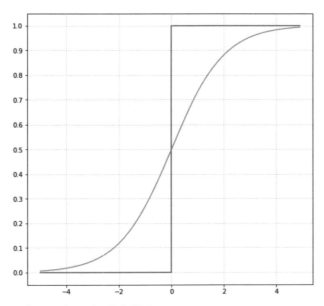

그림 6-12. 시그모이드와 계단함수

퍼셉트론에서 계단함수는 출력으로 0이나 1을 보냈습니다. 퍼셉트론이 발전된 모습인 신경망에서는 일반적으로 출력을 0과 1로 단절시키지 않고 연속적인 실숫값을 주게 됩니다. 하나의 층(Layer)에서 출력으로 나가는 값이 그 다음 층(Layer)에서 입력으로 처리됩니다. 신경망에서는 0과 1로 출력을 제한하기보다는 0과 1사이의 실숫값을 출력하여 확률값처럼 사용하는 것이 일반적입니다.

계단함수보다 시그모이드 계열의 S자형 함수가 많이 사용되었고 그중 tanh()를 사용한 것을 소개합니다.

6.5.6 하이퍼볼릭 탄젠트(tanh)

시그모이드 함수와 마찬가지로 S자 곡선을 가지는 미분 가능한 대표적인 활성함수입니다. 다른 활성함수와 같이 비선형이고, 시그모이드와의 차이는 0.5가 아닌 0을 기준으로 대칭이라는 점입니다. 이 때문에 시그모이드보다 학습 속도가 빠릅니다. 다만 시그모이드와 마찬가지로 입력값이 크더라도 +1과 -1의 제한에 걸리기 때문에 여러 층의 활성함수를 거치게 되면 기울기값을 소멸시킨다는 단점이 있습니다.

```
tah(x) = 1 / {1+e⁻ˣ}
```

tah(x)가 하이퍼볼릭 탄젠트 그래프를 그리는 함수식입니다. 이 식을 사용해서 코드를 만들어보면 다음과 같습니다.

```
def tah(x):
    return np.tanh(x)
```

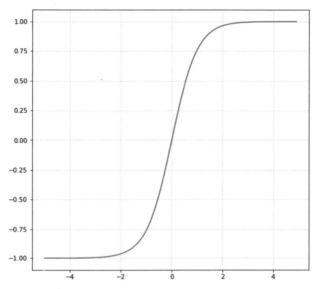

그림 6-13. 하이퍼볼릭 탄젠트 그래프

numpy를 사용해서 그래프를 프로그래밍해서 화면에 출력해 보겠습니다. 위의 수식을 그대로 이용합니다. 파이썬의 tanh() 함수는 math 패키지를 써도 되지만 numpy 패키지에도 포함되어 있습니다. 여기서는 따로 math를 포함시키지 않고 numpy를 사용합니다. 파이썬의 numpy와 matplotlib를 이용해서 그렸습니다.

```
#6.5.6 하이퍼볼릭 탄젠트(tanh) 1

import numpy as np
import matplotlib.pyplot as plt

def tah(x):
    return np.tanh(x)

x = np.arange(-5.0, 5, 0.1)
y = tah(x)

plt.figure(figsize=(8,8))
plt.plot(x,y)
plt.show()
```

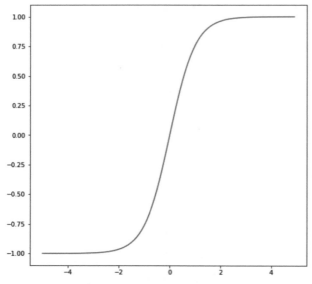

그림 6-14. 하이퍼볼릭 탄젠트 출력

plt. figure(figsize=(8,8)) 명령은 출력되는 그래프의 가로 크기와 세로 크기를 8×8로 하라는 명령입니다. 화면을 조금 크게 하고 싶다면 화면에 보이는 명령 전에 plt. figure()를 이용해서 화면 크기를 조정할 수 있습니다.

6.5.7 ReLU

ReLU(렐루, Rectified Linear Unit)는 S자 곡선을 가지는 시그모이드나 하이퍼볼릭 탄젠트와 다른 모습입니다. 오히려 계단함수와 유사하지만 상한선의 제한이 없습니다. 입력이 0인 부분에서 기울기를 측정할 수 없기 때문에 미분을 할 수 없습니다.

입력값이 0 이하이면 출력은 0으로 수렴하고, 입력값이 0 이상이면 출력은 입력과 동일합니다. 즉, 다음과 같은 그래프 특성을 가집니다.

수식으로 표현하면

```
r(x) = {|x| + x} / 2
```

입니다. 일반적으로는 다음과 같이 표시합니다.

```
r(x) = { x     (x>0)
       { 0     (x<=0)
```

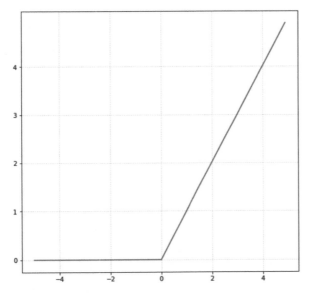

그림 6-15. ReLU 그래프

파이썬 코드로 구현할 때 numpy의 maximum() 함수를 사용하면 편리합니다. maximum() 함수는 max() 함수처럼 최댓값을 반환해 줍니다. 안타깝게도 파이썬에서 자주 사용하는 max()는 array와 함께 사용할 수 없습니다. 그래서 max() 대신 maximum()을 사용합니다. maximum(0, x)는 x가 음수라면 0을, x가 0 이상의 수라면 x를 반환합니다.

ReLU 함수는 최근 들어 많이 사용되는 활성함수입니다. 활성함수로 어떤 것이 좋은지에 대해서는 많은 연구와 논문이 발표되고 있습니다. 초창기에 많이 사용되던 시그모이드 계열의 활성함수는 최근 들어서는 사용 빈도가 많이 줄어들었습니다. 이유는 다음과 같습니다.

첫 번째로 시그모이드나 하이퍼볼릭 탄젠트와 달리 ReLU 함수는 복잡한 계산이 사용되지 않습니다. 0보다 작으면 0을, 0 이상이면 입력값을 그대로 출력으로 보내기 때문에 컴퓨팅파워를 거의 소모하지 않습니다. 두 번째로 시그모이드가 가지고 있던 치명적 단점인 기울기값 소멸을 극복했습니다. 시그모이드 계열은 상한값과 하한값의 한계를 가지고 있었습니다. 그 때문에 여러 층의 계산을 거치면서 값이 매우 작아졌습니다. 한 층을 거칠 때마다 0.6씩 곱한다고 계산해보면 10개 층만 거치면 0.6^{10}인 0.006이 됩니다. 즉, 층의 수를 늘려 계산의 다양성을 꾀하려 했는데, 정작 활성함수 때문에 계산 결과가 0으로 수렴하게 되는 예상치 못했던 문제가 발생한 겁니다. 이 문제는 2006년까지 해결되지 못했습니다. 인공지능과 신경망에 있어 XOR 이후 다시 찾아온 큰 위기였습니다. 문제의 핵심은 시그모이드에 대한 지나친 과신이었습니다. 시그모이드의 미분 가능함과 모양의 화려함 때문에 이 함수가 활성함수로 적합하지 않을 거라는 생각을 다수의 연구자가 하지 못한 것입니다. 결국 Hinton 교수가 2006년 이 문제를 거론하면서 돌파구가 생겼습니다. ReLU는 0점에서 미분할 수 없다는 문제를 가지고 있음에도 불구하고 시그모이드의 위치를 차지하게 됩니다.

```
#6.5.7 ReLU 1

import numpy as np
import matplotlib.pyplot as plt

def r(x):
    return np.maximum(0, x)

x = np.arange(-5, 5, 0.1)
```

```
y = r(x)
plt.plot(x,y)
plt.show()
```

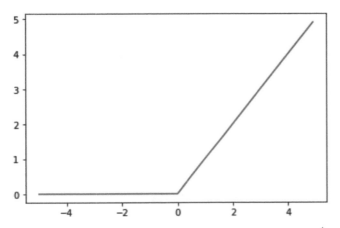

그림 6-16. 화면출력 ReLU

인공지능, 특히 신경망을 사용하는 딥러닝이 적용되는 곳은 다양합니다. 그 중 많이 사용되는 분야에 영상 인식이 있습니다. 영상 인식은 자연어 처리가 필요한 음성 인식보다 인공지능의 적용이 많이 연구되어왔습니다. 우선 사람의 음성이나 악기의 소리는 시간의 흐름에 따라 주파수를 찾아서 해석해야 하는 어려움이 있지만 영상은 정지된 상태의 신호를 받아들이는 것이기 때문에 시간이라는 측면을 크게 고려하지 않아도 됩니다. 이 책에서는 MNIST라는 정지된 영상, 손으로 쓴 글씨를 사진으로 찍은 것을 사용합니다.

MNIST에 관해서는 앞부분에서 조금 다루었습니다. 7장에서는 영상의 기본 특징과 MNIST의 영상 특징을 살펴보겠습니다.

7

영상과 MNIST

⊙ 7-1 영상의 이해

모든 영상은 가로와 세로 크기를 가집니다. 우리가 눈으로 보는 그림은 가로와 세로의 크기 속에 있습니다. 이를테면 16세기 르네상스 시대 유명한 화가이자 과학자인 레오나르도 다빈치의 모나리자 그림은 지금 프랑스 파리의 루브르 박물관에 보관되어 있습니다.

그림 7-1. 모나리자

이 그림을 자세히 보면 최근에 나오는 그림이나 사진들과는 많이 다릅니다. 내용에 대한 것이 아니라 오랜 세월의 흔적이 그대로 반영되어 있습니다.

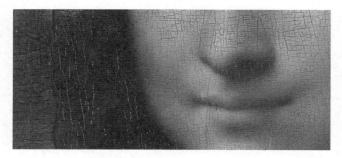

그림 7-2. 모나리자 그림의 부분 확대

모나리자는 1503년에 만들어졌습니다. 꽤 오래전입니다. 그 당시에 '옵티큐라'라는 사진 관련 기술이 있기는 했지만 짧은 시간에 빛을 저장할 수 있는 제대로 된 사진 기술이 없었습니다. 1800년대에 와서야 제대로 된 사진이 나왔습니다. 물론 당시도 움직이는 사람을 찍기는 어려웠습니다. 정지 상태인 건물 등을 찍는 용도였습니다. 사진은 특정한 시간에 빛을 담는 장치입니다.

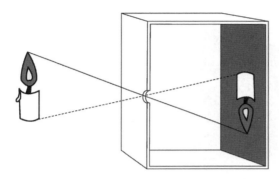

그림 7-3. 사진기 원리

여기서 빛이 닿는 곳에 빛에 반응하는 감광장치, 감광판을 놓고 일정 시간 동안 빛에 노출시킨 다음 그것을 고정시키는 것이 사진입니다. 감광판에 닿는 빛은 세거나 약하면서 일정한 색을 가지는데 그 색의 비중도 세거나 약합니다. 결국 그 정도를 수치화하지는 못했지만 그대로 녹화했던 것이 이전의 카메라 기술이었습니다. 지금은 잘 사용되지 않는 필름이 사용되었습니다. 얼마나 감도가 좋은 필름인지에 따라서 사진에 담아낼 수 있는 정밀도는 달랐습니다.

하지만 이 필름도 수치화하지는 못했습니다. 그래서 일정 시간이 지나면 사진도 색이 바래고, 필름도 원형을 그대로 복원하지는 못했습니다. 그러면서 등장한 것이 이 사진에 사용되는 감광판을 디지털화하는 것이었습니다.

⊙ 7-2 디지털과 아날로그 신호

사진 초기에 필름 대신 CCD/CMOS 같은 디지털센서를 사용해서 감광판을 대체하는 것에 많은 이들은 부정적이었습니다. 그도 충분히 이해되는 것은 필름사진이 가지고 있는 정도의 해상도를 초기의 CCD/CMOS 센서는 도저히 따라가지 못했습니다.

그림 7-4. PC 웹캠에 사용되는 CCD 센서

하지만 기술은 점점 발전했고, 결국 필름이 가지고 있는 해상도를 이미지센서가 따라잡았습니다. 이미지센서가 필름 이상의 해상도를 가진다는 것은 어마어마한 결과를 낳았습니다.

단순한 대체재가 아닌 완전히 다른 차원으로 사진 기술은 발전하게 됩니다. 이미지센서를 사용하기 전 필름을 사용한 사진 저장 기술은 문제가 있었습니다. 시간이 지나면서 그림의 표면이 갈라지듯이 시간이 지나면 사진도 바래고 필름도 훼손됩니다. 필름의 온전한 보존을 위해서 아무리 신경을 쓴다고 해도 결국 필름은 손상됩니다. 즉, 시간이 지날수록 원본은 훼손되어가고 그것을 거스를 수 없습니다.

하지만 CCD/CMOS 와 같은 이미지센서는 달랐습니다. 이전의 감광판은 모든 정보를 그냥 기록하고, 기록된 곳이 오염되어가는 것을 최대한 늦추는 것이 전부였지만 이미지센서는 기록을 숫자로 정확하게 합니다. 즉, 이전의 기록 방식이 "적당히 불그스레하면서 노란빛이 약간 들어오는" 정도였다면 이제는 "붉은빛이 124에 노란빛은 21"처럼 구체적인 수치를 가집니다. 즉, 이미지센서를 사용한 이후의 사진 저장 방식은 누구라도 원래 찍혔던 것을 완벽하게 복원해낼 수 있게 된 것입니다. 또한 이전 방식의 사진은 인화하거나 복사하면 조금씩 노이즈가 들어갑니다. 하지만 새로운 방식의 사진은 언제라도 똑같이 저장할 수 있고, 아무리 많이 저장하더라도 124나 21 같은 수치가 변하지는 않게 됩니다.

여기 사진이 하나 있습니다. 앞에서 사용한 손글씨 사진입니다.

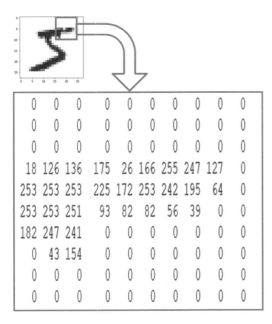

그림 7-5. MNIST 데이터 모습

◉ 7-3 샘플링과 양자화

여기에 사용된 중요한 개념이 샘플링(Sampling)과 양자화(Quantization)입니다.

양자화는 그림의 색을 저장할 때 어느 정도의 정밀도를 가지게 저장할 것인지를 결정합니다. 이를테면 한 점의 색이 흑백이면서 검고 흰 정도를 2단계로 표현할 수 있습니다. 이때 저장되는 정보는 0 또는 1이면 됩니다. 0은 색이 검다는 것을 의미하고 1은 색이 하얗다는 것을 의미합니다.

2단계로 표현한 희고 검은 정도입니다.

단계 1 [■] - 검다 ■□ 희다   0 [0] 1 bit
단계 2 [□] - 검다 □■ 희다   1 [1] 1 bit

4단계로 표현해 봅시다.

단계 1 [■] - 검다 ■□□□ 희다   0 [00] 2 bits
단계 2 [■] - 검다 □■□□ 희다   1 [01] 2 bits
단계 3 [■] - 검다 □□■□ 희다   2 [10] 2 bits
단계 4 [□] - 검다 □□□■ 희다   3 [11] 2 bits

8단계로도 표현해 봅시다.

단계 1 [■] - 검다 ■□□□□□□□ 희다   0 [000] 3 bits
단계 2 [■] - 검다 □■□□□□□□ 희다   1 [001] 3 bits
단계 3 [■] - 검다 □□■□□□□□ 희다   2 [010] 3 bits
단계 4 [■] - 검다 □□□■□□□□ 희다   3 [011] 3 bits
단계 5 [■] - 검다 □□□□■□□□ 희다   4 [100] 3 bits

단계 6 [■] - 검다 □□□□□■□□ 희다 5 [101] 3 bits

단계 7 [■] - 검다 □□□□□□■□ 희다 6 [110] 3 bits

단계 8 [□] - 검다 □□□□□□□■ 희다 7 [111] 3 bits

이미지에서 양자화는 색의 정보를 저장하기 위한 이론입니다. 간단하게 생각하기 위해 컬러가 아닌 흑백, 정확하게는 검은색과 흰색으로 조합되는 회색(grey)를 사용하겠습니다.

단순하게 검은색과 흰색만을 구별하려고 한다면 검다 혹은 희다로 표현되는 2단계를 사용하면 됩니다. 반면 조금 더 눈에 보이는 것과 유사하게 구별하려고 한다면 희고 검은 정도를 표현해야 합니다. 그래서 4단계 혹은 8단계로 표현할 수도 있습니다. 2단계는 0과 1로 나타낼 수 있기 때문에 정보를 저장하기 위해서는 1개의 비트가 필요합니다. 4단계는 00, 01, 10, 11로 나타낼 수 있습니다. 즉 2개의 비트가 있으면 4단계를 나타낼 수 있습니다. 8단계는 000, 001, 010 011, 100, 101, 110, 111로 나타낼 수 있습니다. 3개의 비트를 사용하면 단계를 나타낼 수 있습니다. 비트가 하나 늘어날 때마다 저장할 수 있는 정밀도는 이번보다 2배씩 증가합니다. 내가 저장하려는 정보의 정밀도를 위해서 몇 개의 비트가 필요한지 알아야 하고 이를 위해서 양자화를 사용합니다. 아래 사진을 보면 한 점을 표현할 때 어느 정도의 정밀도로 표현되는지 차이를 느낄 수 있습니다. 한 점을 단순히 희다, 혹은 검다로만 표현하면 윤곽선은 뚜렷해지지만 오른쪽 아래의 사진처럼 음영이나 여러 정보를 얻기 어려워집니다.

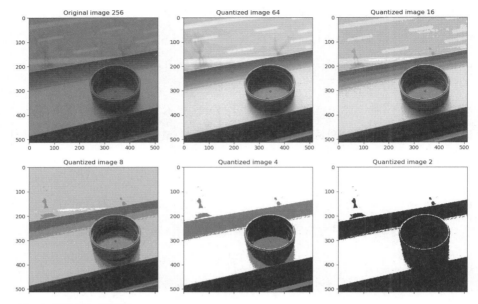

그림 7-6. 양자화에 따른 차이

위 사진은 강의실에서 창문에 플라스틱 병뚜껑을 두고 찍은 사진입니다. 왼쪽 위에서 부터 양자화를 위해 8비트, 6비트, 4비트, 3비트, 2비트, 1비트를 사용해서 변환한 사진입니다.

왼쪽 위의 원본사진이 8비트로 양자화되어 있다는 것은 곧 흰색과 검은색을 256단계 (=2^8)로 나누었다는 것을 의미합니다. 아래쪽에 있는 세 개의 사진이 각각 3비트, 2비트, 1비트로 양자화되었다는 것은 흰색과 검은색을 8단계, 4단계, 2단계로 나누었다는 것을 의미합니다.

최근에 나오는 스마트폰으로 별도의 설정 변경 없이 사진을 찍으면 컬러로 24비트 양자화된 정보를 저장합니다. 이 책에서 사용한 사진은 흑백으로 8비트 양자화된 것이지만 일반적인 사진은 컬러 24비트 양자화된 것입니다. 즉, 빨간색, 초록색, 파란색을 각각 24개의 비트로 나누어 저장된 값입니다. 제 스마트폰에 저장된 사진을 하나 가지고 와 보았습니다.

그림 7-7. 거리 사진 12.2백만화소, 4032×3024, 2.3MB, f/2.4 1/878 4.3mm ISO50

사진은 가로 세로의 크기가 4032×3024이고 칼라 24bit로 저장되었습니다. 사진이 찍힌 장소나 그때의 조리갯값 같은 것은 지금 우리의 관심의 대상이 아닙니다. 이 사진은 12,192,768(=4032×3024)개의 픽셀로 이루어져 있습니다. 그래서 사진 정보를 보면 12.2백만 화소라고 나옵니다. 각각의 화소, 픽셀은 R(Red), G(Green), B(Blue)의 정보값을 저장합니다. 각각의 정보에 사용되는 비트는 24비트입니다. 즉, 24(R)+24(G)+24(B)인 72비트에 하나의 점의 컬러값에 대한 정보를 저장합니다. 8비트를 1바이트(1byte = 8bits)로 계산하면 각각의 픽셀은 9바이트의 컬러값 정보를 가집니다. 즉, 이 사진 파일을 저장하기 위해서는 4032×3024×9인 109,734,912바이트(109MByte)의 저장 공간이 필요합니다. 109MB라면 꽤 용량이 큰 편입니다. 하지만 이 파일의 진짜 크기는 2,310,312바이트(2.2MB)입니다.

109가 2.2로 줄어든 것은 그림 파일이 가지고 있는 특성상 같은 값이 많이 반복되는 것을 이용해서 압축이 이루어졌기 때문입니다. jpg로 저장된 파일은 원래의 크기의 2%가 되었습니다.

이 책에서는 영상 처리에 대한 부분을 별도로 다루지 않습니다. 영상 처리 하나만으로도 책들이 많이 나와 있습니다. 특히 jpg(jpeg/jiff) 포맷은 최근에 많이 사용되고 있지만 압축 방법을 이해하고 사용하기 위해서는 상당히 머리 아픈 공부를 추가로 해야 합니다. 그래서 이 부분은 차후에 영상 처리에 관심이 있는 분들이 별도의 과정으로 공부하시기 바랍니다.

jpg 같이 압축된 영상 정보는 오히려 영상을 처리하기 전에 미리 압축된 부분을 다시 원상태로 복원해야 하기 때문에 영상 처리에 적합하지 않습니다. 전처리가 필요 없는 영상 데이터를 가지고 작업하는 것이 우선은 손쉬운 방법입니다. MNIST는 압축되지 않은 영상 정보를 그대로 가지고 있습니다. 이런 데이터를 RAW 데이터라고 합니다.

샘플링은 모든 입력값을 다 저장하는 것이 아니라 일정 간격으로 샘플을 모으고 모인 샘플을 사용하겠다는 것입니다. 즉, 원본 이미지의 크기를 그대로 사용하는 것이 아니라 그중 일부를 떼어내서 그것을 사용하겠다는 것입니다. 아래의 사진을 한번 보세요.

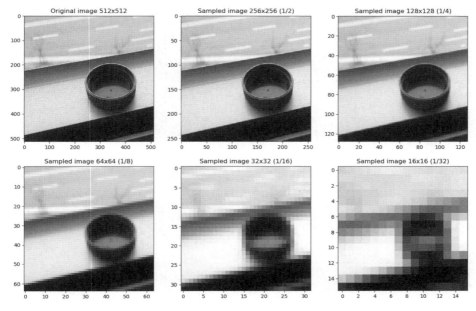

그림 7-8. 샘플링에 따른 차이

왼쪽 위의 첫 번째 사진을 표본으로 삼겠습니다. 크기는 가로, 세로 모두 512픽셀입니다. 사진은 2차원 평면의 위치값과 그 위치에 있는 색(여기서는 검고 흰 정도)에 대한 데이터를 동시에 가집니다.

즉 위의 왼쪽 첫 번째 사진은 512×512개의 데이터를 가집니다. 가로와 세로를 각각 x, y로 놓으면 다음 그림과 같습니다.

1,1	1,2	1,3	1,4	1,5	1,512
2,1	2.2	2.3	2.4	2,5	2.512
3,1	3.2	3.3	3.4	3,5	3.512
4,1	4,2	4,3	4,4	4,5	4,512
5,1	5.2	5.3	5.4	5,5	5.512

512,1	512.2	512.3	512.4	512,5	512,512

그림 7-9. 화면 픽셀 구성

이제 여기서 샘플링을 해보겠습니다. 512×512인 262,144개의 값을 모두 가져오는 대신 가로와 세로 2개마다 하나씩 건너 뛰면서(4개 중 1개) 값을 가져오겠습니다. 이미지를 처리할 때 주로 사용하는 방식입니다. 원래보다 크기가 줄어든다는 의미로 서브샘플링이라고도 부릅니다.

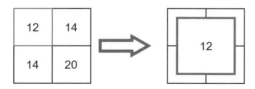

그림 7-10. 서브샘플링

4개의 값이 각각 12, 14, 14, 20일 때 왼쪽 위에 있는 값 하나만 가져오고 나머지는 버립니다. 이런식으로 처리하면 원래 512×512였던 이미지는 256×256으로 크기가 줄어듭니다.

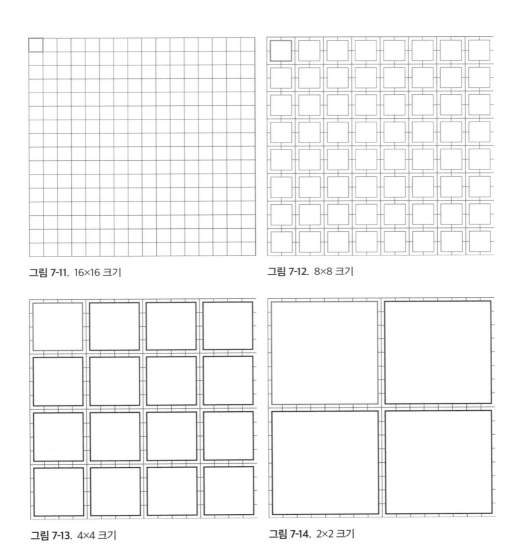

그림 7-11. 16×16 크기

그림 7-12. 8×8 크기

그림 7-13. 4×4 크기

그림 7-14. 2×2 크기

이렇게 처리하면 왼쪽의 16×16 크기의 이미지는 8×8 크기의 이미지로 줄어듭니다.
같은 방법을 반복하면 4×4, 2×2까지 줄일 수 있습니다. 하지만 계속 줄여나갈 수는
없습니다. 아래 3이라는 숫자를 샘플링한 결과를 확인합시다.

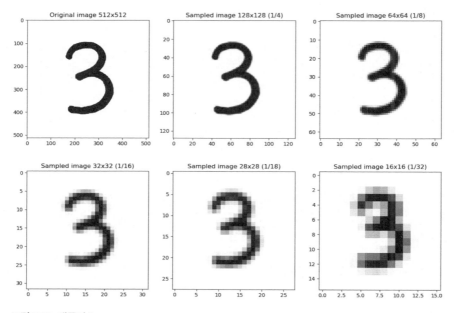

그림 7-15. 샘플링 3

원 이미지는 512×512 크기입니다. 이것을 절반씩 줄여나갔습니다. 32×32 해상도에서는 3이라는 글자가 인식되지만 16×16 해상도에서는 3을 제대로 분별하기에 어려움이 생깁니다. MNIST에서는 28×28 해상도를 사용하고 압축 없이 영상 정보를 저장합니다.

지나치게 큰 해상도는 파일의 크기를 크게 만듭니다. 파일의 크기가 커진다는 것은 처리에 시간이 많이 걸리게 된다는 뜻이기도 합니다. 그래서 MNIST에서는 영상의 크기를 인식하기에는 적당하되 지나치게 크지 않은 값인 28×28로 하고 있습니다. 영상의 크기에 신경을 쓰는 이유는 영상의 크기가 곧 우리가 사용할 신경망의 입력 크기와 관계되기 때문입니다.

MNIST 특징

2장에서 MNIST에 대해서 간략히 소개했습니다.

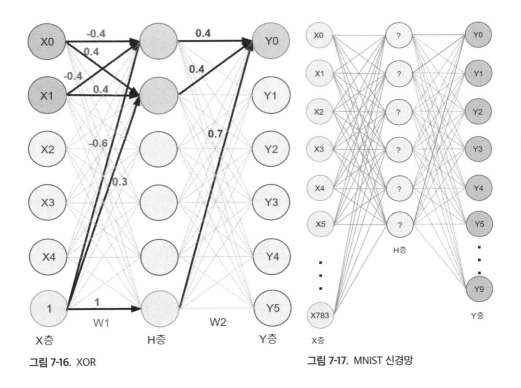

그림 7-16. XOR

그림 7-17. MNIST 신경망

그림 7-16을 기억할 것입니다. 신경망으로 넘어오기 전 단계에서 퍼셉트론을 사용해서 AND, OR, NAND, XOR 등의 논리함수를 만들 때 그렸던 그래프입니다. 이 그래프를 거의 그대로 확장하면 오른쪽 그림과 같이 신경망이 됩니다.

MNIST 데이터는 28×28의 크기를 가진 사진들의 모음입니다. 즉, 784개의 점이 모여서 하나의 사진이 됩니다. 이 784개 점의 값이 입력됩니다. 출력은 0부터 9까지의 결괏값입니다.

중간에 있는 H층은 존재하기는 하나 그 내부의 값이 정확히 무엇인지 알 수 없는 부분입니다. 히든레이어(Hidden Layer) 혹은 한자어로 은닉층이라고 부릅니다. 단어 그대로 무언가 있기는 한데, 그 내부의 값이 무엇인지 가려져 있습니다. 정확한 내부의 값을 알 수 없고 종종 내부의 값들이 변하기 때문에 정확한 값을 알 수 없습니다. 여기에 대해서는 이후에 다시 다루겠습니다.

MNIST 데이터가 입력으로 들어올 때 입력의 크기는 784입니다.

MNIST는 0에서 9까지의 숫자를 손으로 쓴 이미지를 모아둔 것입니다. MNIST는 Modified subset of NIST의 약자이고 NIST는 National Institute of Standards and Technology의 약자입니다. Yann LeCun은 NIST에서 만든 데이터를 사용하는데 그 데이터는 연구원들에 의해 만들어진 손글씨 데이터와 고등학생들에 의해 만들어진 손글씨 데이터를 포함하고 있습니다. NIST 데이터는 훈련용으로 연구원들이 만든 데이터 SD-3를 사용했고, 검증용으로 고등학생들이 만든 데이터인 SD-1을 사용했습니다. SD-3는 SD-1보다 깨끗하고 인식하기 쉽습니다. 이런 문제점 때문에 SD-1과 SD-3를 혼합한 MNIST 데이터셋을 만들었습니다. 그래서 훈련용 데이터 60,000개는 SD-1과 SD-3가 각각 절반씩 차지하고, 검증용 데이터 10,000개도 SD-1과 SD-3가 절반씩 차지합니다. 검증용 데이터의 앞부분 5,000개는 SD-3로 보다 인식이 용이한 데이터가 자리합니다. 아래에 SD-1, SD-3 데이터의 이미지를 보시면 위쪽 8개가 아래쪽보다 눈으로 보아도 쉽게 판별됩니다.

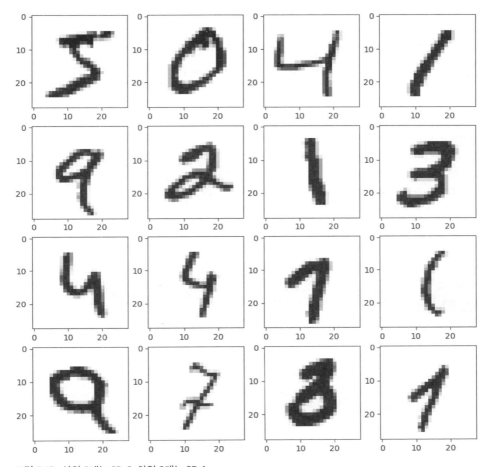

그림 7-18. 상위 8개는 SD-3, 하위 8개는 SD-1

Yann LeCun은 자신의 사이트에 모든 데이터를 공개해 두었으며 4개의 압축된 파일을 다운받아 압축을 푼 다음 사용하면 됩니다. 4개의 파일은 각각 훈련이미지, 훈련레이블, 검증이미지, 검증레이블입니다. 모두 gz이라는 파일 확장자를 가지고 있으며 시중에 있는 일반적인 압축프로그램으로 압축 해제됩니다. 압축을 풀면 만들어지는 파일은 일반적인 텍스트 파일도 그래픽 파일도 아닙니다. 일반적인 그래픽 뷰어 등으로 내부를 볼 수 없습니다.

MNIST 데이터를 얻는 방법은 위에서 소개한 1) Yann LeCun의 사이트에서 다운로드받기 외에 2) 텐서플로를 이용한 다운로드 방법, 3) 케라스(keras)를 이용한 다운로드 방법 등이 있습니다. 여기서는 케라스를 이용해서 다운받아 사용하겠습니다.

CoLab에서는 텐서플로와 케라스 등이 이미 설치되어 있습니다. 그래서 다음과 같이 간단하게 MNIST를 불러올 수 있습니다.

```
from keras.datasets import mnist
(x_train, y_train), (x_test, y_test) = mnist.load_data()
```

◉ 7-5 MNIST에서 사진 가져오기

우선 16개의 이미지를 불러서 화면에 보이는 코드를 만들어 보겠습니다.

```
#7.5   MNIST에서 사진 가져오기

#그림 출력을 위해 pyplot을 사용합니다.
import matplotlib.pyplot as plt

#keras에 저장되어 있는 mnist datasets을 불러옵니다.
from keras.datasets import mnist

#load_data()를  사용해서 train과 test 자료를 가져옵니다.
#x_train : 훈련자료 이미지 (60,000)
#y_train : 훈련자료 레이블 (60,000)
#x_test : 검증자료 이미지 (10,000)
#y_test : 검증자료 레이블 (10,000)
(x_train, y_train), (x_test, y_test) = mnist.load_data()

#그림을 가져올 때 가로(ncols)로 4개, 세로(nrows)로 4개,
#총 16개를 보여주기 위한 설정값
fig, axes = plt.subplots(nrows=4, ncols=4)
ax = axes.ravel()
```

```
#16개의 훈련자료 이미지를 화면에 출력
for i in range(16):
    image = x_train[1200+i]
    ax[i].imshow(image, cmap='Greys')

plt.show()
```

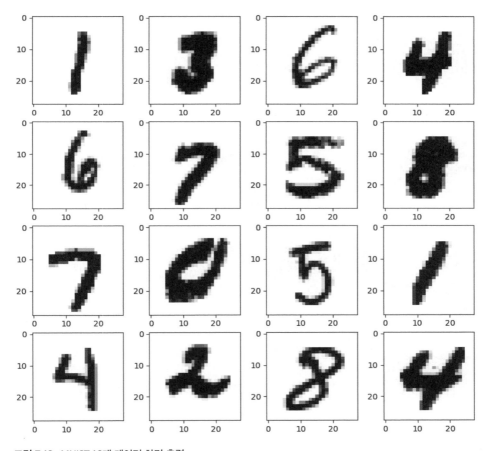

그림 7-19. MNIST 16개 데이터 화면 출력

위의 코드를 응용하면 내가 원하는 영상을 가지고 와서 화면에 보일 수 있습니다.

앞에서 10번째 이미지를 가져오고 싶으면 다음과 같이 코드를 만들어 실행하면 됩니다.

```
#7.5  MNIST에서 사진 가져오기 2

import matplotlib.pyplot as plt
from keras.datasets import mnist
(x_train, y_train), (x_test, y_test) = mnist.load_data()

image = x_train[9]
plt.imshow(image, cmap='Greys')
plt.show()
```

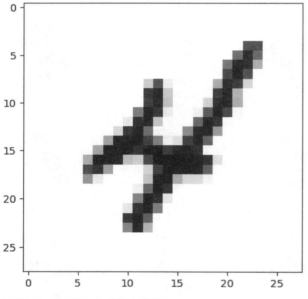

그림 7-20. MNIST Train 10번째 이미지

8

MNIST와 신경망의
입력과 출력

우리는 지금 인공지능을 프로그래밍하기 위한 공부를 하고 있습니다. 특히 여기서는 여러 분야의 인공지능 중 신경망을 사용하고 있는 딥러닝을 다루고 있습니다. 딥러닝은 현재 진행되고 있는 인공지능/머신러닝 연구 중 가장 많이 사용되고 있는 분야이기도 하고, 처음 시작하는 입장에서는 공부할 수 있는 자료가 많이 있어서 접근이 용이한 분야입니다. 물론 시작이 쉽다는 것은 다른 인공지능 분야의 연구에 비해서 쉽다는 것이지 결코 절대적인 의미에서 '쉬움'을 의미하지 않습니다. 충분히 어렵다고 생각하고 접근해야 합니다. 이 어려움은 지금까지 해본 적이 없다는 점이 제일 큽니다. 학교에서는 텍스트를 사용해서 정해진 환경 속에서 정해진 수치를 가지고 정해진 공식에 넣어 정해진 답을 찾아내는 훈련을 합니다. 하지만 실전은 그렇지 않은 경우가 많습니다. 다행인 것은 MNIST라는 잘 만들어진 데이터가 있다는 것입니다.

MNIST는 28×28개의 픽셀로 이루어진 그림입니다. 즉 784개 점들의 데이터가 모여서 하나의 영상을 이룹니다. 784는 딥러닝에서 신경망을 시작하는 입력값들이 됩니다. 784개의 입력값을 가지고 왔습니다. 이에 이 값을 신경망에 넣어서 학습하겠습니다.

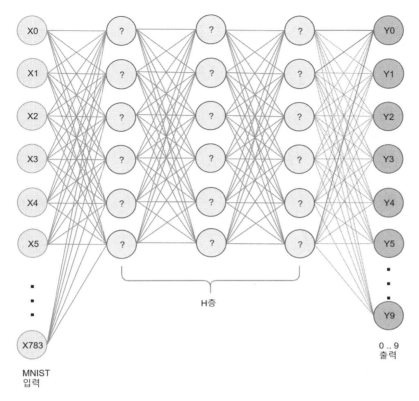

그림 8-1. MNIST 신경망 구조

784개의 입력값이 있습니다. 중간에 은닉층이 있는데 은닉층은 사용자가 임의로 만들면 됩니다. 이를테면 은닉층을 총 3개 층으로 하고, 층마다 50개씩 노드(위 그림의 물음표로 표시된 동그라미)를 둘 수 있습니다. 몇 개의 층으로 할 것인지, 층마다 몇 개의 노드를 둘 것인지는 신경망을 설계하는 사람이 임의로 결정하면 됩니다. 너무 작으면 제대로 연산이 이루어지지 않을 것이고, 너무 크면 연산에 지나치게 많은 시간이 걸리게 됩니다. 일반적으로 MNIST의 경우 1~3개 층 정도로 구성하고 각 층은 50~300개 정도의 노드로 구성합니다.

정확도보다는 빠른 연산을 위해 다음의 최솟값으로 신경망을 구성해 보겠습니다.

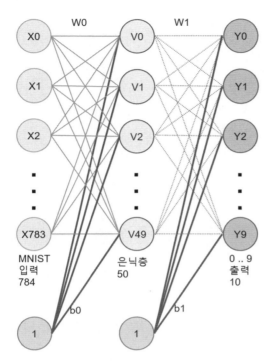

입력값   784 개

은닉층   50 개

출력층   10 개

그림 8-2. 입력층, 은닉층, 출력층 구성

784개의 입력값에 가중치를 곱하고 그것들을 더한 후 편차를 추가하면 은닉층의 각 노드의 값이 됩니다. 즉, H0에서 H49의 값은 다음과 같습니다.

```
V0 = w0(0,0)X0 + w0(0,1)X1 + w0(0,2)X2 + … + w0(0,783)X783 + b0(0)
V1 = w0(1,0)X0 + w0(1,1)X1 + w0(1,2)X2 + … + w0(1,783)X783 + b0(1)
V2 = w0(2,0)X0 + w0(2,1)X1 + w0(2,2)X2 + … + w0(2,783)X783 + b0(2)
…
V49 = w0(49,0)X0 + w0(49,1)X1 + w0(49,2)X2 + … + w0(49,783)X783 + b0(49)
```

여기서 w0(i,j)는 입력 노드 j개(여기서는 784개)와 i개(여기서는 50개)의 은닉 노드 Vi를 연결하는 가중치로, 그림의 MNIST 입력과 은닉층 사이의 선에 해당합니다. 즉, 위의 식을 잘 보면 입력층에 있는 입력값 784개와 은닉층의 50개 노드를 계산하기 위해 총 784×50개의 w0 값과 50개의 b0 값이 필요하다는 것을 알 수 있습니다.

위에 있는 V0부터 V49까지 구하는 50개의 식을 하나의 행렬식으로 다음과 같이 쓸 수 있습니다.

$$
\begin{pmatrix} V_0 \\ V_1 \\ V_2 \\ \cdots \\ V_{49} \end{pmatrix} = \begin{pmatrix} w_{0(0,0)} & w_{0(0,1)} & w_{0(0,2)} & \cdots & w_{0(0,783)} \\ w_{0(1,0)} & w_{0(1,1)} & w_{0(1,2)} & \cdots & w_{0(1,783)} \\ w_{0(2,0)} & w_{0(2,1)} & w_{0(2,2)} & \cdots & w_{0(2,783)} \\ \cdots & \cdots & \cdots & \cdots & \cdots \\ w_{0(49,0)} & w_{0(49,1)} & w_{0(49,2)} & \cdots & w_{0(49,783)} \end{pmatrix} \begin{pmatrix} X_0 \\ X_1 \\ X_2 \\ \cdots \\ X_{783} \end{pmatrix} + \begin{pmatrix} b_{0(0)} \\ b_{0(1)} \\ b_{0(2)} \\ \cdots \\ b_{0(49)} \end{pmatrix}.
$$

행렬의 크기로 정리해서 다시 보면,

```
V(50,1)  =  W0(50,784) · X(784,1) + B0(50,1)
```

입니다.

X는 주어진 값(MNIST에서는 입력된 28, 28 크기 손글씨 영상의 각 점(pixel)의 값)이고, 이때 W와 B가 있으면 V를 구할 수 있습니다. 행렬계산 방법은 다음 장에서 자세히 설명합니다. V를 구했다면 그 값을 사용해서 동일한 방식으로 Y를 구할 수 있습니다. 이때 조금 더 자세히 설명하면 활성함수를 통해서 변화된 V 값을 사용합니다. 즉

```
H = f(V) ,    f(x)는 활성함수
```

가 됩니다. V 대신 H를 사용해서 출력값 Y를 만들어 보겠습니다. 앞에서 계산했던 것과 마찬가지로 연립방정식을 사용합니다.

```
Y0 = w1(0,0)H0 + w1(0,1)H1 + w1(0,2)H2 + … + w1(0,49)H49 + b1(0)
Y1 = w1(1,0)H0 + w1(1,1)H1 + w1(1,2)H2 + … + w1(1,49) H49 + b1(1)
Y2 = w1(2,0)H0 + w1(2,1)H1 + w1(2,2)H2 + … + w1(2,49) H49 + b1(2)
…
Y9 = w1(9,0)H0 + w1(9,1)H1 + w1(9,2)H2 + … + w1(9,49) H49 + b1(9)
```

$$
\begin{pmatrix} Y_0 \\ Y_1 \\ Y_2 \\ … \\ Y_9 \end{pmatrix} = \begin{pmatrix} w_{1(0,0)} & w_{1(0,1)} & w_{1(0,2)} & … & w_{1(0,49)} \\ w_{1(1,0)} & w_{1(1,1)} & w_{1(1,2)} & … & w_{1(1,49)} \\ w_{1(2,0)} & w_{1(2,1)} & w_{1(2,2)} & … & w_{1(2,49)} \\ … & … & … & … & … \\ w_{1(9,0)} & w_{1(9,1)} & w_{1(9,2)} & … & w_{1(9,49)} \end{pmatrix} \begin{pmatrix} H_0 \\ H_1 \\ H_2 \\ … \\ H_{49} \end{pmatrix} + \begin{pmatrix} b_{1(0)} \\ b_{1(1)} \\ b_{1(2)} \\ … \\ b_{1(9)} \end{pmatrix}
$$

행렬의 크기로 정리해서 다시 보면,

```
Y(10,1)  =  W1(10,50) · H(50,1) + B1(10,1)
```

입니다.

상당히 큰 행렬식입니다. 숫자가 이것저것 많이 붙다 보니 복잡한 것처럼 보이지만 실제는 덧셈과 곱셈만 할 줄 알면 초등학생이라도 풀 수 있는 문제입니다. 계산이 어려운 것이 아니라 계산이 많기 때문에 행렬을 사용할 뿐입니다.

이 식의 특징은 초등학생이라도 덧셈과 곱셈만 할 수 있고 충분한 시간만 있으면 풀 수 있을 정도로 어려운 수학이 사용되지 않았다는 것입니다. 또한 워낙 식이 크다 보니 계산할 양이 많아져서 손으로는 대학교수라도 쉽게 풀기 어려운 식이라는 점입니다. 하나하나의 계산은 쉽지만 계산의 총량이 많을 때 사용할 수 있는 좋은 방법이 바로 프로그래밍입니다. 행렬식으로 바꾼 것은 이제 이 식을 컴퓨터에 넘겨서 순식간에 풀어내기 위해서입니다.

그림 8-3. GPU와 CPU

이런 곱셈과 덧셈이 전부인 행렬을 풀 때 똑똑한 CPU 하나보다는 단순한 계산을 많이 할 수 있는 GPU(Graphics Processing Unit, 그래픽 처리 장치)가 A.I. 계산에 뛰어난 성능을 보입니다. 아래 식을 하나 가져와서 보겠습니다.

```
V0 = w0(0,0)X0 + w0(0,1)X1 + w0(0,2)X2 + … + w0(0,783)X783 + b0(0)
```

이 식을 풀어서 V0 값을 알기 위해서는 곱셈을 784번 하고, 덧셈을 785번 해야 합니다. 마찬가지로 V1 값을 알기 위해서도 784번의 곱셈과 785번의 덧셈이 필요합니다.

V0에서 V49까지 50개의 값을 알려면 곱셈 784×50번, 덧셈 785×50번이 필요합니다. 이런 덧셈과 곱셈이 수만 번 반복되어야 합니다. 즉, 대학의 수학과 교수님이 풀 수 있는 어려운 문제가 아니라 초등학교 4학년이 풀 수 있는 단순한 문제가 수백 페이지짜리 있는 것과 같습니다. 이 수백 페이지 문제집을 풀기 위해서 필요한 사람은 수학 교수님 한 명보다는 초등학생 수백 명이 더 낫습니다. 수백 명에게 문제를 한 장씩 나눠주고 풀게 한 다음 그것을 한꺼번에 모아두면 되니까요.

CPU는 복잡한 문제를 풀기에 적합합니다. 반면 컴퓨터에서 화면을 다루기 위해 있는 GPU는 단순한 곱셈과 덧셈의 문제를 풀기에 적합합니다. GPU는 지금은 도저히 사용할 수 없을 정도로 아주 성능이 낮은 (덧셈과 곱셈밖에 못하는) CPU를 수백 개 모아둔 것이라고 보시면 됩니다. 최근에 나오는 많은 인공지능, 머신러닝 관련 패키지들은 CPU와 함께 GPU도 사용할 수 있게 되어있습니다. 위의 행렬식과 같은 문제를 빠르게 풀기 위한 방법으로 GPU를 사용합니다.

본격적으로 신경망 행렬 문제를 푸는 방법을 공부해 보겠습니다.

◎ 8-1 행렬식의 이해

행렬은 괄호 안에 직사각형 형태로 수를 배열한 것입니다. 크기와 모양이 같은 행렬들끼리 더하거나 빼는 연산을 할 수 있습니다. 2장에서 numpy를 소개하면서 numpy의 특별한 기능인 브로드캐스트를 소개했습니다. 수학적으로 행렬은 크기와 모양이 같아야만 더하거나 빼는 연산을 할 수 있습니다. numpy에서는 브로드캐스트라는 내부적인 기능이 적용되므로 크기와 모양이 다르더라도 행 또는 열을 확정해서 크기와 모양을 같게 만든 후 더하고 빼는 연산이 가능합니다. 혹시 브로드캐스트가 잘 기억이 나지 않는다면 2장으로 가서 다시 브로드캐스트 부분을 읽어 보신 후 다음으로 넘어가시기 바랍니다.

행렬의 곱셈은 다음과 같습니다. 앞의 행과 뒤의 열의 각 원소를 곱한 후 모두 더하면 행렬곱의 각 원소의 값이 됩니다. 즉 다음과 같은 수식의 경우,

$$A \cdot B = C$$

$$\begin{pmatrix} a_1 & a_2 \\ a_3 & a_4 \end{pmatrix} \cdot \begin{pmatrix} b_1 & b_2 \\ b_3 & b_4 \end{pmatrix} = \begin{pmatrix} c_1 & c_2 \\ c_3 & c_4 \end{pmatrix}$$

C 행렬의 1행 1열 원소인 c1의 값은 A의 1행의 원소인 a1, a2와 B의 1열의 원소인 b1, b3의 값을 각각 곱한 후 더한 값입니다. (c1 = a1b1+a2b3)

$$A \cdot B = \begin{pmatrix} a_1 & a_2 \\ a_3 & a_4 \end{pmatrix} \begin{pmatrix} b_1 & b_2 \\ b_3 & b_4 \end{pmatrix} = \begin{pmatrix} a_1b_1 + a_2b_3 & a_1b_2 + a_2b_4 \\ a_3b_1 + a_4b_3 & a_3b_2 + a_4b_4 \end{pmatrix}$$

◎ 8-2 행렬의 계산과 선형대수

선형대수라는 말은 신경망을 공부하면서 자주 듣게 됩니다. 사실 선형대수를 모르면 공학 쪽에서 어떤 계산도 제대로 할 수 없습니다. 공학을 하는 사람들에게는 마치 구구단과 같은 것이 선형대수입니다. 그러면 선형대수가 어려운 것일까요? 그렇지 않습니다. 사실 '선형대수'라는 말만 듣지 못했을 뿐이지 우리는 이미 선형대수를 사용하고 있습니다. 대표적인 것이 '행렬'입니다. 연립방정식을 풀 때 사용하는 방법이 선형대수입니다.

간단한 연립방정식 문제를 생각해 봅시다. 포도, 귤, 사과, 배를 각각 1개를 구입하고 2,350원을 지불했습니다. 다음날 순서대로 5개, 2개, 4개, 7개를 구입하고 10,600원을 지불했습니다. 다시 다음날 귤 1개, 사과 1개, 배 2개를 구입하고 2,450원을 지불했습니다. 다음날 5개, 2개, 2개, 3개를 구입하고 6,800원을 지불했습니다. 받은 영수증에는 포도, 귤, 사과, 배의 개별 가격이 기록되지 않은 채 총금액만 적혀 있었습니다. 그러면 과일들의 개당 가격은 얼마일까요?

이 문제는 간단한 연립방정식 문제입니다. 포도, 귤, 사과, 배를 각각 W, X, Y, Z라고 놓겠습니다.

```
W + X + Y + Z = 2350 --- (1)
5W + 2X + 4Y + 7Z = 10600 --- (2)
X + Y + 2Z = 2450 --- (3)
5W + 2X + 2Y + 3Z = 6800 --- (4)
```

위의 식이 성립합니다. 이 연립방정식을 풀면 됩니다. 이런 연립방정식을 풀 때 행렬을 사용하면 쉽게 풀 수 있습니다. 행렬식으로 정리하면 다음과 같습니다.

$$\begin{bmatrix} 1\,1\,1\,1 \\ 5\,2\,4\,7 \\ 0\,1\,1\,2 \\ 5\,2\,2\,3 \end{bmatrix} \begin{bmatrix} W \\ X \\ Y \\ Z \end{bmatrix} = \begin{bmatrix} 2350 \\ 10600 \\ 2450 \\ 6800 \end{bmatrix}$$

◉ 8-3 행렬계산식의 수학적 이해

행렬을 이용해서 연립방정식을 푸는 방법은 찾아야 할 미지수가 많을수록 효율이 좋아집니다. 위의 문제는 미지수가 4개이므로 손으로 풀기에는 조금 어려울 듯합니다. 그래서 미지수가 2개인 간단한 경우를 우선 풀어보겠습니다. 귤 하나, 사과 하나의 가격이 1,100원이고, 귤 둘, 사과 셋의 가격이 2,800원이라면

$X + Y = 1100$ ——————— (1)

$2X + 3Y = 2800$ ——————— (2)

을 풀이하면 됩니다.

(1) * 3 − (2) 하면,

$$3X + 3Y = 3300 \quad\text{————} \quad (1)'$$

$$2X + 3Y = 2800 \quad\text{————} \quad (2)$$

$$X \qquad = 500$$

X = 500을 (1)에 넣어주면 Y = 600을 구할 수 있습니다.

이 방식은 미지수의 개수, 즉 찾고자 하는 값의 수가 적어서 손으로 풀이할 때 유용합니다. 하지만 미지수가 많아지면 이 방식을 사용하기가 힘들어집니다. 손으로 하나씩 계산할 것이 많아진다는 것은 그만큼 계산 중 실수가 발생할 확률이 높아진다는 뜻입니다.

위의 계산을 행렬을 이용해서 풀어보겠습니다.

$$X + Y = 1100$$

$$2X + 3Y = 2800$$

$$\begin{pmatrix} 1 & 1 \\ 2 & 3 \end{pmatrix} \begin{pmatrix} X \\ Y \end{pmatrix} = \begin{pmatrix} 1100 \\ 2800 \end{pmatrix}$$

$$A = \begin{pmatrix} 1 & 1 \\ 2 & 3 \end{pmatrix}, \quad X = \begin{pmatrix} X \\ Y \end{pmatrix}, \quad B = \begin{pmatrix} 1100 \\ 2800 \end{pmatrix} \quad \text{으로 놓으면}$$

문제는 AX = B의 형태가 됩니다.

A의 크기는 (2,2)이고, X의 크기는 (2,1)입니다. () 안의 숫자 중 앞의 숫자는 행, 뒤의 숫자는 열을 의미합니다. 두 행렬의 곱은 앞의 행렬의 열의 크기와 뒤의 행렬의 행의 크기가 동일할 때만 가능합니다. 이를테면 M 행렬과 N 행렬을 곱할 때, M 행렬이

4행 2열 (4,2)이고, N 행렬이 2행 1열 (2,1)이라면 M×N은 성립하고 이때 곱한 결과는 앞의 행렬의 행과 뒤의 행렬의 열의 크기가 됩니다.

행렬의 크기만 신경 써서 AX = B를 보면 다음과 같습니다.

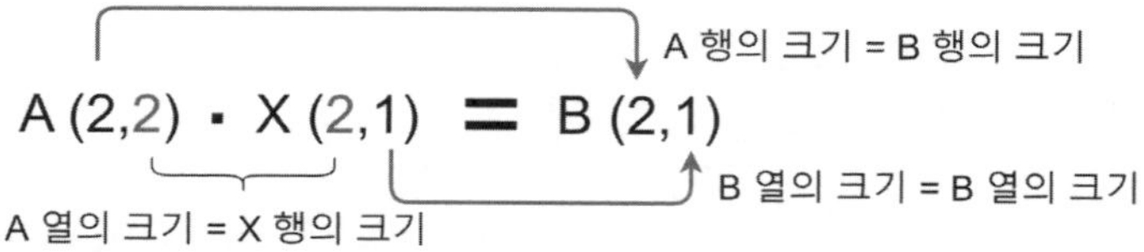

그림 8-4. 행렬의 곱

이제 X를 구하기 위해 양쪽에 A의 역행렬을 곱해줍니다. 참고로 행렬의 경우 곱셈의 교환법칙이 성립하지 않습니다. AB와 BA는 같지 않습니다. 즉, $A^{-1}AX = A^{-1}B$ 가 되어야 합니다. A^{-1}는 양쪽에서 같은 위치에 있어야 합니다.

$$\begin{pmatrix}1 & 1\\2 & 3\end{pmatrix}^{-1}\begin{pmatrix}1 & 1\\2 & 3\end{pmatrix}\begin{pmatrix}X\\Y\end{pmatrix}=\begin{pmatrix}1 & 1\\2 & 3\end{pmatrix}^{-1}\begin{pmatrix}1100\\2800\end{pmatrix}$$

위의 식을 풀면

$$\begin{pmatrix}X\\Y\end{pmatrix}=\begin{pmatrix}1 & 1\\2 & 3\end{pmatrix}^{-1}\begin{pmatrix}1100\\2800\end{pmatrix}$$

이 됩니다. 이 식을 계산하는 것은 numpy의 array를 사용하면 됩니다.

행렬계산을 위한 파이썬 코드

numpy에는 행렬계산을 위한 다양한 함수들이 포함되어 있습니다. 이전에 사용했던 array()와 함께 여기서는 inv()와 전치행렬을 위한 T를 살펴보겠습니다.

$$A = \begin{pmatrix} 1 & 1 \\ 2 & 3 \end{pmatrix}, \quad X = \begin{pmatrix} X \\ Y \end{pmatrix}, \quad B = \begin{pmatrix} 1100 \\ 2800 \end{pmatrix} \quad \text{일 때}$$

$$\begin{pmatrix} X \\ Y \end{pmatrix} = \begin{pmatrix} 1 & 1 \\ 2 & 3 \end{pmatrix}^{-1} \begin{pmatrix} 1100 \\ 2800 \end{pmatrix} \quad \text{이므로}$$

```
#8.4    행렬계산을 위한 파이썬 코드 1

import numpy as np
from numpy.linalg import inv

A = np.array([[1,1],
             [2,3]])
B = np.array([[1100],
             [2800]])
invA = inv(A)
print(np.dot(invA , B))
```

```
[실행 결과]
[[500.]
 [600.]]
```

np.array()는 배열을 만드는 명령입니다. 만들어진 배열의 역행렬을 구할 때 inv()라는 함수를 사용하면 됩니다. 이때 inv() 함수를 사용하기 전, numpy.linalg에 있는 inv()를 사용할 수 있도록 import 명령으로 추가시켜 주어야만 합니다. 위 코드 2번째 줄에 있는

```
from numpy.linalg import inv
```

를 잊지 말고 꼭 적어주서야 합니다. 그렇지 않으면 inv() 라는 함수를 찾지 못해서 오류가 발생합니다. 행렬의 곱은 dot() 함수를 사용합니다. dot() 함수를 사용하기 위해서 numpy를 사용하겠다고 알려주어야 합니다.

import에 대한 설명을 조금만 더 하면, 'import numpy as np'는 'numpy 모듈을 가져와서 np라는 이름으로 사용한다'는 뜻입니다. 이후로는 numpy 안에 있는 함수나 변수를 사용할 때 np. 함수이름, np. 변수이름으로 사용하면 됩니다. 즉, np. dot()에서 dot()이 numpy 안에 있는 함수입니다.

두 번째 줄 'from numpy. linalg import inv'는 'numpy 모듈 안에 있는 linalg라는 이름의 클래스에 포함된 inv를 사용한다'입니다. 이 줄만으로는 inv가 함수인지 변수인지 알 수 없습니다. 실제로 inv가 함수인지 변수인지 모르는 상태에서 이런 식으로 프로그래밍하지는 않습니다. 실제로 inv는 행렬의 역행렬을 만드는 함수입니다. 두 번째 줄 이후로 inv() 함수를 사용할 수 있고, 이때 np. inv()처럼 쓰지 않고 바로 inv()를 사용합니다.

이런 생각을 할 수 있습니다. 'numpy. linalg는 numpy 모듈에 포함되어 있는데 굳이 또 포함시킬 필요가 있나?' 이런 생각이 드셨다면 매우 긍정적입니다. 두 번째 줄을 빼고 inv() 대신 np. linalg. inv()를 사용할 수 있습니다. 결과는 위와 동일합니다.

```
#8.4    행렬 계산을 위한 파이썬 코드 2

import numpy as np
#from numpy.linalg import inv

A = np.array([[1,1],
              [2,3]])
B = np.array([[1100],
              [2800]])
#inv(A) 대신 np.linalg.inv(A)
invA = np.linalg.inv(A)
print(np.dot(invA , B))
```

[실행 결과]
[[500.]
 [600.]]

두 코드를 비교해봅시다. inv()에 비해 np.linalg.inv()는 글자수가 많아졌습니다. 키보드로 쳐야 할 타자가 늘어난다는 뜻이고, 그만큼 잘못 칠 확률이 커진다는 뜻이기도 합니다. 또한 inv() 함수를 여러 번 사용한다면 코드를 만드는 데 그만큼 시간이 많이 들어간다는 뜻이 됩니다. 코드는 가능한대로 인식하기 쉬워야 하고 짧은 것이 좋습니다. 앞으로 프로그래밍할 때 이 점을 꼭 기억해 두도록 합시다. 코드는 첫째, 읽기 쉽게 쓰고, 둘째, 짧게 만들어진 것이 좋습니다.

같은 방법으로 W, X, Y, Z를 구할 수 있습니다.

$$\begin{bmatrix} 1\ 1\ 1\ 1 \\ 5\ 2\ 4\ 7 \\ 0\ 1\ 1\ 2 \\ 5\ 2\ 2\ 3 \end{bmatrix} \begin{bmatrix} W \\ X \\ Y \\ Z \end{bmatrix} = \begin{bmatrix} 2350 \\ 10600 \\ 2450 \\ 6800 \end{bmatrix}$$

양변에 A의 역행렬을 곱해줍니다.

$$\begin{bmatrix} 1\ 1\ 1\ 1 \\ 5\ 2\ 4\ 7 \\ 0\ 1\ 1\ 2 \\ 5\ 2\ 2\ 3 \end{bmatrix}^{-1} \begin{bmatrix} 1\ 1\ 1\ 1 \\ 5\ 2\ 4\ 7 \\ 0\ 1\ 1\ 2 \\ 5\ 2\ 2\ 3 \end{bmatrix} \begin{bmatrix} W \\ X \\ Y \\ Z \end{bmatrix} = \begin{bmatrix} 1\ 1\ 1\ 1 \\ 5\ 2\ 4\ 7 \\ 0\ 1\ 1\ 2 \\ 5\ 2\ 2\ 3 \end{bmatrix}^{-1} \begin{bmatrix} 2350 \\ 10600 \\ 2450 \\ 6800 \end{bmatrix}$$

$A^{-1}A$는 E(단위행렬)이므로 위의 식은,

$$\begin{bmatrix} W \\ X \\ Y \\ Z \end{bmatrix} = \begin{bmatrix} 1\ 1\ 1\ 1 \\ 5\ 2\ 4\ 7 \\ 0\ 1\ 1\ 2 \\ 5\ 2\ 2\ 3 \end{bmatrix}^{-1} \begin{bmatrix} 2350 \\ 10600 \\ 2450 \\ 6800 \end{bmatrix}$$

이 됩니다. 이 식에 있는 숫자들을 위에 한번 만들어 두었던 코드에 넣어보면,

```
#8.4   행렬계산을 위한 파이썬 코드 3

import numpy as np
from numpy.linalg import inv

A = np.array([[1,1,1,1],
              [5,2,4,7],
              [0,1,1,2],
              [5,2,2,3]])
B = np.array([[2350],
              [10600],
              [2450],
              [6800]])

invA = inv(A)
print(np.dot(invA, B))
```

```
[실행 결과]
[[500.]
 [550.]
 [700.]
 [600.]]
```

위와 같이 빠른 계산 결과가 나오게 됩니다.

inv() 함수와 함께 자주 사용되는 것이 전치행렬, Transpose라고 불리는 행과 열을 서로 바꾼 형태의 행렬입니다. A의 전치행렬은 수학기호로 행렬의 이름 뒤 윗첨자 T로 나타냅니다.

$$A = \begin{pmatrix} 1 & 1 \\ 2 & 3 \end{pmatrix}, \quad A^T = \begin{pmatrix} 1 & 2 \\ 1 & 3 \end{pmatrix}$$

전치행렬을 사용하기 위한 명령은 행렬의 이름 뒤에 '.T'를 붙이면 됩니다.

```
#8.4   행렬계산을 위한 파이썬 코드 4

#전치행렬
import numpy as np

#(1)행렬을 만들고
A = np.array([[1,1],
              [2,3]])

print("A = \n", A)
print("A.T = \n", A.T)  #(2)행렬이름 뒤에 .T를 붙임
```

```
[실행 결과]
A =
 [[1 1]
  [2 3]]
A.T =
 [[1 2]
  [1 3]]
```

신경망에서 전치행렬은 W와 b 매개변수의 값을 다룰 때 많이 사용하게 됩니다. 물론 전치행렬은 이후로 여러 곳에서 자주 사용되는 것이니 잘 알아두시기 바랍니다.

⊙ 8-5 신경망 데이터의 행렬 특징

여기서는 신경망 전체의 코드 중 행렬을 주의해서 살펴봐야 하는 부분에 대해서 다루겠습니다.

784개의 입력과 10개의 출력이 있는 신경망에서 은닉층이 하나 있고 은닉층에 50개의 노드가 있는 간단한 신경망을 만들어보겠습니다. 입력과 은닉층을 잇는 부분에서 다음과 같은 계산이 필요합니다.

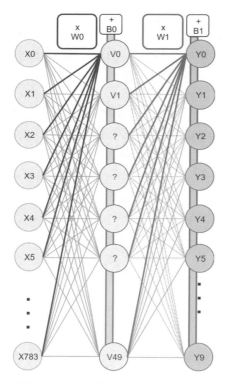

그림 8-5. MNIST 신경망

입력(784) - 은닉(50) - 출력(10)

일 때, '입력'-'은닉' 사이 계산을 위해 784*50개의 원소를 가진 W1 행렬이 필요하고, '은닉'-'출력' 사이 계산을 위해 50*10개의 원소를 가진 W2 행렬이 필요합니다.

이를 위해 아래 식에서 A라는 이름의 행렬이 2행, 1열로 구성되어 있을 때 '행렬의 이름(행의 크기, 열의 크기)'으로 나타내어 'A(2,1)'로 기록하겠습니다.

1단계 :

      $W1(50,784) \cdot X(784,1) + B1(50,1)$을 계산하여 $V(50,1)$ 생성

      $V(50,1)$을 활성함수를 이용 $H(50,1)$ 생성

2단계 :

      $W2(10,50) \cdot H(50,1) + B2(10,1)$을 계산하여 $Y(10,1)$ 생성

[특징]

입력 X는 784행, 1열짜리 행렬이다. 개별 값은 0부터 255 사이의 값

출력 Y는 10행, 1열짜리 행렬이다. 값은 0에서 1 사이의 값으로 확률값을 의미

입력 - 은닉층 연결을 위한 행렬 W1은 행의 크기 50, 열의 크기 784

은닉층 - 출력 연결을 위한 행렬 W2는 행의 크기 10, 열의 크기 50

은닉층 노드 50개의 편차를 보정하기 위한 B1은 50행, 1열 행렬

출력층 노드 10개의 편차를 보정하기 위한 B2는 10행, 1열 행렬

간단한 10행 1열 행렬로 2번째 값이 1이고 나머지가 0인 행렬 A는 다음과 같습니다.

np.array([[0],[1],[0],[0],[0],[0],[0],[0],[0],[0]])

A 행렬의 행과 열을 바꿔서 1행 10열 행렬로 나타낸 A의 전치행렬은 다음과 같습니다.

np.array([[0,1,0,0,0,0,0,0,0,0]])

수식으로 나타내면 다음과 같습니다.

$$\begin{bmatrix} 0 \\ 1 \\ 0 \\ 0 \\ 0 \\ 0 \\ 0 \\ 0 \\ 0 \\ 0 \end{bmatrix}^T = \begin{bmatrix} 0 & 1 & 0 & 0 & 0 & 0 & 0 & 0 & 0 & 0 \end{bmatrix}$$

가독성과 키보드 입력 오류를 최소화하기 위해 행의 수가 열의 수보다 적도록 처리하겠습니다. 즉,

$V(50,1) = W(50,784) \cdot X(784,1) + B0(50,1)$의 양변을 전치행렬로 바꿔서
$V^T(1,50) = X^T(1,784) \cdot W^T(784,50) + B0^T(1,50)$를 사용합니다.

전치행렬 $(AB)^T = B^T A^T$입니다. 즉, $(W(50,784) \cdot X(784,1))^T = X^T(1,784) \cdot W^T(784,50)$입니다.

◎ 8-6 무작위 데이터로 신경망함수 만들기

지금까지 공부한 것으로 신경망함수를 만들 수 있습니다. 단, 학습되지 않은 신경망은 전혀 쓸모가 없습니다. 학습한다는 것은 W1, W2, B1, B2 행렬에 담긴 값들을 변화시켜가면서 정답에 가까워지게 한다는 것입니다. 즉, W1, W2, B1, B2 행렬에 있는 모든 수치를 변화시켜야 한다는 뜻인데, 50*784 + 10*50 + 50 + 10인 총 39,760개의 수치를 변화시켜야 합니다. 즉, 39,760개의 수치들이 적절한 값을 가지면 28×28 크기의 손글씨 영상인 784개의 픽셀 값을 받아서 출력인 Y0에서 Y9까지, 0에서 9 사이의 답에 1을 넣고 나머지에 0을 출력하게 된다는 것입니다. 그러기 위해 39,760개의 수치를 어떻게 변화시킬 것인지가 바로 숙제입니다.

아직 우리는 W1, W2, B1, B2의 수치를 어떻게 변화시킬지 공부하지 않았습니다. 이후에 그 내용을 공부할 것이고, 그 부분이 가장 중요한 부분입니다. 바로 학습이 이루어지는 부분이기 때문입니다. 학습을 하기 위해서 먼저 필요한 부분은 맞았는지 틀렸는지를 확인하는 것입니다.

인공지능 연구가 여러 분야에서 이루어지고 있는데, 그중 가장 기초적이면서 많은 연구가 이루어진 곳이 바로 이 책에서 다루고 있는 신경망을 이용하며 정답을 가지고 있는 경우에 대한 학습입니다. 즉, 우리가 가지고 있는 MNIST라는 데이터는 784개의 점으로 된 영상 자료와 함께 그것이 0에서 9 사이의 어떤 값인지에 대한 정답도 가지고 있습니다. 그래서 영상 자료를 신경망에 넣어서 값을 얻었습니다. 예를 들어 Y에 4라는 값 [0,0,0,0,1,0,0,0,0,0]이 출력되었다고 합시다. 그런데 우리가 가지고 있는 데이터에는 2가 정답이라고 되어 있습니다. (t=[0,0,1,0,0,0,0,0,0,0]). 그러면 우리는 신경망을 통해서 얻은 결괏값과 실제 정답이 차이가 있다는 것을 쉽게 알 수 있습니다. 여기서부터 학습은 이루어집니다. 틀린 부분을 찾고 얼마나 많이 틀렸는지를 측정해서 많이 틀린 부분은 많이 고치고, 적게 틀린 부분은 조금만 고쳐가면서 계속 반복 실험을 합니다. 그러면 정답률이 조금씩 올라갑니다.

아래에 있는 소스는 큰 의미는 없습니다. 초반부는 MNIST 데이터를 읽어오는 부분이고, 중반부는 읽어온 데이터를 초기화되어 훈련되지 않은 신경망을 통해 답을 내고, 마지막 부분은 그렇게, 나온 답을 정답과 맞춰보는 소스입니다. 충분히 예측할 수 있듯이 아무런 학습이 이루어지지 않은 상태에서 무작위로 만들어 둔 39,760개의 값은 1/10의 정답률을 보일 것입니다. 아래의 코드를 실행시키면 정답률이 0.1 근처가 됩니다.

```
#8.6   무작위 데이터로 신경망함수 만들기

#00. keras에서 mnist 데이터 읽어오기
import numpy as np
from keras.datasets import mnist
(x_train, y_train), (x_test, y_test) = mnist.load_data()

#데이터 포맷은 60000,28,28 / 10000,28,28
#데이터를 28×28에서 784로 변경
x_train = x_train.reshape(60000,784)
x_test = x_test.reshape(10000,784)

#01 Hidden 1 Layer : W, b 초기화 [W1, W2, B1, B2]
def init_mnistbw2(layer_x, layer_h, layer_y):
    matrix_nn = {}
    matrix_nn = dict(B1=np.random.rand(layer_h),
                B2=np.random.rand(layer_y),
                W1=np.random.rand(layer_x,layer_h),
                W2=np.random.rand(layer_h,layer_y))
    return matrix_nn

#02. 활성함수
def sigmoid(x):
    return 1 / (1+np.exp(-x))
```

```
#03. 소프트맥스
def softmax(X):
    X = X.T - np.max(X.T, axis=0)
    return (np.exp(X) / np.sum(np.exp(X), axis=0)).T

#04. predict
def predict(X):
    A = sigmoid(np.dot(X, W1) + B1)
    B = sigmoid(np.dot(A, W2) + B2)
    return softmax(B)

#process

ibw = init_mnistbw2(784,50,10)
W1, W2, B1, B2 = ibw['W1'], ibw['W2'], ibw['B1'], ibw['B2']
accuracy = 0

for i in range(len(x_test)):  #10,000
    y = predict(x_test[i])
    p = np.argmax(y)
    if p == y_test[i]:
        accuracy = accuracy + 1

print("Acc = ", str(float(accuracy/len(x_test))))   #0.1 근처의 값
```

```
[실행 결과]
Acc =  0.101
```

코드에 대한 보충 설명입니다. 'from keras.datasets import mnist'는 인터넷이 연결된 상태에서 가능합니다. CoLab에서는 바로 실행되고, PC 환경에서 실행하실 때에는 keras와 Tensorflow가 설치되어 있어야 합니다. mnist 데이터를 별도의 다운로드 없이 바로 받아올 수 있는 간단한 명령입니다.

'x_train = x_train.reshape(60000,784)'는 28, 28 크기의 행렬을 784 크기의 1행 배열(벡터)로 만드는 명령입니다. x_train은 6만 개의 영상 데이터가 모여 있고, 각 영상 데이터는 28×28로 가로, 세로가 구분되어 있습니다. 이것을 1×784, 1행짜리 데이터

로 만들어줍니다. 앞 신경망 그림을 기억해보세요. 784개의 입력값을 받게 설계하고 있습니다.

init_mnistbw2(layer_x, layer_h, layer_y)함수는 입력값의 크기, 은닉층의 크기, 출력값의 크기를 입력받아 W1, W2, B1, B2 행렬을 만드는 함수입니다.

실행 결과로 출력되는 값은 'accuracy/len(x_test)'입니다. x_test는 총 10,000개의 영상 데이터 개수입니다. 즉, 매번 영상 데이터를 가지고 0에서 9 사이 어느 것에 가장 가까운지를 'np.argmax(y)'로 측정한 후 그 값을 'p == y_test[i]'를 사용하여 정답과 비교합니다. 결과가 정답과 동일하면 accuracy 값을 1 증가시켜 줍니다. 총 10,000개의 데이터에 대해서 이 과정을 반복적으로 실행한 다음 accuracy 값을 데이터의 총 개수인 10,000으로 나누면 정답을 맞힌 확률값을 계산할 수 있습니다. 위 예제에서는 아무런 학습이 진행되지 않았으므로 0.1 근처의 값이 나올 것입니다.

°**9**

항등 함수와
소프트맥스 함수

◉ 9-1 항등함수(identity function)

입력을 그대로 출력으로 내보는 것을 항등함수라고 부릅니다. 입력된 것을 그대로 내보내기 때문에 하는 것은 아무것도 없습니다. 수식은 다음과 같습니다.

```
f(x) = x
```

입력이 그대로 출력이 되는 구조입니다. 입력으로 들어온 신호가 신경망에서 맨 끝부분까지 계산되어 나오는 출력을 y로 놓습니다. 그때 입력값과 은닉층, 은닉층과 출력층 사이의 w와 b의 네트워크변수들의 곱과 합으로 얻어진 결과를 그대로 y로 저장할 수도 있습니다. 이때 마지막 출력을 y로 연결할 때 별도의 변환 없이 그대로 들어온 값을 나가는 출력값 y로 보내기 때문에 항등함수라고 부릅니다.

함수의 코드는 다음과 같습니다. x가 들어가서 x가 그대로 나오는 구조입니다. 실제로 사용할 일은 없기 때문에 이 자리에서만 만들고 신경망 코드에는 포함되지 않습니다.

```
#9.1   항등함수(identity function)
def identity_function(x):
    return x
```

◉ 9-2 / 비례확률함수

실제로 비례확률함수는 신경망에서 사용되지 않습니다. 일정한 값들이 들어왔을 때 그 값들을 크기의 비율로 쓴 것으로 총합이 1이 되게 만든 함수입니다. 이후에 사용할 소프트맥스 함수를 사용하기 위해 만들어보았습니다. 비례확률함수는 수식으로는 다음과 같습니다.

$$y_k = \frac{a_k}{\displaystyle\sum_{all} a_i}$$

$$= \frac{a_k}{a_1 + a_2 + a_3 + \ldots + a_n}$$

어렵지 않은 수식이니 다음과 같이 파이썬 코드를 만들어봅시다.

```
#9.2. 비례확률함수

import numpy as np
def mean_probability(x):
    x = x.T
    return (x / np.sum(x, axis=0)).T
```

간단한 테스트를 위해 다음의 코드를 넣어서 실행해 보겠습니다.

```
y = np.array([[1,1,3,0,0,0,1,0,0,4],[2,2,5,1,0,0,5,0,1,4]])
print(mean_probability(y))
```

실행 결과는 다음과 같습니다.

```
[[0.1 0.1 0.3 0.    0.    0.    0.1 0.    0.    0.4 ]
 [0.1 0.1 0.25 0.05 0.    0.    0.25 0.    0.05 0.2 ]]
```

10개의 결괏값을 비례해서 총합이 1이 됩니다. 10개 요소 개별값은 확률값이 됩니다. 코드에서는 10개의 값이 여러 세트가 들어가므로 N행 10열의 행렬을 10행 N열 행렬로 바꾼 다음 처리하였습니다. x.T는 x행렬의 행과 열을 바꿔서 전치행렬로 만들어 줍니다.

np.sum(x, axis=0)은 행렬 x의 열방향 값들의 합을 계산합니다. axis = 1로 바꾸면 행방향 값들의 합이 나오게 됩니다.

◎ 9-3 소프트맥스 함수

신경망에서 분류에 주로 사용되는 소프트맥스 함수는 출력의 합은 1이 되면서 큰 값의 비중은 더 크게, 작은 값의 비중은 더 작게 만들어주는 특징을 가집니다. 고등학교까지는 이런 종류의 함수를 그리 사용해보지 못했을 겁니다. 신경망에서 나오는 출력값을 보다 확실하게 하기 위해 원래의 값을 보정해서 확률로 만든 값으로 이해하시면 됩니다. 수식은 다음과 같습니다.

$$y_k = \frac{\exp(a_k)}{\sum_{all} \exp(a_i)}$$
$$= \frac{e^{a_k}}{e^{a_1} + e^{a_2} + e^{a_3} + \ldots + e^{a_n}}$$

이 수식에서 분모와 분자에 0이 아닌 상수 C를 곱하면 다음과 같습니다.

$$y_k = \frac{Ce^{a_k}}{Ce^{a_1} + Ce^{a_2} + \cdots + Ce^{a_n}}$$

$$= \frac{e^c e^{a_k}}{e^c e^{a_1} + e^c e^{a_2} + \cdots + e^c e^{a_n}}$$

$$= \frac{e^{a_k + c}}{e^{a_1 + c} + e^{a_2 + c} + \cdots + e^{a_n + c}}$$

$$= \frac{\exp(a_k + c)}{\sum_{all} \exp(a_i + c)}$$

식을 이렇게 변형한 이유는 exp(x) 함수의 값이 x가 조금만 커져도 상당히 많이 커지기 때문입니다. 그래서 c의 자리에 ai 중 가장 큰 값을 음의 부호를 붙여서 넣습니다. 수학적으로 분자, 분모의 자리에 같은 수를 더하거나 빼는 것이 가능하므로 c에 a1에서 an까지의 수 중 가장 큰 것을 넣어줍니다. 이것 때문에 X = X.T - np.max(X.T, axis=0) 식이 포함되었습니다. 들어온 입력값을 전치행렬로 만들어주면서, 10개의 값 중 가장 큰 값으로 전체를 다 빼주면 됩니다.

소프트맥스 함수의 코드는 앞 장에서 쓴 것을 그대로 사용하겠습니다.

```
#9.3. 소프트맥스 함수

def softmax(X):
    X = X.T - np.max(X.T, axis=0)
    return (np.exp(X) / np.sum(np.exp(X), axis=0)).T
```

위의 코드에 'softmax(np.array([[1,1,2,4,6,0,0,0,0,0]]))'를 넣어서 실행하면,

```
array([[0.00571245, 0.00571245, 0.01552804, 0.11473753, 0.84780208,
        0.00210149, 0.00210149, 0.00210149, 0.00210149, 0.00210149]])
```

이와 같은 결과가 나옵니다. 보기 좋게 정렬해서 보면 다음 표와 같습니다.

k	0	1	2	3	4	5	6	7	8	9
출력	1	1	2	4	6	0	0	0	0	0
비례확률	.0714	.0714	.1429	.2857	.4286	0	0	0	0	0
softmax	.0057	.0057	.0155	.1147	.8478	.0021	.0021	.0021	.0021	.0021

표 9-1. 비례확률과 소프트맥스

softmax값과 비례확률값을 비교해보면 차이가 꽤 나는 것을 알 수 있습니다.

k가 4가 되는 점수(출력)는 6입니다. 6은 전체(1+1+2+4+6)의 0.4286입니다. 즉, 비례적으로 따지면 신경망 출력의 결과로 4일 확률은 0.4286이 되고, 이 수치는 다른 것들보다 높습니다. 그런데 이 수치를 softmax를 거치면서 더 큰 값인 0.8478로 만들어 줍니다.

softmax는 출력이 작은 것은 더 작게 만들고, 큰 것을 더 크게 만들어서 최종값의 합이 1이 되게 만듭니다. 최종 합이 1이 되기 때문에 마치 확률처럼 보이고, 확률처럼 사용할 수 있습니다. 비례확률과는 다르기 때문에 확률값이라고 정확히 말하는 것은 무리가 있습니다. 하지만 총합이 1이 되기 때문에 신경망 분야에서만큼은 이것을 유사확률로 인식하고, 이 값을 이용해서 학습에 적용합니다. 비례확률값보다 크기 때문에 학습 효율이 일반적으로 더 좋아집니다.

°10
손실함수

앞 장에서 신경망을 통해 나온 결과와 가지고 있는 답을 비교할 때 정확도를 사용했습니다. 하지만 이 정확도는 학습을 진행할 때 큰 의미를 주지는 못합니다. 이유는 신경망의 결과와 정답의 차이를 보정해주지 못하기 때문입니다. 이를테면 신경망으로 3이 나온 결괏값이 0.51인 것과 0.99인 것의 차이가 없기 때문입니다. 즉, 정확도 0.51이면 가장 큰 확률값이 됩니다. 다른 것은 최대 0.49까지 나올 수 있지만 그렇더라도 0.51보다 작습니다. 1일 확률이 0.51이고, 7일 확률이 0.49인 경우와 1일 확률이 0.99인 경우는 정확도를 가지고 평가했을 때 동일한 수치를 보여줍니다. 1일 확률이 0.99일 때 더 좋은 평가가 이루어지는 것이 좋습니다. 그래서 정확도 대신 손실함수라는 것을 사용합니다. 조금 더 정확하게는 W1, W2, B1, B2의 값이 변화할 때 정확도는 연속적으로 변화하지 않고 단계적으로 변화하기 때문에 좋은 방향을 찾을 수 없다고 말합니다. 이것을 불연속성에 의한 미분불가라고 말합니다. 미분을 할 수 없고, 그래서 기울기를 찾을 수 없어서 학습하기 어렵습니다.

이런 비유를 생각해 봅시다. 매일 공부하고 공부한 것을 매일 시험을 통해 점수를 확인할 수 있다면 내가 잘하는 것과 부족한 부분을 점수를 통해 알 수 있습니다. 그러면 매일 공부할 때 지난날까지 공부한 내용에 이어서 부족한 부분을 보충해가며 공부할 수 있습니다. 이것은 매번 점수를 알려주는 손실함수를 사용하는 이유입니다.

반면 시험을 보면 합격과 불합격만을 알려준다고 합시다. 시험과목은 총 4개인데 4개 전부 합격해야만 합격이 나옵니다. 하나라도 불합격이면 전체 불합격으로만 나옵니다. 그러면 공부를 하면서도 내가 지금 잘하고 있는지 확인하기 어려워집니다. 불합격이 나왔지만 어느 부분을 더 공부해야 하는지 알지 못한 채로 계속 합격인지 불합격인지만 신경을 쓰게 되겠지요. 정확도는 이런 것과 비슷합니다. 개별 점수를 알지 못한 채 성공과 실패에 대해서만 알려줍니다. 공부를 하면서도 이미 합격 점수를 받은 과목을 다시 반복하고 있는지 아닌지 알 수 없습니다.

⊙ 10-1 손실함수의 개념

신경망에서 손실함수를 사용하는 이유는 더 좋은 학습을 진행하기 위해서입니다. 즉, 작은 변화라도 놓치지 않고 더 좋은 방향을 찾기 위해서입니다. 손실함수는 신경망을 통해서 나온 값과 정답을 비교하여 그 정도를 나타내 주는 함수입니다.

아래에서 y는 신경망을 통해서 나온 결괏값이고 t는 정답 레이블에 저장된 값입니다.

```
y = [0.01, 0.02, 0.05, 0.1, 0.12, 0.05, 0.05, 0.5, 0.0, 0.1]
t = [  0,    0,    0,   0,    0,    0,    0,    1,   0,   0]
```

정답은 영상이 7이라고 말해줍니다. 그리고 내가 실행한 신경망의 결과는 7일 확률이 0.5라고 말합니다. 다른 어떤 값보다 높기 때문에 7이라고 판단할 수 있습니다. 여기서 끝나는 것이 아니라 1이 나왔어야 하는 값이 0.5로 나왔기 때문에 그 오차에 대해서 해석을 해야 합니다. 이상적인 것은 y = [0, 0, 0, 0, 0, 0, 0, 1, 0, 0]으로 나오는 것입니다. 하지만 현실적으로 이렇게 정확한 답이 나오기는 어렵습니다. 특히 글씨를 알아보기 힘들게 쓰는 사람들이 많을수록 확률값은 작게 나옵니다.

이 두 값의 차이를 해석할 때 가장 많이 사용되는 것이 평균제곱오차(MSE)와 크로스엔트로피오차(CEE)입니다.

평균제곱오차를 알기 위해 기본적인 평균, 표준편차, 분산을 이해해 봅시다. 평균이라는 말보다 기댓값이라는 말이 통계에서 잘 사용됩니다.

평균은 어떤 자료가 있고, 그 자료를 대표하는 값의 하나로 모든 자료값을 더한 후 자료의 개수로 나눈 값입니다. N개의 자료가 있을 때 평균 m은 다음과 같습니다.

기댓값은 사건이 일어났을 때의 이득과 그 확률을 곱한 것을 모든 사건에 대해서 더한 값으로 평균과 동일한 값입니다. 평균 m은 과거의 데이터에 초점이 맞추어졌다면 기댓값 E(X)은 미래에 일어날 일에 대해 기대되는 점수라고 볼 수 있습니다.

$$m = \frac{1}{N}\sum_{i=1}^{N} x_i$$

$$E(X) = \sum_{i=1}^{N} x_i P(X = x_i)$$

즉, 동일한 점수지만 75, 85, 80점을 받은 학생이 다음번 시험을 볼 때 받아올 점수를 기대한다면 어렵지 않게 평균인 80점(=(75+85+80)/3)을 예상할 수 있습니다. 이 80점은 과거 데이터의 총합을 자료의 수 3으로 나눈 값이기도 하지만 75점*P(75점일 확률)+85점*P(85점일 확률)+80점*P(80점일 확률)을 계산하면 75*(1/3)+85*(1/3)+80*(1/3)으로 80이 됩니다.

평균 즉, 기댓값과 함께 이야기되는 것이 분산과 표준편차입니다. 분산은 전체의 데이터가 평균과 얼마나 멀리 떨어진 곳에 분포하는지를 나타내는 값입니다. 모든 데이

터의 값에서 평균을 뺀 다음 제곱한 값의 평균입니다. 표준편차는 분산에 제곱근을
씌워준 값입니다.

$$\begin{aligned}
\sigma^2 &= V(X) \\
&= E[(x-m)^2] \\
&= \frac{1}{N}\sum_{i=1}^{N}(x_i - m)^2
\end{aligned}$$

$$\sigma = \sqrt{\sigma^2}$$

분산은 데이터의 양호 정도를 나타낼 때 많이 사용됩니다. 대푯값인 평균이 얼마나
데이터를 제대로 드러내는지 위험도를 설명해야 할 때 분산 개념을 사용합니다.

즉, 75점, 85점, 80점을 받았던 학생이 다음 시험을 볼 때 기대되는 점수는 80점이라
고 어렵지 않게 추측할 수 있습니다. 반면 60, 80, 100점을 받은 학생이 다음 받을 점
수가 80점이라고 기대하기는 석연찮은 무엇이 있습니다. 틀림없이 수식으로 계산하
면 A = [75,80,85]나 B = [60,80,100]이나 동일한 80점을 평균과 기댓값으로 계산합
니다.

A 학생의 분산은 (25+0+25)/3인 16.667이 되고, 표준편차는 4.082가 됩니다. 반면
B 학생의 분산은 (400+0+400)/3인 266.667이고, 표준편차는 16.330입니다.

통계를 공부했다면 이것이 무엇을 의미하는지 알 수 있습니다. (사실 자료가 너무 적기
때문에 아래와 같이 단정짓기는 무리입니다마는) 95%의 확률로 A 학생은 다음번 시험에
서 72점에서 88점 사이의 점수를 맞게 될 것이고, B 학생은 95%의 확률로 47점에서
100점 사이의 점수를 맞게 될 것입니다.

분산을 계산할 때 개별 값과 평균 사이의 거리(오차)를 제곱해 주는 방식은 오차의 양

과 음을 구분하지 않고 얼마나 거리가 떨어져 있는지를 계산합니다. 이와 유사한 방식으로 평균제곱오차라는 개념을 많이 사용합니다.

10-3 평균제곱오차

평균제곱오차는 영어로 Mean Square Error이며 줄여서 MSE로 사용합니다. 우리말로 풀어보면 '오차들의 제곱을 평균한 것'이라고 볼 수 있습니다.

$$MSE = \frac{1}{N}\sum_{i=1}^{N}(y_i - t_i)^2$$

y_i는 신경망을 통과한 결괏값이고, t_i는 영상과 함께 제공되는 정답값입니다. 앞에서 보았던 신경망 y, t의 값을 이용해보겠습니다.

```
y = [0.01, 0.02, 0.05, 0.1, 0.12, 0.05, 0.05, 0.5, 0.0, 0.1]
t = [  0,    0,    0,   0,   0,    0,    0,   1,   0,   0]
```

y는 신경망을 통과한 결괏값이 8번째 부분(숫자 7 부분)에서 최댓값 0.5를 보입니다. t는 7이 정답임을 알려줍니다. t[8] = 1이고, 나머지는 0입니다. 이것을 그래프로 그려보면 다음과 같습니다.

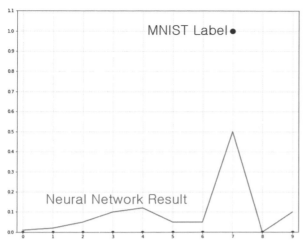

그림 10-1. 출력과 정답 그래프

그래프에서 보이는 것은 MNIST Label 값과 실제 계산된 결괏값이 다르다는 것이고, 그 정도를 측정해야 합니다. 이때 평균제곱오차 MSE를 사용할 수 있습니다. MSE는 많은 영역에서 사용되고 있는 개념이므로 이번에 잘 알아두시면 여러 곳에 응용할 수 있습니다.

MSE 값을 구해보겠습니다. 결과와 정답이 어느 정도 맞는 것과 전혀 틀린 것 2가지에 대한 MSE 값을 계산해 보겠습니다.

```
#10.3  평균제곱오차 2

y1 = np.array([.01, .02, .05, .1,  .12,
               .05, .05, .5,  .0,  .1] )
y2 = np.array([.05, .05, .05, .7,  .05,
               .05, .0, .0,   .05,  .0] )
t = np.array([ 0, 0, 0, 0, 0, 0, 0, 1, 0, 0])

def mse(y,t):
    return (np.sum((y-t)**2))/len(y)

print(mse(y1,t),mse(y2,t), mse(y1,t)/mse(y2,t))
```

[실행 결과]
0.02924 0.1505 0.19428571428571428

두 가지 경우에 대한 MSE 값을 측정해 보았습니다. 0.02924와 0.1505는 5배 이상 차이가 납니다. 즉, MSE는 측정값과 정답 레이블이 유사한 경우 0에 가까운 작은 값을 가지게 되고, 차이가 나면 날수록 큰 오찻값을 가지게 됩니다. 여기서는 0.15 정도의 오찻값을 가졌습니다.

두 가지 경우 y1, y2에 대한 그래프를 그려서 확인해보면 다음과 같습니다.

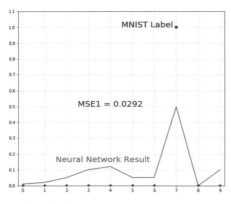 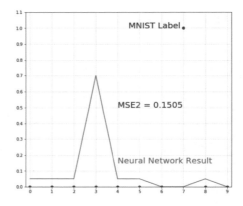

그림 10-2. 평균제곱오차

◎ 10-4 크로스엔트로피오차(CEE)

MSE와 함께 손실함수에서 자주 사용되는 것이 CEE(Cross Entropy Error)입니다. 엔트로피라는 말은 중고등학교 때 과학 시간에 배웁니다. 처음 엔트로피라는 말이 사용된 것은 1865년으로, 클라우지우스가 그리스어의 변화량을 본떠 물질의 열적 상태를 나타내기 위해 사용했습니다. 아마 화학 시간에 무질서도와 연관지어 엔트로피라는 말을 들어봤을 것입니다. 에너지 보존법칙을 설명하는 '엔트로피'라는 용어는 정보이론에서 새년의 공식을 적용할 때도 사용됩니다. 정보이론에서의 엔트로피도 불확실성에 대한 수치를 나타냅니다. 정보이론에서는 정보를 '놀람의 정도'로 정의합니다. 이를테면 90%의 확률로 질 것이 뻔한 경기에 임했다고 가정을 해보겠습니다. I지역 조기축구회와 축구 명문대학인 A대 축구부가 경기를 했습니다. 여기서 A대 축구부가 이기면 아무도 놀라지 않습니다. 당연한 일이 발생했다고 여기고 그냥 넘어갈 것입니다. 반면 I지역 조기축구회가 이기면 어떻게 될까요? 아주 놀랄 만한 일이 발생한 것입니다. 이때의 놀라는 정도는 9:1에 비례하지 않습니다. 이때의 놀람의 정도를 로그로 표현하면 다음과 같습니다.

A대 축구부가 승리할 경우 : $-\log(0.9) = 0.1054$
I지역 조기축구회가 승리할 경우 : $-\log(0.1) = 2.3026$

A대 축구부가 승리할 때의 놀람의 정도는 0.1이고, I지역 조기축구회가 승리할 때의 놀람의 정도는 2.3이 됩니다. 이 수치가 곧 정보의 양이 됩니다. 조기축구회의 승리는 A대 축구부의 승리보다 21.85배(=2.3026/0.1054) 놀람을 가집니다. 여기서 살펴볼 것은 10%의 확률로 이기는 것이 10%의 정보량이나 놀람을 의미하지는 않는다는 것입니다. 더 많은 정보량을 가지게 됩니다.

또 다른 경우를 보겠습니다. A대 축구부와 거의 비슷한 실력을 갖춘 B대 축구부가 있습니다. B대 축구부와 A대 축구부는 거의 5:5의 경기를 벌입니다. 이때의 정보량을 살펴보겠습니다.

A대 축구부가 승리할 경우 : - log(0.5) = 0.6931
B대 축구부가 승리할 경우 : - log(0.5) = 0.6931

이제 A:I와 A:B의 경기에 대한 엔트로피를 계산해보겠습니다. 엔트로피는 다음과 같이 계산합니다.

$$S = -\sum_i t_i \log(y_k)$$

Case I : A대 VS I조기축구회	Case II : A대 VS B대
엔트로피 S = - { 0.9 * log(0.9) + 0.1 * log(0.1) } = 0.3251	엔트로피 S = - { 0.5 * log(0.5) + 0.5 * log(0.5) } = 0.6931

표 10-1. 엔트로피

Case I의 경우 I조기 축구회의 승리는 놀람의 정도가 큰 정보량을 주지만 실제로 그 일이 발생할 확률이 0.1밖에 되지 않기 때문에 실제 평균은 높아지지 않습니다. 즉, 10번 중 9번은 대학 축구부가 지역 조기축구회를 이긴다는 당연한 결과가 나오기 때문입니다. 반면 Case II의 경우 두 대학 축구부는 승률이 5:5로 똑같습니다. 누가 이길지 모를 승부를 계속하게 되므로 불확실성은 큽니다. 그래서 Case II의 엔트로피값이 0.6931로 Case I의 엔트로피보다 2배 이상 크게 계산됩니다.

여기에는 log 함수의 특성이 반영됩니다.

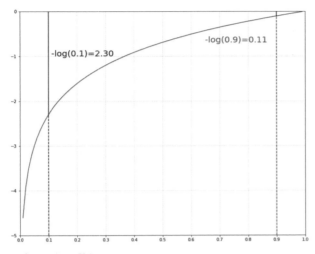

그림 10-3. 로그함수

log 함수의 특징은 0에 가까워질수록 -무한대로 발산한다는 것이고, (1,0)을 지난다
는 점입니다. 엔트로피를 활용하여 확률로 사용할 때 확률 P의 값은 0에서 1 사이의
값이 됩니다. 신경망에서의 크로스엔트로피는 또 다른 재미있는 특징이 있습니다.
우선 이전에 MSE에서 사용했던 데이터를 가져와 보겠습니다.

y1 = np.array([.01,.02,.05,.1,.12,.05,.05,.5,.0,.1])
y2 = np.array([.05,.05,.05,.7,.05,.05,.0,.0,.05,.0])
t = np.array([0, 0, 0, 0, 0, 0, 0, 1, 0, 0])

y1과 t의 크로스엔트로피오차를 구해보겠습니다.

cee = - (t[0]*log(y[0]) + t[1]*log(y[1]) + t[2]*log(y[2]) + ⋯ + t[9]*log(y[9]))
t = [0, 0, 0, 0, 0, 0, 0, 1, 0, 0]이므로 t[6]=1이고 나머지 t[i]=0(i≠6인 나머지 모두)입
니다.

즉,

$$t[0]*\log(y[0]) + t[1]*\log(y[1]) + t[2]*\log(y[2]) + \cdots + t[9]*\log(y[9])$$
$$= 0 + 0 + \cdots + t[6]*\log(y[6]) + \cdots + 0$$
$$= t[6]*\log(y[6])$$

이 됩니다. 정답 레이블의 값과 그때의 결괏값의 로그값을 곱한 후 부호를 바꾸면 CEE 값이 만들어집니다. 이때 log(0)은 음의 무한대로 발산하게 되므로 0이 되지 않게 0.000001 정도의 작은 값을 더해줍니다. (0.0000001 = 1e-7)

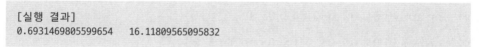

```
#10.4. 크로스엔트로피오차(CEE) 2
y1 = np.array([.01,.02,.05,.1,.12,.05,.05,.5,.0,.1])
y2 = np.array([.05,.05,.05,.7,.05,.05,.0,.0,.05,.0])
t = np.array([0,0,0,0,0,0,0,1,0,0])

def cee(y,t):
    return -np.sum(t*np.log(y+1e-7))

print(cee(y1,t),cee(y2,t))
```

```
[실행 결과]
0.6931469805599654    16.11809565095832
```

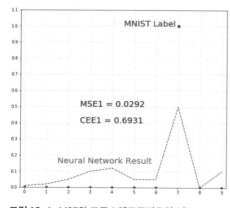

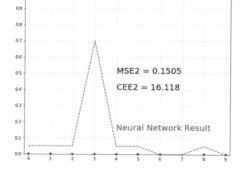

그림 10-4. MSE와 크로스엔트로피오차 비교

11

경사와 미분

수학에는 미분이라는 아주 놀라운 분야가 있습니다. 배워봐야 절대 쓸 일이 없을 거라고 생각하는 사람도 많습니다. 하지만 제대로 쓰는 사람들에게 미분은 아주 놀라운 마법과도 같습니다. 어쩌면 사회에 나오면 쓸 일이 없을 거라고 생각했던 많은 것들은 사실은 아주 쓸모 있는 것들인데 그걸 깨닫지 못했을 뿐일지 모릅니다.

그리스의 철학자 제논은 운동이 불가능하다는 논증을 하면서 어느 한 짧은 순간에서의 위치의 변화는 일어나지 않는다는 것과 시간이 그 짧은 위치 변화가 일어나지 않는 순간들의 연속임을 말합니다. 즉, 움직이고 있다는 것은 모두 아주 짧은 찰나에 보면 정지해 있는 상태란 것입니다. 결국 정지한 상태의 연속일 뿐이니 움직임은 없다는 주장(궤변)이었습니다. 그로부터 2천 년 후 아이작 뉴턴과 라이프니츠는 움직이는 것은 어느 한순간을 보면 분명히 움직이지 않고 있지만 여전히 운동을 나타내는 무언가를 가지고 있다고 생각하고 그것을 찾기 시작했습니다. 그리고 그들이 찾아낸 것이 아주 짧은 시간 동안의 변화였습니다. 이 변화를 알기 위해 움직이고 있는 자동차를 생각해 보겠습니다.

◉ 11-1 미분의 수학적 정의

움직이고 있는 자동차가 시간 t1에서 t2 사이에 s1에서 s2까지 이동했다면 이때의 평균 속도는

$$v_{av} = \frac{s_2 - s_1}{t_2 - t_1}$$ ---- 식 (11.1)

가 됩니다.

제논이 모든 움직이는 것은 어느 한 짧은 순간에서의 변화는 없다고 말했던 것을 기억하실 겁니다. 고속 카메라로 찍으면 날아가는 대포의 탄환도 정지해 있는 것으로 보입니다. 하지만 정말 정지해 있는 것일까 뉴턴과 라이프니츠는 고민하면서 생각했습니다. 그리고 t2 -t1을 점점 작게 만들었습니다.

t2-t1이 찰나의 순간이 된다면 그것은 곧 0에 가까운 값이 된다는 것이었고, 그때의 시간의 변화와 공간의 변화를 측정할 수 있다면 그것을 이용할 수 있으리라 여겼습니다. 그리고 나온 식이 그 유명한

$$\frac{df(x)}{dx} = \lim_{h \to 0} \frac{f(x+h) - f(x)}{h} \qquad \text{---- 식 (11.2)}$$

입니다. 이 식에 대해서 조금만 더 생각해보겠습니다.

길동은 자동차를 타고 서울에서 부산까지 3시간 만에 갔습니다. 이때 길동이 이동한 거리는 300km입니다. 길동이 탄 자동차의 평균 속도는 얼마일까요?

평균 속도는 거리를 시간으로 나눈 값입니다. 300km의 거리를 3시간에 이동했다면 이동한 거리 300km를 시간인 3으로 나눈 값 '300km/3시간'이 평균 속도가 됩니다. 즉 시속 100km가 됩니다.

$$v = \frac{300\,km}{3hr} = 100km/hr$$

그런데 3시간 동안 아주 일정하게 100km/h의 속도로 움직이는 것은 불가능합니다. 실제로 차를 타고 고속도로를 달려보면 빨리 달리기도 하고, 천천히 달리게도 됩니다. 때로는 다른 차들 때문에 멈추게도 됩니다. 멈춘다는 것은 속도가 0이 된다는 것입니다.

운동의 상태는 시간에 따라 다르게 변합니다. 평균 속도는 전체를 두고 보았을 때의 값, 전체 거리를 걸린 총 시간으로 나눈 값입니다. 그 3시간 동안 속도는 계속 변할 수 있습니다. 그리고 변화되는 상태 속에서 특정한 시간에서의 속도는 매시간 달라지고, 그 특정 순간의 속도를 '순간속도'라고 부릅니다.

순간속도는 아주 짧은 시간(이상적으로 짧은 시간)의 변화 동안 변화된 거리를 나타냅니다. 순간속도를 이해하기 위해 아래 그림을 보겠습니다.

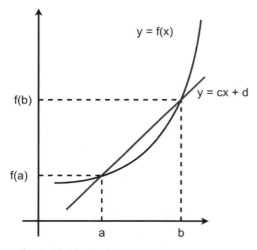

그림 11-1. 미분과 기울기

f(x)의 그래프가 있습니다. f(x)는 시간 x에 따른 이동 거리를 나타내는 식입니다. 이 식에 시간 x=a일 때와 x=b일 때의 값을 각각 넣어보면 f(a)는 a라는 시간이 지난 후의 이동 거리이고, f(b)는 b라는 시간이 지난 후의 이동 거리입니다. a시간이 경과한 후 b시간이 될 때까지의 평균 속도는 b-a시간 동안 이동한 거리 f(b)-f(a)를 이용하여 나타낼 수 있습니다. 이때 (a, f(a))와 (b, f(b))의 두 점을 지나는 직선을 그려보겠습니다.

```
f(a) = ca + d
f(b) = cb + d
```

아래에서 위의 식을 빼면 다음의 식이 만들어집니다.

```
f(b)-f(a) = c(b-a)
```

이 식의 양변을 (b-a)로 나누면 직선의 기울기 c를 구할 수 있습니다.

$$c = \frac{f(b) - f(a)}{b - a}$$

여기에서 기울기 c는 두 점, a 와 b 사이에서 평균적으로 변화한 정도를 의미합니다. b와 a가 아주 가깝다면 그때의 b-a는 0에 가까운 값이 되고, 이때의 c 값을 순간속도 라고 말합니다.

$$c = \lim_{b \to a} \frac{f(b) - f(a)}{b - a}$$

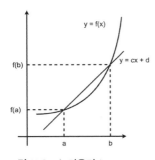

그림 11-2. ab 기울기 1

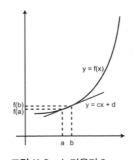

그림 11-3. ab 기울기 2

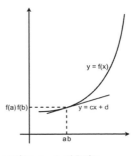

그림 11-4. ab 기울기 3

213쪽의 그림에서 보이듯 a, b의 간격이 점점 작아짐에 따라 a, b 두 점을 지나는 직선이 접선이 되어가는 것을 볼 수 있습니다. 즉, a, b를 시간으로 둔다면 서울에서 출발하는 시간 a와 부산에 도착하는 시간 b를 알고, 그때의 거리 f(a), f(b)를 알 때 b-a 시간에 대한 평균 속도를 계산할 수 있습니다. 이때 b와 a가 매우 근접한 값이라면 그 특정 시간에서의 속도, 즉 순간속도를 알 수 있고, 이것을 미분이라고 부릅니다.

매우 짧은 시간을 h로 두면 다음과 같이 바꿀 수 있습니다. 시간 a를 x로 두고 시간 b를 x+h 즉, x에서 h만큼 시간이 지난 것으로 둘 수 있습니다.

```
a = x
b = x+h
```

x 와 x+h에 대한 거리 f(a), f(b)는 다음과 같습니다.

```
f(a) = f(x)
f(b) = f(x+h)
```

이제 위의 식은 다음과 같이 쓸 수 있습니다.

$$c = \lim_{h \to 0} \frac{f(x+h) - f(x)}{(x+h) - x} = \lim_{h \to 0} \frac{f(x+h) - f(x)}{h}$$

c는 기울기이고, h가 0으로 가까이 갈 때 c 값은 특정한 점에서의 접선의 기울기가 됩니다. 이 값을 '미분'이라 부르고 df(x)/dx로 표시합니다. 즉, 위의 식은 다음과 같이 씁니다.

$$\frac{df(x)}{dx} = \lim_{h \to 0} \frac{f(x+h) - f(x)}{h}$$
$$= \lim_{h \to 0} \frac{f(x) - f(x-h)}{h}$$
$$= \lim_{h \to 0} \frac{f(x+h) - f(x-h)}{2h}$$

위의 세 가지 공식이 모두 수학적으로 동일한 공식입니다. 이때 세 번째 식이 컴퓨터를 이용한 수치미분 시에 사용되는 공식입니다. 여기서 df(x)/dx는 f(x)를 x로 미분하라는 의미입니다. f(x)를 x로 미분한다는 것은 x와 x에 아주 작은 수 h를 더한 값을 각각 입력으로 사용해서 f(x)와 f(x+h)를 계산한 다음 그것으로

$$\lim_{h \to 0} \frac{f(x+h) - f(x)}{h}$$

을 계산한다는 뜻입니다.

◉ 11-2 수치미분

위 식에서의 h 값은 이상적인 아주 작은 수입니다. 즉, 현실로는 존재하지 않는 작은 수가 되고 이런 수는 컴퓨터에서는 구현해 낼 수가 없습니다. 그래서 적당히 작은 수를 넣어서 프로그래밍에 적용하는 것을 '수치미분'이라 부릅니다. 수치미분을 적용하기 위해서 위의 세 번째 식을 적용합니다.

$$\frac{df(x)}{dx} = \lim_{h \to 0} \frac{f(x+h) - f(x-h)}{2h} \qquad ---- 식 (11.3)$$

첫 번째 식과의 차이는 x를 중심으로 h만큼 빼고 더하는 과정을 거친다는 것인데, 이 부분은 컴퓨터를 이용하는 수치미분이기 때문에 필요한 부분입니다. 식 (11.2)를 그대로 적용하는 것보다 (11.3)을 적용하는 것이 작은 오차를 더 줄이는 방법입니다. 아래 그래프를 보시면 위 식을 사용하는 이유를 체감적으로 알 수 있습니다.

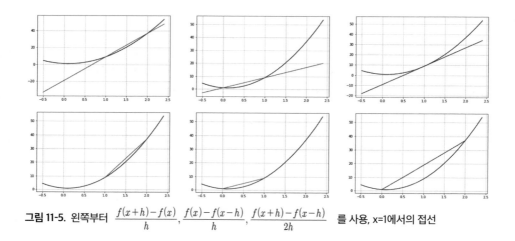

그림 11-5. 왼쪽부터 $\dfrac{f(x+h)-f(x)}{h}$, $\dfrac{f(x)-f(x-h)}{h}$, $\dfrac{f(x+h)-f(x-h)}{2h}$ 를 사용, x=1에서의 접선

x=1에서의 접선을 그릴 때 구분을 명확하게 하기 위해 h=1이라는 상당히 큰 값을 사용했습니다. f(x)는 그래프의 편의상 $10x^2 - 2x + 1$을 사용합니다. 왼쪽에 있는 2개의 그래프 중 위쪽은 이차곡선인 f(x) 그래프와 x가 1, 2에서의 함수값인 f(1), f(2)를 사용하여 그린 직선을 함께 표시했습니다. 이때의 기울기는 28.0이 나왔습니다. 중간 그래프에서는 기울기가 8.0이 나오고, 오른쪽 그래프에서는 기울기 18.0이 나옵니다.

실제 f(x)를 미분해보면

$$f'(x) = \lim_{h \to 0} \frac{f(x+h) - f(x)}{h}$$
$$= \lim_{h \to 0} \frac{[10(x+h)^2 - 2(x+h) + 1] - [10x^2 - 2x + 1]}{h}$$
$$= \lim_{h \to 0} \frac{10h^2 + 20xh - 2h}{h}$$
$$= \lim_{h \to 0} (10h + 20x - 2)$$
$$= 20x - 2$$

가 됩니다.

참고로 f(x)가 임의의 함수이고, x가 정의역 내의 임의의 점일 때 f'(x)를 f의 도함수라고 부릅니다. 도함수는 f'(x)나 $\frac{df(x)}{dx}$ 로 표시합니다. 표기의 간결성을 위해 앞으로는 f'(x)나 f'으로 표시하겠습니다.

$$f'(x) = \lim_{h \to 0} \frac{f(x+h) - f(x)}{h}$$

모든 도함수는 위의 정의에 따라 만들어집니다. 자주 사용하는 몇 가지 도함수를 이 자리에 소개합니다.

$$f(x) = x^n \quad \to \quad f'(x) = nx^{n-1}$$
$$f(x) = e^x \quad \to \quad f'(x) = e^x$$

함수의 덧셈과 곱셈에서의 도함수는 다음과 같습니다.

```
f와 g는 함수이고, c가 상수일 때
(cf)' = cf'
(f + c)' = f'
(f + g)' = f' + g'
(fg)' = f'g + fg'
```

위의 식을 우선 기억해 두시고, 이외의 식들은 그때그때 필요에 따라서 공부해 두시면 됩니다. 고등학교 수학책에 있는 미분 부분을 다시 공부해 두시면 많은 도움이 될 것입니다.

수학적으로 미분 된 $f'(1)$은 18입니다. 즉, 프로그램으로 계산된 3개의 값 중 오른쪽 그래프가 실제 미분값을 충분히 반영했다는 것을 알 수 있습니다. 공식 ##.##에서 왜 3번째 식을 수치미분에서 사용하는지 알 수 있습니다.

미분에서 중요한 것은 h가 아주 작은 값, 극한값을 가진다는 것입니다. 이상적인 극한값은 실제 계산에 사용할 수는 없습니다. 그래서 실제로 프로그래밍할 때에는 적당히 작은 값을 사용해야만 하는데 그 적당히 작은 값은 극한값이 아니기 때문에 오차가 발생합니다.

그림 11-5의 왼쪽부터 중앙과 오른쪽의 기울기값을 눈으로 비교해 보면 확실히 차이가 나게 됩니다. x=1에서의 기울기값인 미분값을 알고 싶을 때 (1) x와 x+h를 사용하거나 (2) x와 x-h를 사용하거나 (3) x-h 와 x+h를 사용할 수 있습니다.

이제 미분식을 활용한 이차함수를 수치미분하는 간단한 프로그래밍 코드를 만들어 보도록 하겠습니다.

```
#11.2. 수치미분

def ndiff(f,x):
    h = 1e-5
    return (f(x+h)-f(x-h))/(2*h)

def funcx2(x):
    return x**2 + 2*x + 1
```

```
x = 15
y = funcx2(15)
fp = ndiff(funcx2, x)
print(x, y, fp)
```

```
[실행 결과]
15 256 32.000000001630724
```

수치미분함수는 식 11.3을 적용해서 만들었습니다. 이때 h 값으로 작은 값을 넣어줘야 하지만 컴퓨터에서 실수(float number)를 저장하는 방식 때문에 지나치게 작은 값을 넣으면 h는 0으로 처리됩니다. 그래서 수치미분을 위해서 충분히 작되 컴퓨터에서 처리할 수 있을 정도의 값인 0.00001 정도를 h에 넣어줍니다. 이보다 조금 더 작거나 큰 값을 사용해도 됩니다. 하지만 지나치게 작은 0.00000000000000000001 같은 값을 넣으면 대부분의 프로그래밍 언어에서는 0으로 처리하게 되고, 분수의 분모가 0이 되면서 0으로 나누는 오류가 발생하고 프로그램은 실행을 멈추게 됩니다.

funcx2(x)는 이차함수의 식입니다. $(x+1)^2$인 $x^2 + 2x + 1$입니다.

$f(x) = x^2 + 2x + 1$의 미분은 미분의 정의에 따라 $df(x)/dx = 2x + 2$가 됩니다. 즉, x=15인 점에서의 미분값은 $df(15)/dx = 2*15+2$인 32가 됩니다. 이 값은 수치미분의 결과인 32.000000001630724과 유사합니다. 약간의 오차가 있기는 하지만 이 정도라면 양호하게 사용할 수 있습니다. 수치미분은 보통 식 자체를 미분하기 곤란한 경우에 사용합니다. 미분하기 곤란하다는 것은 수식 자체가 미분이 어렵거나 혹은 가능하더라도 너무 복잡해서 효율이 떨어지는 경우입니다.

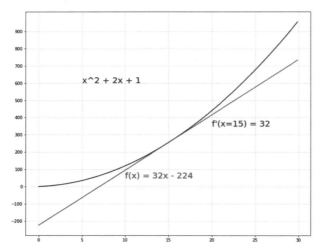

그림 11-6. y = f(x)의 미분

함수의 그래프와 기울기를 찾아보겠습니다. 기울기와 접선을 찾아 직선까지 그래프에 추가해 보겠습니다. 수치미분함수와 함수의 식은 위에 있는 것을 그대로 사용합니다.

```
#11.2. 수치미분 2

import numpy as np
import matplotlib.pyplot as plt

x0 = 15
y0 = funcx2(x0)
grad = ndiff(funcx2, x0)
#print(x0, y0, grad)
x = np.arange(0.00, 30.0, 0.1)
y = funcx2(x)
y1 = grad*(x-x0)+y0

plt.figure(figsize=(12,10))
plt.yticks(np.arange(-200, 1000, 100))
plt.xticks(np.arange(0,301, 5))
plt.grid(dashes=(3,3),linewidth=0.5)
```

```
plt.text(5, 600, 'x^2 + 2x + 1', color='blue', fontsize=20)
plt.text(20, 350, 'f\'(x=15) = 32', color='blue', fontsize=20)
plt.text(10, 50, 'f(x) = 32x -224 ', color='red', fontsize=20)
plt.plot(x,y, 'k-')
plt.plot(x,y1, 'r-')

plt.show()
```

x = 15인 점에서 접선의 방정식을 찾기 위해서는 우선 x = 15일 때의 y값과 그때의 기울기를 알아야 합니다. y값과 기울기를 구하기 위해 다음과 같이 프로그래밍합니다.

```
x0 = 15
y0 = funcx2(x0)
grad = ndiff(funcx2, x0)
```

x, y 점의 좌표를 알고 그때의 기울기를 찾았습니다. 이 3개 값을 이용해서 직선을 구하면 됩니다.

```
y-y0 = grad*(x-x0)
```

여기서 y0을 오른쪽으로 넘겨주면,

```
y = grad*(x-x0) + y0
```

이 됩니다.

```
x = np.arange(0.00, 30.0, 0.1)
```

이제 x는 0부터 30까지 0.1 간격으로 데이터를 가지게 하겠습니다. 'np.arange (0.00, 30.0, 0.1)' 명령은 0.0부터 30.0이 되기 전까지 0.1씩 증가하면서 값을 정렬합니다. 즉 'x = np.arange(0.00, 30.0, 0.1)'는 x = np.array([0, 0.1, 0.2, 0.3, 0.4, … 29.7, 29.8, 29.9])와 같습니다. x에는 0부터 29.9까지 총 300개의 데이터가 모입니다.

```
y = funcx2(x)
```

x 값이 funcx2() 함수를 통과하면서 y값을 만들게 됩니다. x의 배열 크기가 300이므로 y 배열의 크기도 300이 됩니다. 컴퓨터로 그림을 그린다는 것은 크게 두 가지 경우가 있습니다. 하나는 점을 일일이 찍어서 그것을 연결해서 선과 면이 되게 만드는 경우이고, 다른 하나는 벡터를 이용해서 시작점과 끝점, 그리고 그 사이에 움직이는 방향을 수식으로 만드는 것입니다. 여기서는 전자인 점을 찍어서 그림을 그리는 방식을 사용합니다. x에 300개의 점이 있고, 그 점에 해당하는 300개의 y점을 찍어서 화면에 보여주면 그 점들의 모임이 하나의 그래프가 되는 것입니다.

x와 y를 모아서 점을 찍으면 됩니다.

점을 찍는 명령은 'plt.plot(x,y, 'k-')'이고 이때 (x[0], y[0])부터 시작해서 (x[299], y[299])까지 총 300개의 점을 화면에 출력합니다. 'k-'의 k는 black을 의미하고 -는 실선을 의미합니다. 실선 대신 점선을 사용하고 싶으면 'k--'를 사용하면 됩니다.

plt.plot() 명령을 수행하기 전에 'plt.figure(figsize=(12,10))'을 먼저 실행해야 합니다. 출력된 화면의 크기를 정해줍니다. 12, 10의 값을 적당한 값으로 변경하면 가로와 세로의 크기를 변경할 수 있습니다.

빠뜨리면 안 되는 것이 'plt.show()'입니다. 모든 세팅된 값을 가지고 화면에 그려주는 명령입니다. 이외의 것은 있으면 조금 더 섬세하게 화면을 구성할 수 있지만 없더라도 기본적인 그래프는 출력됩니다. 나머지 명령어들은 지면을 통해서 설명하지 않습니다. 별도로 온라인상의 자료를 참고해 주시기 바랍니다.

◉ 11-3 편미분

앞 장에서 미분이란 어떤 함수가 특정 시점에서 변화하는 정도라고 배웠습니다. 고등학교에서 배우는 미분은 일반적으로 변수가 하나인 경우를 다룹니다. 즉,

```
f(x) = 5x² + 2x -4
```

과 같이 변수가 하나만 있는 경우입니다. f(x) 대신 결과를 y로 두기도 합니다. 그래서,

```
y = 5x² + 2x -4
```

처럼 쓰기도 합니다. 하나의 변수에 대해서만 기울기를 알고자 할 때, 바로 이전 장에서 사용했던 것처럼 미분을 쓰면 됩니다. 이렇게 변수가 하나인 미분을 상미분(常微分)이라고 부릅니다. 영어로는 ordinary derivative입니다. '일반적인 미분', '보통 미분' 정도로 해석하면 됩니다. 변수가 하나이므로 미분하기가 쉽습니다. x는 변수가 되고, y는 x에 따라 변화하는 값이 됩니다. x가 변하고 그에 따라 y가 따라가는 것이 바로 식(1)입니다. 앞으로는 x의 변화에 따라 결정되는 출력을 y보다 f(x)라고 쓰도록 하겠습니다.

변수가 2개 이상인 경우도 있습니다. 주변에서 쉽게 보이는 예는 지도의 등고선입니다. 지도는 x 와 y 축의 값으로 나타납니다. 위도와 경도로 지구상의 위치를 표시합니다. 그 위치에 있는 것을 그림으로 나타낸 것이 지도이고, 거기에 높이를 표시한 것이 지도의 등고선입니다.

x 좌표와 y 좌표가 모두 0인 점에서의 높이를 0이라고 하면 $(x, y) = (0, 0)$일 때의 높이 $f(x,y)$는

```
f(0,0) = 0
```

이 됩니다. 마찬가지로 $(x, y) = (0,1), (1,0), (-1,0), (0,-1),\cdots$ 일 때의 $f(x,y)$는

```
x, y : 모든 실수
f(x,y) = x² + y²
```

로 쓸 수 있습니다. 같은 방법으로 변수가 3개 이상일 때도 만들 수 있습니다. 이렇게 변수의 크기가 커지면 x, y, z …로 변수 이름을 늘리는 것은 비효율적입니다. 그래서 x0, x1, x2, …처럼 알파벳에 번호를 붙인 변수 이름으로 사용하기도 합니다.

⊙ 11-4 게임 캐릭터는 N 차원

게임에서 캐릭터의 힘, 민첩, 지능, 체력, 마력, 정신력을 각각 하나의 변수로 하면 6개의 변수가 되고, 이 6개의 변수에 따라 캐릭터가 가지는 특성이 정해지게 됩니다.

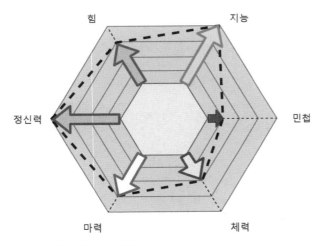

그림 11-7. 게임 캐릭터의 N차원 특성

캐릭터의 6차원 특징은 {힘:31, 지능:39, 민첩:12, 체력:19, 마력:32, 정신력:39}입니다. 이 캐릭터를 나타내기 위해서는 차원 변수가 6개 필요합니다. 이럴 때 x1, x2, x3, x4, x5, x6로 '알파벳 + 번호'의 모습으로 차원을 나타낼 수 있는 변수를 만들어 주면 사용하기 편리합니다.

6개의 변수를 가졌기 때문에 6개의 특징값에 따른 캐릭터의 영향력(이를테면 마법 공격 시 피해 정도)을 계산하기 위해서는 f(x1, x2, x3, x4, x5, x6)처럼 6개의 변수가 포함된 함수식을 사용할 것이라는 점을 어렵지 않게 추론할 수 있습니다.

게임 캐릭터를 만들 때 여러 가지 특성을 넣어서 만들곤 합니다. 그때 각각의 특성이 다른 특성에 영향을 주지 않는다면, 이 특성들은 서로에 대해서 독립적이고, 이런 독립적인 특성을 '차원'으로 이해할 수 있습니다. 즉, 위 그림의 캐릭터는 6차원의 성질을 가지고 있습니다. 일반적으로는 3차원을 공간으로 이해합니다. 공간은 3차원이 맞지만 3차원이 반드시 공간을 의미한다고 볼 수는 없습니다. 위의 그림처럼 얼마든지 많은 차원을 가지고 있을 수 있습니다. 우리가 다루고 있는 MNIST는 28×28 크기의 그림의 모음입니다. 이 크기를 차원으로 바꾸면 784차원을 다루게 됩니다.

지금까지 변수가 하나일 때, 둘일 때, 여럿일 때에 대해서 생각해 보았습니다. 변수가 여럿일 때의 미분을 편미분이라고 합니다. 변수가 둘인 경우에 대해서 살펴봅시다.

```
f(x0, x1) = x0² + x1²
```

◉ 11-5 ┃ 2차원 함수의 그래프와 편미분

$f(x0, x1)$를 그려보면 다음과 같습니다.

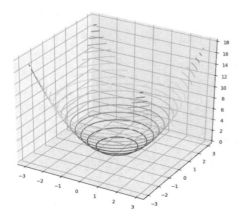

그림 11-8. f(x0, x1)의 그래프 1

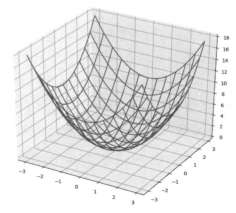

그림 11-9. f(x0, x1)의 그래프 2

위의 두 그래프 모두 x0² + x1²을 그린 것입니다. 왼쪽은 등고선 형태로, 오른쪽은 바둑판 형태로 그렸습니다. 이 모양은 그물 중앙에 무거운 물체가 있는 것처럼 축 처진 모습을 보여줍니다. 여기서도 상미분과 같은 방법으로 기울기를 구할 수 있습니다. 이때 x0와 x1 각각의 축에 대한 기울기를 구하게 됩니다. 그래서 이때의 미분을 편미분(偏微分) 혹은 partial derivative라고 합니다. 하나의 변수에 대한 미분을 구할 때 다른 변수는 변화가 없는 상수로 취급합니다. 즉, x_0에 대한 미분값을 구할 때에는 x_1은 변수가 아닌 상수(y=x_2 + 1에서의 1처럼 변하지 않는 고정된 값)로 취급합니다.

변수가 1개인 상미분에서는 d라는 부호를 사용했다면, 변수가 2개 이상인 편미분에서는 ∂ 기호를 사용합니다. 즉, f(x0, x1) = x0² + x1²를 미분(편미분)한다면

$$f(x_0, x_1) = x_0^2 + x_1^2$$

$$\frac{\partial f(x_0, x_1)}{\partial x_0} = 2x_0$$

$$\frac{\partial f(x_0, x_1)}{\partial x_1} = 2x_1$$

이렇게 쓸 수 있습니다. ∂f(x0, x1) / ∂x0는 x0을 변수로 취급하면서 x1은 상수로 취급합니다. 즉, x0² + x1²을 미분할 때 x1²은 상수로 취급되기 때문에 x1²의 미분값은 0이 됩니다. 남는 것은 x0²이고, x0²을 미분하면 2x0가 됩니다.

$$\frac{\partial f(x_0, x_1)}{\partial x_0} = 2x_0$$

고등학교 수학 시간을 기억하면서 다음 미분 문제를 풀어보세요.

1. 다음 식을 x에 대해 미분하시오(A, B, C는 상수입니다).

$$f(x) = Ax^2 + Bx + C$$

2. 다음 식을 x, y에 대해 편미분하시오.

$$f(x, y) = 5x^2 + 3xy^2 + xy - 1$$

[풀이]

1. $f(x) = Ax^2 + Bx + C$

$$\frac{df(x)}{dx} = 2Ax + B$$

정답 : $2Ax + B$

2. $\quad f(x,y) = 5x^2 + 3xy^2 + xy - 1$

$$\frac{\partial f(x,y)}{\partial x} = 10x + 3y^2 + \quad y$$

$$\frac{\partial f(x,y)}{\partial y} = \qquad 6xy + \quad x$$

정답 :

x로 편미분하면, $\partial f(x, y)/\partial x = 10x + 3y^2 + y$

y로 편미분하면, $\partial f(x, y)/\partial y = 6xy + x$

◉ 11-6 편미분 프로그래밍 코드

$f(x0, x1) = x0^2 + x1^2$이고, x0, x1이 각각 1과 3일 때 편미분 값을 수치미분 방식으로 구해보겠습니다. 상미분 때에는 변수가 하나였지만 편미분은 변수를 2개 이상 사용합니다. 여기서는 x0, x1의 2개 입니다. 소스코드는 x, y를 입력으로 사용하는 함수로 만들었습니다.

```
f(x,y) = x**2 + y**2
```

```
#11.6. 편미분 프로그래밍 코드

h = 1e-5

def function_rx(x, y):
    return x**2 + y**2

def ndiff2(f, x, y):
    rf_rx = (f(x+h, y)-f(x-h, y))/(2*h)
    rf_ry = (f(x, y+h)-f(x, y-h))/(2*h)
    return [rf_rx, rf_ry]

ndiff2(function_rx, 1, 3)
```

```
[실행 결과]
[2.0000000000131024, 6.000000000039306]
```

ndiff2(function_rx, 1, 3)

이전에 사용했던 ndiff() 대신 ndiff2() 함수를 만들었습니다. ndiff2() 함수는 2개의 변수를 가진 함수의 편미분에 사용됩니다. ndiff2() 함수는 실행될 때 3개의 인자를 받습니다. 3개의 인자는 '편미분할 함수 이름', 'x값', 'y값'입니다.

```
rf_rx = (f(x+h, y)-f(x-h, y))/(2*h)
```

f는 함수의 이름입니다. 위의 코드에서는 function_rx 함수를 사용합니다.

f(x+h, y)는 function_rx(x+h,y)가 됩니다. 위의 코드를 순서대로 분석해보겠습니다.

h = 1e-5	컴퓨터의 기억장소인 램에 변수 h를 만들고 1e-5인 0.00001을 저장합니다. h는 0.0001에서 0.000001 정도의 값이면 경험상 적당합니다.
def function_rx(x, y):	function_rx라는 이름의 함수를 만듭니다. 함수는 x, y라는 두 개의 인자를 가집니다. '인자'란 함수가 실행되기 위해서 꼭 필요한 정해진 형식의 어떤 값을 말합니다. 함수를 만들 때에는 def로 시작하고 ':'(콜론)을 첫 번째 줄의 끝에 둡니다. ':' 다음부터는 블록이 시작됩니다.
return x**2 + y**2	: 다음 줄로 블록이 시작됩니다. 블록임을 명시하기 위해 4개의 스페이스를 앞에 두었습니다. return은 그 뒤에 있는 값을 함수를 호출한 곳으로 돌려보내는 명령입니다.
def ndiff2(f, x, y):	4개의 스페이스가 없기 때문에 위의 블록에서 나왔다는 것을 의미합니다. 새로운 명령의 시작이고, 위의 블록은 def 앞에서 끝이 났음을 알려줍니다. 줄 맨 앞의 def와 맨 끝의 :은 함수를 만드는 명령인 것을 알려줍니다. 함수의 이름은 ndiff2이고, 함수의 인자는 h, x, y입니다.
rf_rx = (f(x+h, y)-f(x-h, y))/(2*h)	
	4개의 스페이스로 시작했습니다. 블록의 시작입니다. rf_rx라는 변수가 만들어집니다. 이 변수에는 (f(x+h, y)-f(x-h, y))/(2*h) 값이 들어갑니다. f는 바로 뒤에 (이 있는 것을 볼 때 함수라는 것을 알 수 있고, x, h, y는 어떤 값을 가진 변수임을 알 수 있습니다. h는 첫 번째 줄에서 만들어둔 변수입니다. 즉, 메모리에 있는 h 값을 여기서 사용하게 됩니다. f, x, y는 모두 함수의 인자로 받아온 값으로, f는 바로 윗줄에 있는 함수의 이름이고, x와 y는 바로 윗줄에서 인자로 들어온 값입니다. 변수에 들어갈 숫자만 인자로 받는 것은 아닙니다. 함수의 이름을 인자로 받아서 사용할 수 있습니다. 위의 소스코드를 잘 보면 f라는 인수에 들어갈 인자로 function_rx라는 함수의 이름이 들어갔습니다.
rf_ry = (f(x, y+h)-f(x, y-h))/(2*h)	

	앞에 4개의 스페이스가 있기 때문에 같은 블록입니다. 윗줄과 비슷한 명령입니다. (x+h, y), (x-h, y)가 (x, y+h), (x, y-h)로 바뀌었고, 변수의 이름은 rf_ry입니다.
return [rf_rx, rf_ry]	앞에 4개의 스페이스가 있기 때문에 같은 블록입니다. rf_rx와 rf_ry의 값을 리스트로 만들어 함수를 호출한 쪽에 반환합니다.
ndiff2(function_rx, 1, 3)	스페이스 없이 바로 시작되었기에 앞줄과 같은 블록이 아닙니다. 새로운 명령의 시작입니다. ndiff2라는 이름의 함수를 실행합니다. ndiff2를 실행하기 위해서는 이미 메모리에 ndiff2라는 이름의 함수가 있어야만 합니다. 위에서 4번째 줄에 ndiff2라는 함수를 만들어서 메모리에 두었기 때문에 이 함수를 실행할 수 있습니다. 3개의 인자 function_rx, 1, 3을 가지고 함수를 실행합니다.

코드 분석을 마쳤습니다. 프로그래밍 언어를 처음 공부하는 입장에서는 조금 어려울 수도 있습니다만, 여기서 많은 시간을 보내지 마시고 책을 보면서 끝까지 따라서 해 본 다음에 다시 하나씩 살펴보시기를 권합니다.

다시 간략하게 실행되는 순서에 따라 위의 코드를 살펴보겠습니다. 위의 과정을 거치면서 메모리에는 하나의 변수 h와 두 개의 함수 function_rx와 ndiff2가 저장됩니다.

마지막 줄인 ndiff2(function_rx, 1, 3)가 실행되면 메모리에 저장된 ndiff2 함수를 불러옵니다. 이때 3개의 인자인 function_rx, 1, 3을 가지고 함수를 호출합니다.

```
def ndiff2(f, x, y):
```

여기서 f 자리에 function_rx를 넣고, x 자리에 1을, y 자리에 3을 넣어줍니다.

ndiff2의 첫 번째 줄은

```
    rf_rx = (f(x+h, y)-f(x-h, y))/(2*h)
```

이고, 이 줄이 인자가 적용되면 다음과 같습니다. 이때 h는 메모리에 저장되어 있는 값인 0.00001입니다.

```
    rf_rx = (function_rx(1+0.00001, 3) - function_rx(1-0.00001, 3))/(2*0.00001)    )
```

이 줄을 실행할 때 다음의 순서를 따르게 됩니다. 수학시간에 계산 문제를 풀 때의 상식을 가지고 생각하시면 됩니다.

1. 등호(equal, =)의 오른쪽을 계산한 다음 그 값을 왼쪽의 변수에 저장합니다. 즉, 등호를 보면 왼쪽은 저장하는 공간이고, 오른쪽은 계산해서 값을 만들어내는 수식이 됩니다.

2. 곱셈과 나눗셈이 덧셈과 뺄셈보다 먼저이고, 그보다 먼저인 것은 () 괄호로 묶인 부분입니다.

이상을 기준으로 위의 식을 따져보면 다음과 같은 순서로 계산이 이루어집니다. 아랫줄을 연습장에 정확하게 쓰면서 계산의 순서를 확인해 보시기 바랍니다. 특히 괄호'(,)'를 주의 깊게 보셔야 합니다. 일반적으로 괄호는 다른 보통의 연산자들보다 우선순위가 높습니다. 먼저 계산해야 할 것들을 괄호로 묶어주는 것이 일반적인 프로그래밍 방법이고, 연산의 우선순위를 알고 있어서 굳이 괄호를 쓰지 않아도 되지만 코드의 가독성(소스코드를 보고 코드가 하는 일을 얼마나 쉽고 빠르게 이해할 수 있는지를 나타내는 정도)을 위해 괄호를 사용하기도 합니다.

```
    (function_rx(1+0.00001, 3) - function_rx(1-0.00001, 3))/(2*0.00001))
```

다음의 순서대로 연산이 진행됩니다.

① = 1+0.00001

② = function_rx(①, 3)

③ = 1-0.00001

④ = function_rx(③, 3)

⑤ = ② - ④

⑥ = 2*0.00001

⑦ = ⑤ / ⑥

여기서 ②를 만들 때의 과정을 보면 함수 function_rx를 호출하면서 ①의 결과인 1.00001과 3을 인자로 넣어줍니다. 그러면 소스의 두 번째 줄에 해당하는 function_rx가 컴퓨터 메모리 상에 있는 주소를 찾아가서 인자로 1.00001과 3을 넣어서 실행하게 됩니다. 그러면 다음과 같습니다.

```
function_rx(1.00001, 3)
```

의 결과는

```
return 1.00001**2 + 3**2
```

이 되어 10.000020000100001라는 값이 return됩니다. 여기서 OS나 파이썬의 버전에 따라 소수점 이하 아래 자리에서 약간의 오차가 발생할 수 있습니다. 위에서 언급했던 소수를 이진화할 때 정확하게 할 수 없기 때문에 발생하는 오차이며, 버전과 OS에 따라 발생할 수도 있는 미미한 오차이기에 그 부분은 크게 신경 쓰지 않으셔도 됩니다.

function_rx(1.00001, 3)는 10.000020000100001라는 결괏값을 함수를 호출한 쪽에 넘겨줍니다. 즉,

② = function_rx(1.00001, 3)

는,

② = 10.000020000100001

이 됩니다.

④ = function_rx(③, 3)

줄도 같습니다. function_rx라는 함수를 호출하고, 호출할 때 0.99999와 3의 인자를 함께 전달합니다. function_rx의 계산이 완료된 후 결괏값을 반환하고, 반환된 값은 ④에 저장됩니다.

여기까지 변수가 하나일 때와 둘일 때에 대해서 코드를 만들어 보았습니다. 그러면 셋 이상, 혹은 아주 많은 변수를 가진 편미분을 어떻게 하면 될까요?

⊙ 11-7 np.nditer

이것을 위해서 파이썬은 재미있는 함수를 하나 가지고 있습니다. numpy 안에 포함된 nditer라는 함수입니다. 이 함수를 제대로 알아야겠다는 생각은 이 책에서는 잠시 미뤄두시기 바랍니다. 이 함수 하나에 대해서 너무 많은 사용 방법들이 있기 때문에 자세한 설명은 사이트에서 참고하시기 바랍니다. 사이트의 주소는 다음과 같습니다. 혹은 구글에서 nditer를 검색하면 아래 사이트의 주소가 상위에 나옵니다.

https://docs.scipy.org/doc/numpy/reference/generated/numpy.nditer.html

이 함수에 대해서 모든 것을 설명하기보다는 지금 우리가 사용하려는 한 가지 용도에 대해서만 다루겠습니다. TV나 핸드폰을 살 때 일반적으로 사용설명서를 모두 다 읽지는 않습니다. 220V 사용인지, 110V 사용인지 등의 반드시 필요한 부분은 읽어야겠지만 그렇지 않은 부분들은 종종 필요할 때 찾아서 보는 정도로 우리는 살아갑니다. 사실 프로그래밍을 공부하는 사람들도 비슷합니다. C언어를 공부하거나 파이썬을 공부하거나 Web 프로그래밍을 공부하거나 할 때 두꺼운 레퍼런스를 모두 읽고 이해하려는 사람은 지금은 거의 찾기 어렵습니다. C언어가 처음 나왔을 때만 해도 프로그래밍에 대한 책이 많이 부족했기 때문에 필요한 문서를 계속 읽어가면서 공부하던 때도 있었습니다. 하지만 지금은 너무 많은 문서가 서점과 인터넷에 쌓여 있습니다. 한 번씩만 읽으려고 해도 내가 읽어 내려가는 속도보다 더 빠른 속도로 문서들이 만들어집니다. 그래서 지금 시대의 공부 방법은 책에 있는 내용을 암기하는 것이 아니라 기초적인 이해가 수행된 다음부터는 빠른 검색을 통해 내게 필요한 지식을 찾아서 적용하는 것입니다. 즉, nditer에 대해서 모든 내용을 다 알려고 하지 마시고, 지금 내가 하려고 하는 일인 인공지능, 머신러닝, 딥러닝에 관련된 부분만을 찾아서 사용하고 나머지는 다시 필요하면 그때 보는 식으로 공부하시면 됩니다. 어찌 보면 사전을 찾는 것과 비슷합니다. 영어를 공부하기 위해서 사전에 있는 모든 어휘를 다 암기하는 것은 큰 의미는 없습니다. 꼭 필요한 핵심 어휘만을 암기하고 나머지는 사전을 이용하면 됩니다.

일반적인 반복문은 for를 이용해서 프로그래밍할 수 있습니다.

1. for를 이용한 단순 반복문

```
market = ['apple', 'strawberry', 'grape']
for fruit in market:
    print(fruit)
```

일반적으로 가장 많이 사용하는 for 반복문의 모습입니다.

2. for를 이용한 이중 반복문

for문을 이용하는 반복문을 사용해서도 얼마든지 다수의 변수를 가지고 있는 편미분을 계산할 수 있습니다. 실제로 C언어에서는 for를 사용해서 만들어야 하고, 충분히 가능합니다. 아래의 예제를 보세요. for 반복문 안에 다시 for 반복문을 넣었습니다. 행렬은 우선 행의 데이터가 구분됩니다. 즉, ['apple', 'strawberry', 'grape']가 첫 번째 원소가 됩니다. 이 원소는 그 안에 다른 세부 원소를 담고 있는 리스트입니다. 즉, 원소 안에 있는 원소를 끄집어내기 위해서 다시 for문을 사용했습니다.

```
market = np.array([['apple', 'strawberry', 'grape'], ['water', 'cola',
'orangejuice']])

for category in market:
    for item in category:
        print(item)
```

실행 결과는 apple부터 orangejuice까지 market에 있는 개별 항목들이 하나씩 아래로 출력됩니다. 여기에 순서에 해당하는 인덱스만 추가하면 됩니다.

3. nditer를 이용한 행렬의 멀티인덱스 처리

요즘 파이썬 기반의 딥러닝에서 주로 사용하는 방법이 nditer() 함수를 사용하는 것입니다. 위에서 언급했듯이 nditer()의 세부적인 내용을 설명하지는 않습니다.

```
#11.7  np.nditer

market = np.array([['apple', 'strawberry', 'grape'],
                   ['water', 'cola', 'orangejuice']])

it = np.nditer(market, flags=['multi_index'], op_flags=['readwrite'])
while not it.finished:
    idx = it.multi_index
    print(market[idx])

    it.iternext()
```

it = np.nditer(market, flags=['multi_index'], op_flags=['readwrite'])

명령을 통해서 market이라는 행렬의 각 원소의 값과 인덱스를 가져올 수 있습니다. it은 nditer의 객체이고, it 안에 인덱스가 순서대로 들어갑니다. nditer의 객체인 it의 사용법은 아래 세 가지만 기억해 두세요.

it.finished ------ 행렬의 끝이면 True를 아니면 False를 반환
it.multi_index ------ 행렬의 인덱스를 반환
it.iternext() ------ 현재의 인덱스에서 1 증가한 인덱스로 변환

다음과 같은 기본 구조를 눈에 익혀 두세요.

```
#11.7  np.nditer 2

import numpy as np

it = np.nditer(market, flags=['multi_index'], op_flags=['readwrite'])
while not it.finished:
    print(market[it.multi_index])
    it.iternext()
```

nditer에 사용할 행렬 이름(market)을 넣어서 객체(it)를 만듭니다. it.finished를 사용해 행렬의 인덱스가 끝인지 아닌지를 검사합니다.

it.multi_index는 현재의 행렬의 인덱스를 알려줍니다. 최초는 (0,0)에서 시작됩니다.

it.iternext()는 인덱스를 1 증가시킵니다. 우선 열의 인덱스를 증가시킨 후 더 이상 증가할 수 없을 때 행을 1 증가시킵니다. 다음과 같습니다.

$(0,0) \rightarrow (0,1) \rightarrow (0,2) \rightarrow (1,0) \rightarrow (1,1) \rightarrow (1,2)$

flags와 op_flags값을 다양하게 바꾸어 nditer의 기능을 사용할 수 있습니다. 하지만 그 부분은 이 책에서 사용하고자 하는 범위를 넘는 관계로 부연설명을 하지 않습니다.

⊙ 11-8 신경망 계산 과정에서의 미분 이해

미분 전까지는 그렇게 어렵지 않았습니다. 미분이 등장하면서 앞보다는 조금 어려워졌습니다. 하지만 미분의 개념은 꼭 필요합니다. 여기까지 왔으면 이제 거의 다 왔습니다. 조금 더 힘을 내세요.

우선 우리가 만들어야 할 함수에 대해서 먼저 생각해보겠습니다. 먼저 노드의 개수입니다.

입력층 784개 ---- 은닉층 50개 ---- 출력층 10개
x(784) ----- h(50) ---- y(10)

여기서 x(784)는 상수입니다. 손으로 쓴 글씨의 가로 세로 픽셀값입니다. 이 값은 변하거나 수정되는 것이 아닙니다. 반면 h(50)의 값은 입력으로 들어온 상수 x와 변수 w0, b0에 따라서 결정됩니다. y(10)도 변수 w1과 b1과 h(50)에 따라서 결정됩니다.

노드와 노드를 연결할 때 사용되는 w, b를 계층에 따라 0부터 1씩 증가하도록 만들었습니다. 즉, 입력층과 첫 번째 은닉층 사이에는 w0, b0의 이름으로 행렬을 만들었습니다. 계산의 편의성과 속도를 위해서 두 번째 은닉층은 없습니다. 바로 첫 번째 은닉층 다음에는 출력층이 나옵니다. 첫 번째 은닉층과 출력층 사이에는 w1, b1 이름으로 행렬을 만들어 사용합니다.

입력과 은닉층 사이에 필요한 w0와 b0는

w0(784 , 50), b0(50)

입니다. w0는 총 39,200개의 변수를 가지고 있습니다. b0의 개수 50개를 더하면 w0
와 b0는 총 39,250개의 변수로 이루어져 있습니다. 여기서 우리는 784개의 상수(x)
와 39,250개의 변수(w0, b0)의 곱과 합으로 구성된 50개의 결과로 h가 만들어지는
것을 알 수 있습니다.

이 내용을 사용해서 다음과 같은 과정으로 계산이 이루어집니다.

```
v = affine() ------- (1) w0, b0을 이용 [변수의 개수 39,250개]
h = relu(v) ------- (2) v를 h로 변환
y = affine() ------- (3) w1, b1을 이용 [변수의 개수 510개]
y = softmax(y) ------- (4) 확률값으로 변환
y = loss(y,t) ------- (5) 오차 계산
```

(1) 먼저 임의의 값으로 w0, b0을 만들고 거기에 그림의 픽셀값인 x를 넣어서 v를 만
    듭니다. (w0는 784*50 크기의 행렬, b0는 50 크기의 행렬, x는 784 크기의 행렬, v는 50 크
    기의 행렬)

(2) v를 활성함수에 넣어 h를 만듭니다. 활성함수는 Relu를 사용하고, 입력이 0보다
    큰 값이면 출력은 입력된 값을 그대로 보내고, 입력이 0보다 작은 값이면 출력은
    0이 됩니다.

(3) (2)에서 만들어진 h와 임의의 w1과 b1 값으로 y를 계산합니다. y는 크기가 10인
    행렬이고, 크기가 10인 이유는 0에서 9까지의 숫자에 해당될 확률을 담기 위해서
    입니다. 즉,

    y = [0.0 0.0 0.1 0.1 0.5 0.1 0.2 0.0 0.0 0.0]
    과 같은 모양으로 만들기 위한 것입니다. 여기서 y는
    y = [0일 확률, 1일 확률, 2일 확률, … 9일 확률]
    입니다.

(4) (3)의 결과로 나온 y값을 확률값이 될 수 있도록 만들어 줍니다. 여기서는 softmax()
함수를 사용합니다. softmax() 함수의 특징은 큰 값은 더 두드러지게 하고 작은
값은 더 작게 만들어 줍니다. 확률의 전체합은 1이므로, y 요소들의 총합은 1이 되
어야 합니다.

(5) 이렇게 만들어진 y와 정답인 t를 비교합니다. 비교해서 얼마나 오차가 발생했는지
를 확인합니다.

```
y = [  0.0   0.0   0.1   0.1   0.5   0.1   0.2   0.0   0.0   0.0  ] 이고
t = [  0     0     0     0     1     0     0     0     0     0    ] 이면
y-t =   0     0     0.1   0.1  -0.5   0.1   0.2   0     0     0
```

t는 정답 레이블입니다. 그렇기 때문에 t = [0 0 0 0 1 0 0 0 0 0]이라는 것은 그림
이 4일 확률은 1이고 나머지 0부터 9까지에 대한 확률이 0이라는 것을 의미합니
다. 계산의 결과로 나온 y가 t와 동일하면 이상적이겠지만 실제로 y가 t와 동일하
게 되기는 불가능에 가깝습니다. 최대한 y가 t에 가까워지는 것, 그것이 학습을 통
해 우리가 하려고 하는 것입니다.

(6) 오차를 계산할 때 손실함수로 CEE(Cross Entropy Error)를 사용합니다. 다른 손실
함수인 MSE(평균제곱오차)를 사용해도 무방합니다. 다만 CEE가 손실함수로는
MSE보다 더 효율적입니다. 이렇게 손실함수를 계산한 다음 학습을 어떻게 할 것
인지를 고민해야 합니다.

앞의 (6)에서 손실함수로 오차를 계산했습니다. 이때 w0, b0, w1, b1의 변수들을
조금씩 고쳐가면서 오차를 계속 계산해보겠습니다. w0, b0, w1, b1 4개의 변수 그
룹들에 속한 변수들은 모두 39,760개, 즉 4만 개나 되기 때문에 그냥 무작위로 하
나씩 고쳐가면서 최적의 w0, b0, w1, b1 그룹을 찾는다는 것은 불가능합니다. 여
기에 사용되는 것은 미분입니다.

11-9 네트워크변수의 편미분값인 기울기

과정 (1)에서 (5)까지를 순차적으로 진행할 때 w0, w1, b0, b1 행렬에 속한 변수들 중 하나를 편미분해 보겠습니다. 이후 이 4개의 변수 그룹의 모음을 편의상 '네트워크변수'라고 부르겠습니다. 앞으로 부르는 네트워크변수는 일반적인 네트워크에 사용되는 변수가 아닌 w0, w1, w2, ⋯ , b0, b1, b2, ⋯ 로 불리는 딥러닝용 신경망네트워크에서 만들고 사용하는 행렬로 구성된 변수들로 구성된 집합입니다. 이 책에서의 네트워크변수는 w0, w1, b0, b1 행렬들에 속한 변수들의 집합입니다. 높은 정확도보다는 속도를 우선으로 하여 입력과 출력 사이에 은닉층을 하나만 두었기 때문에 네트워크변수는 최소화된 w0, w1, b0, b1 이렇게 4개의 행렬로 구성된 변수들이 되고, 각각의 크기는 다음과 같습니다.

입력층(X)의 크기 : A
은닉층(H)의 크기 : B
출력층(Y)의 크기 : C

입력층과 은닉층 사이 w0 크기 : A×B
입력층과 은닉층 사이 b0 크기 : B

은닉층과 출력층 사이 w1 크기 : B×C
은닉층과 출력층 사이 b1 크기 : C

네트워크변수의 크기 : A×B + B + B×C + C

네트워크변수에서 w0의 첫 번째 변수인 w0(0,0) 변수 하나를 w0(0,0)-0.0001로 대체해서 앞 장의 신경망 계산 과정 (1)에서 (5)까지를 순차적으로 진행한 후 오찻값을 계산합니다. 오찻값을 f1에 저장한 다음 w0(0,0)을 다시 w0(0,0)+0.0001로 대체하여 오찻값을 계산합니다. 이때의 오찻값을 f2에 저장합니다. (f2-f1)/(2*0.0001)을 계산하면 바로 미분값이 나옵니다.

$$grad = \frac{f2 - f1}{2 \times 0.0001}$$

이 미분값은 기울기를 의미합니다. 그리고 이 기울기는 약 4만 개 중 하나의 변수에 대한 기울기값입니다. 앞에서 편미분 내용 중 변수가 2개인 경우의 그래프를 본 적이 있습니다.

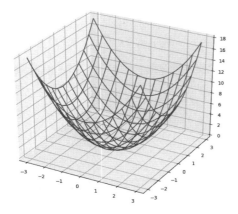

그림 11-10. f(x0, x1) 그래프

변수가 2개일 때에는 그래프를 통해 기울기를 나름 머릿속으로 그려볼 수 있지만 변수가 4만 개가 되면 기울기라고 부르기가 어색해집니다. 하지만 변수가 4억 개라도 기울기는 기울기입니다.

첫 번째 변수 w0(0,0)에 대한 기울기를 찾았습니다. 그리고 이 기울기는 w0(0,0)이 현재의 값(예를 들면 초깃값으로 넣은 값이 0.214였다면 이 0.214)에 대한 기울기입니다. 학습하다 보면 w0(0,0)의 값이 바뀝니다. 바뀌면 바뀐 값에 대해서 다시 기울기를 계산해야 합니다. $y = x^3$의 기울기는 x가 1일 때에는 3이지만 x가 2로 바뀌면 12가 됩니다.

```
y = x³
y' = 3x²
   if x=1, y' = 3 (=3*1**2)
   if x=2, y' = 12 (=3*2**2)
```

이제 나머지 변수들도 하나씩 위의 순서를 이용해서 기울기를 구해봅시다. 39,760개의 변수에 대해서 각각 기울기를 구할 수 있기 때문에 기울기도 39,760개가 만들어집니다. 네트워크변수와 기울기는 1:1로 매칭됩니다. 즉,

네트워크변수(크기 39760)   기울기(크기 39760)

여기서 우리가 찾은 기울기가 의미하는 것은 무엇일까요? 기울기는 양의 값이 될 수도 있고, 음의 값이 될 수도 있습니다. 양의 큰 값과 음의 큰 값도 있습니다. 즉, 39,760개의

기울기를 계산해 낸 다음 해야 할 일은 각각의 기울기가 가지는 의미를 생각해보는 것입니다.

쉬운 이해를 위해 간단한 예를 들어보겠습니다. $w0(0,0)$의 초깃값으로 0.214가 들어왔습니다. 그래서 이 값으로 편미분을 해보았습니다. 그랬더니 기울기가 1.2가 나왔습니다. 기울기 1.2라는 것은 무엇을 의미하는 것일까요?

여기서 미분값 기울기는 CEE 함수를 사용해서 나온 결과에 대한 기울기입니다. 즉, 다른 네트워크변수는 모두 그대로 두고 $w0(0,0)$의 값으로 0.214 - 0.0001인 0.2139를 넣어서 (1)에서 (5)까지의 과정을 거쳐 CEE() 함수로 오찻값을 계산합니다. 그리고 그 값은 h1에 저장합니다. 그 다음 $w0(0,0)$에 0.214+0.0001인 0.2141을 넣어서 다시 같은 과정을 반복해서 CEE() 함수로 오찻값을 계산한 후 h2에 저장합니다. h2-h1을 0.0002로 나눈 값이 1.2가 되었습니다.

이상의 내용으로 아래의 그래프를 그려보았습니다. $w0(0,0)$이 1.2139일 때와 1.2141일 때의 오찻값을 계산해서 그때의 기울기를 그렸습니다. 이 기울기는 $w0(0,0)$ 변수가 1.214일때의 편미분값입니다. 즉, $w0(0,0)$이 이 값에서 벗어나면 더 이상 기울기가 1.2 라고 말할 수 없다는 뜻입니다.

그림은 $w0(0,0)$이 1.2139일 때 나온 f1의 값과 1.2141일 때 나온 f2의 값을 사용해서 두 점을 지나는 직선입니다. 즉 (1.2139, f1)과 (1.2141, f2) 두 점의 지나는 직선을 그렸을 때 이 직선의 기울기가 1.2라는 뜻입니다.

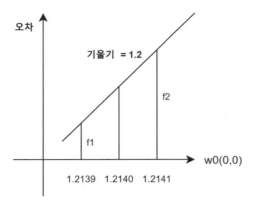

그림 11-11. w0(0,0) 변수 하나만을 고려해서 그린 그래프

기울기가 양의 값이라는 것을 알았습니다. 즉, w0(0,0) 변수가 커지면 오차는 더 커집니다. 어떤 변수의 편미분한 기울기가 양의 값이라는 것은 그 변수는 커지면 오차가 커지고, 작아지면 오차가 작아진다는 뜻이 됩니다. 즉, w0(0,0)을 더 작게 만든 다음 다시 이 과정을 반복하면 됩니다. 만약 계산된 결과의 기울기가 음의 값이었다면 그때에는 w0(0,0)의 값을 크게 만들어주는 것이 오찻값을 더 작게 하는 결과가 됩니다.

w0(0,0) 하나만을 보았을 때에는 이렇게 하면 됩니다. 그러면 39,760개의 모든 변수는 어떻게 하면 될까요? 단순히 기울기의 양과 음만이 아니라 크기를 고려하면 됩니다. 3개의 변수를 가지고 예를 들어보겠습니다.

w0(0,0), w0(0,1), w0(0,2) 이렇게 3개의 변수에 대한 편미분 값을 구했더니 각각 1.2, 0.4, -0.7이 나왔다고 가정해 보겠습니다. 3개의 변숫값도 1.214, 2.381, -0.512라고 가정하겠습니다.

앞의 2개는 기울기가 양의 값이므로 이 다음 번 w0(0,0)과 w0(0,1)은 예전 값보다 작은 값으로 만들어주면 됩니다. w0(0,2)는 -0.7이라는 음의 기울기가 나왔기 때문에

w0(0,2)는 이전 값보다 큰 값을 넣어줍니다.

이때 크고 작게 한다는 것은 막연합니다. 사실 어떤 정확한 수치를 가지고 얼마나 크게, 혹은 작게 만들어야 하는지가 분명하지는 않습니다. 그래서 이런 경우는 경험에 의한 증감을 하게 됩니다. 쉽게 표현하자면 프로그래머가 내키는 대로 적당한 값을 넣어서 결과가 좋게 나오면 만족하고, 아니면 다른 값을 넣어서 결과가 좋게 나올 때까지 해보라는 의미입니다. 보통은 학습률(lr, learning rate)을 0.1에서 0.00001 사이의 적당한 값을 넣어줍니다. 0.1보다 크면 발산하는 경우가 종종 생기고, 0.00001보다 작으면 학습에 지나치게 많은 시간이 걸리거나 아예 학습이 안 될 수도 있습니다. 학습에 많은 시간이 걸린다는 뜻은 30초나 1분 정도 걸린다는 것이 아니라 일주일이나 그 이상, 심하면 몇 년이 걸릴 수도 있다는 뜻입니다.

```
기울기 : grad[w0(0,0), w0(0,1), w0(0,1)] = 1.2 ,  0.4 ,  -0.7
변숫값 : [w0(0,0), w0(0,1), w0(0,1)] = 1.214, 2.381, -0.512
```

기울기를 이용해 다음번 w0(0,0), w0(0,1), w0(0,2) 값은 다음과 같은 순서로 구하면 됩니다. 학습률은 0.1에서 0.00001 사이의 값으로 합니다. 여기서는 0.01로 하겠습니다.

```
변숫값 = 변숫값 – 기울기 * 학습률 * 변숫값
```

w0(0,0) = w0(0,0) - grad.w(0,0)*w0(0,0)*lr

w0(0,0) = 1.214 - 1.2*1.214*0.01

w0(0,0)은 1.199가 됩니다. 즉, 오차를 줄이기 위해 초기에 넣은 1.214보다 작은 1.199로 w0(0,0)은 바뀌게 됩니다. w0(0,1)과 w0(0,2)도 동일하게 계산하면 됩니다.

```
w0(0,1) = w0(0,1) - grad.w(0,1)*w0(0,1)*lr = 2.381 - 0.4*2.381*0.01
w0(0,2) = w0(0,2) - grad.w(0,2)*w0(0,2)*lr = -0.512 - (-0.7)*(-0.512)*0.01
```

w0(0,1)은 2.371로, w0(0,2)는 -0.516이 됩니다. 표로 한번 만들어보겠습니다.

	w0(0,0)		w0(0,1)		w0(0,2)	
	값	기울기	값	기울기	값	기울기
1회	1.214	1.2	2.381	0.4	-0.512	-0.7
2회	1.199		2.371		-0.516	
…						
n회						

표 11-1. w 값 수정과정

3개의 변수에 대해서 한눈에 볼 수 있게 표를 만들어보았습니다. 실제로는 39,760 개의 변수에 대해서 이 작업이 이루어집니다. 변수의 초깃값이 주어지고, 그 값으로 오찻값을 찾는 함수로 기울기를 구한 후 기울기로 변수의 값을 다시 계산하게 됩니다. 이 과정을 반복하면 오찻값이 점점 작아집니다. 오찻값이 작아질수록 기울기는 0에 가까워집니다. 충분히 작아지면 학습이 완료된 것으로, 이렇게 만들어진 w0, b0, w1, b1의 값을 가지고 실제로 사용하면 되는 것입니다. w0(0,0)의 '2회'에 해당하는 '기울기'는 2회 때의 값인 1.199를 사용해서 다시 편미분함수를 실행하면 되고, 이런 방식으로 나머지 빈칸들을 채워가야 합니다. 손으로 계산하기엔 너무 많습니다. 하지만 우리에겐 컴퓨터와 프로그래밍 능력, CoLab이 있습니다.

nditer를 이용한 파이썬 코드입니다. 차분히 살펴보시면 쉽게 이해할 수 있습니다.

```
#11.10. nditer 편미분 코드 1

import numpy as np

def numerical_diff(f, x):
    h = 1e-4    #0.0001
    nd_coef = np.zeros_like(x)

    it = np.nditer(x, flags=['multi_index'], op_flags=['readwrite'])
    while not it.finished:
        index = it.multi_index
        tmp = x[index]
        x[index] = tmp + h
        fxh2 = f()    #f(x+h)
        x[index] = tmp - h
        fxh1 = f()    #f(x-h)
        nd_coef[index] = (fxh2 - fxh1) / (2*h)
        x[index] = tmp
        it.iternext()

    return nd_coef
```

numerical_diff() 함수가 잘 작동하는지 알아보기 위해 (2,3)짜리 간단한 w0을 만들고, CEE() 함수 대신 간단한 func() 함수를 만들어서 테스트해 보았습니다.

```
w0 = np.array([[.1,.2,.3],
               [.2,.4,.6]])

def func():
    y = 2*w0[0,0]-3*w0[0,1]+4*w0[0,2]-5*w0[1,0]+6*w0[1,1]-7*w0[1,2]+8
```

```
    #기울기는 앞에서부터 순서대로 2, -3, 4, -5, 6, -7
    return y

a = numerical_diff(func, w0)
print(a)
```

미분값이 제대로 나오는지 확인하기 위해서 func() 함수는 임의로 w0[0,0]부터 w0[1,2]까지의 미분값이 2, -3, 4, -5, 6, -7이 되도록 만들었습니다. 그리고 func() 함수는 어떤 인자를 받지 않는 함수입니다. 실제 네트워크변수는 4만 개에 가깝습니다. 그래서 매번 함수를 호출할 때마다 네트워크변수들을 넣는 것은 적당하지 않습니다. 여기서도 (행렬)변수는 함수의 외부에서 만들어져 있기 때문에 func() 함수의 내부에서 그 값을 읽는 것에 아무런 문제가 없습니다.

참고로 파이썬은 함수의 내부에서 전역변수의 값을 고치려고 하면 에러가 발생합니다. 그것을 위해 별도의 global이라는 키워드가 있습니다만, nditer에서는 op_flags=['readwrite']를 이용해서 함수의 내부에서 외부에 있는 행렬(네트워크변수)에 접근해서 읽고, 수정할 수 있게 하고 있습니다.

위 코드의 실행 결과는 다음과 같습니다.

```
[[ 2. -3.  4.]
 [-5.  6. -7.]]
```

6개의 w0 변수에 대한 기울기가 제대로 계산된 것을 확인할 수 있습니다.

◎ 11-11 경사하강법

앞에서 지나가면서 설명을 어느 정도 했습니다. 오차가 작아지게 만들기 위해서는 원래의 변숫값을 더 크게 만들거나 작게 만들어야 하는데 그때 기울기를 사용했습니다. 기울기가 양이면 변수가 커질수록 오차가 크게 된다는 뜻이니까 변수를 더 작게 했고, 반대로 기울기가 음이면 변수가 커질수록 오차가 작아진다는 뜻이니까 변수를 더 크게 만들었습니다.

좋은 신경망함수를 만들기 위해서 필요한 것은 좋은 네트워크변수입니다. 최적의 네트워크변수는 손실함수가 최소가 됩니다. 손실함수를 최소로 만들기 위한 네트워크변수, 4만 개의 값을 설정하는 것은 미분을 생각하지 않고는 불가능에 가깝습니다. 미분의 기울기를 이용해서 손실함수의 최솟값을 향해 변수를 변화시키는 것이 바로 '경사하강법'입니다. 마치 계곡의 경사를 따라 아래로 내려가면 산에서 마을로 갈 수 있는 것처럼, 정확한 산의 지리를 잘 모르더라도 낮은 곳을 향해 내려가면 가장 낮은 곳에 위치한 강이나 마을을 찾을 수 있습니다.

우리는 손실함수의 결괏값으로 미분값을 만들었기 때문에 미분의 결과인 기울기에 따라서 손실함수의 결괏값이 더 작게 나오게 해야 합니다. 그래서 '경사하강법'이라고 부릅니다. 만약 손실함수 대신 이득함수를 사용한다면 이득은 더 클수록 좋겠지요. 그때에는 '경사상승법'이라고 부릅니다. 위의 공식에서 -를 +로 바꾸면 됩니다. 딥러닝에서는 얼마나 많이 맞았느냐를 가늠하는 이득함수보다는 얼마나 정답에서 멀어졌느냐를 가늠하는 손실함수를 사용하는 것이 효율적입니다. 그래서 이 장에서는 손실함수와 그 미분을 이용한 경사하강법을 다룹니다.

경사하강법의 수식은 다음과 같습니다.

$$x_0 = x_0 - \eta \frac{\partial f}{\partial x_0}$$

$$x_1 = x_1 - \eta \frac{\partial f}{\partial x_1}$$

$$\cdots$$

여기서 η는 그리스 알파벳 소문자로 '에타(eta)'라고 읽고 학습률(learning rate)을 의미합니다. 학습이 진행될 때마다 얼마나 변수의 값을 변경할 것인지를 결정하는 데 사용하는 것이 학습률입니다.

학습률의 값은 정해져 있지 않습니다. 경험적인 값을 사용합니다. 보통은 0.01 혹은 0.001 정도의 값을 사용합니다. 너무 크거나 너무 작으면 학습이 진행되지 않습니다.

경사하강법의 알고리즘은 다음과 같습니다.

1) x값에 대한 미분으로 기울기를 구한다.
2) x를 (학습률×기울기×x)만큼 작게 만든다.
3) 위의 과정을 반복(100회)한다.

간단한 파이썬 코드를 구현해 보겠습니다. 편미분함수는 앞에서 사용하던 코드를 그대로 사용하고, 손실함수는 10장에서 그래프를 그렸던 $f(x_0, x_1) = x_0^2 + x_1^2$으로 사용하겠습니다. 손실함수의 값이 최소가 되는 곳은 두 변수 (x_0, x_1)가 경사를 따라 가장 아래쪽으로 내려온 상태인 $(x_0, x_1) = (0, 0)$이 된다는 것을 알고 있는 상태에서 코드가 제대로 작동하는지 살펴보겠습니다.

```
f(x0, x1) = x0² + x1²
```

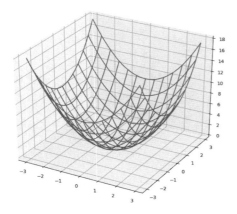

그림 11-12. f(x0, x1) = x0^2 + x1^2

편미분함수는 앞에서 만든 것을 그대로 사용하고, 손실함수는 다음과 같습니다.

```
def func():
    return x[0]**2 + x[1]**2
```

손실함수는 외부의 x[0]와 x[1]의 값을 읽어서 제곱의 합을 구하는 함수입니다. x를 네트워크변수라고 하고, 네트워크변수의 초깃값과 학습률, 반복 횟수를 정합니다.

```
(x, lr, iter_num) = np.array([-3.0, 2.0]), 0.01, 500
```

이제 반복 횟수만큼 for문을 이용해서 (1) 편미분으로 기울기를 구하고, (2) 네트워크 변수에서 '기울기*학습률*네트워크변수'의 값을 빼줍니다. (3) 앞의 (1)과 (2)를 정해진 횟수만큼 반복합니다.

```
for i in range(iter_num):
    grad = numerical_diff(func, x)
    x -= lr * grad
```

위의 내용에 네트워크변수의 값이 어떻게 변화하고 있는지를 그래프로 보여주는 내용을 포함해서 완성한 코드입니다.

```python
#11.11. 경사하강법

import numpy as np
import matplotlib.pyplot as plt

def numerical_diff(f, x):
    h = 1e-4     #0.0001
    nd_coef = np.zeros_like(x)

    it = np.nditer(x, flags=['multi_index'], op_flags=['readwrite'])
    while not it.finished:
        index = it.multi_index
        tmp = x[index]
        x[index] = tmp + h
        fxh2 = f()     #f(x+h)
        x[index] = tmp - h
        fxh1 = f()     #f(x-h)
        nd_coef[index] = (fxh2 - fxh1) / (2*h)
        x[index] = tmp
        it.iternext()

    return nd_coef

def func():
    return x[0]**2 + x[1]**2

#네트워크변수 x의 초깃값과 학습률 lr 입력
(x, lr, iter_num) = np.array([-3.0, 2.0]), 0.01, 500
Y1, Y2 = [],[]

for i in range(iter_num):
    #print('step ={:4d}'.format(i), ',  x =',x)
    Y1.append(x[0])
    Y2.append(x[1])
    grad = numerical_diff(func, x)
    x -= lr * grad

#네트워크변수 x의 학습 후 결괏값
print('x =', x)
```

```
X = np.arange(0, len(Y1), 1)

plt.figure(figsize=(10,6))
plt.plot(X,Y1)
plt.plot(X,Y2)
plt.grid(dashes=(2,2))

plt.show()
```

실행 결과는 다음과 같습니다.

```
x = [-1.23071955e-04  8.20479703e-05
```

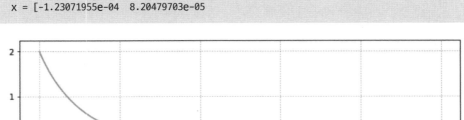

그림 11-13. '-3'으로 시작한 변수 x[0]와 2로 시작한 변수 x[1]의 수렴 과정

학습률 lr을 0.0001로 작게 만들면 아래의 왼쪽과 같은 그래프가 만들어지고, lr을 1.001로 넣으면 아래 오른쪽 그래프가 만들어집니다. 너무 작은 학습률은 학습에 지나치게 많은 시간이 걸리게 하거나 혹은 학습이 이루어지지 않고, 너무 큰 학습률은 발산하게 됩니다.

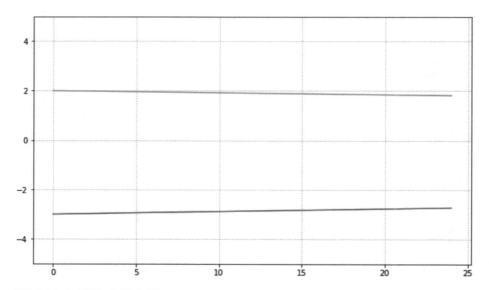

그림 11-14. 학습률이 너무 작은 경우

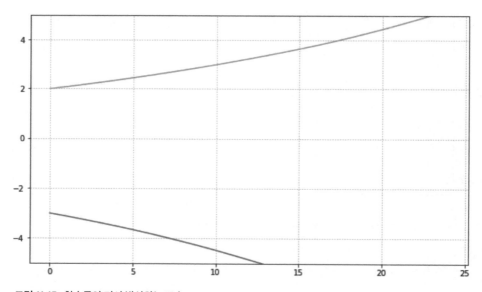

그림 11-15. 학습률이 커서 발산하는 모습

12

순전파

순전파라는 말은 역전파를 쉽게 설명하기 위해서 대조적으로 사용되곤 합니다. 순전파는 말 그대로 앞에서 뒤로 순서대로 흐르면서 값이 전달되는 과정을 말합니다. 즉, MNIST의 입력으로 784개의 값이 들어오면 그 값이 w0와 b0의 행렬과 곱해지고 더해져서 중간계층인 은닉층에 들어갈 값을 만들게 되고, 그 값들과 w1, b1 행렬을 곱하고 더해서 최종 출력층에 들어갈 값을 만들게 됩니다. 이 과정을 앞에서 뒤로 순서대로 계산되어간다고 해서 순전파, 영어로는 feed forward라고 부릅니다.

순전파를 위해서 필요한 내용은 거의 다 공부했습니다. 이제 이 순전파를 이용해서 작동하는 코드를 만들어 보겠습니다.

◉ 12-1 MNIST 데이터 입력

MNIST 데이터를 가져오는 방법은 여러 가지입니다. 4장에서 다루었던 방식으로 keras에서 제공하는 datasets을 사용해서 MNIST를 가져오겠습니다. 가져온 다음 28×28 행렬 형식으로 되어있는 것을 784 일차원 벡터 형식으로 바꿉니다. 그리고 MNIST에 있는 정답 레이블을 one-hot 레이블로 바꿉니다. 이를테면 2라는 정답 레이블을 [0,0,1,0,0,0,0,0,0,0]의 벡터로 바꿉니다. 마지막으로 0에서 255의 값을 가지고 있는 각 픽셀값을 0에서 1.0 사이의 실수로 바꿉니다. 이는 최댓값과 최솟값을 일정한 범위에 두고, 실수 연산에 정수가 들어가는 경우에 발생할 수 있는 발산이나 오류를 예방하기 위해서입니다.

```
#12.1. MNIST 데이터 입력

import numpy as np
from keras.datasets import mnist
(x_train, t_train), (x_test, t_test) = mnist.load_data()
```

```
t_trainlbl, t_testlbl = t_train, t_test

#28×28을 784로 수정
x_train = x_train.reshape(60000,784)      #주석 (1)
x_test = x_test.reshape(10000,784)

#one-hot label
T0 = np.zeros((t_train.size, 10))      #(60000,10) = 000
T1 = np.zeros((t_test.size, 10))       #(10000,10) = 000

for idx in range(t_train.size): T0[idx][t_train[idx]] = 1      #(3))
for idx in range(t_test.size): T1[idx][t_test[idx]] = 1

t_train, t_test = T0, T1

#normalize 0.0 ~ 1.0
x_train = x_train / 255
x_test = x_test / 255

print('MNIST DataSets 준비 완료')
```

위의 파이썬 코드를 실행하면 x_train과 x_test는 0과 1.0 사이의 실숫값으로 변환된 벡터가 되고, t_train과 t_test는 one-hot 레이블이 됩니다. one-hot 레이블이라 이름이 붙은 것은 10개의 수치 중 하나만 1로 툭 튀어나오고 나머지는 모두 0이라서 그렇습니다. 하나만 참(True)이고 나머지는 모두 거짓(False)인 경우 one-hot 레이블 혹은 one-hot encoding이라고 부릅니다.

주석 처리한 #(1)은 60000×28×28 크기의 행렬을 60000×784로 고치는 부분입니다.

#(2)는 t_train_size만큼의 크기를 가진 0으로 채운 1차원 행렬(벡터)을 만드는 것이고, #(3)은 아래의 for문을 한 줄로 표현한 것입니다.

```
for idx in range(t_train.size):
    T0[idx][t_train[idx]] = 1
```

#(2)에서 만든 60000×10 크기의 0으로 채운 행렬이 T0이고, 행번호가 idx입니다.
t_train[idx]는 idx 번호에 대한 정답입니다.

```
x 가 [0,0,0,0,0,0,0,0,0,0] 일 때,
x[4] = 1 이면,
x는 [0,0,0,0,1,0,0,0,0,0] 가 됩니다.
```

위의 벡터를 행렬로 확장한 것이 T0입니다. T0의 모습은 다음과 같습니다.

$$
T0 = \begin{bmatrix} 0\ 0\ 0\ 0\ 0\ 0\ 0\ 0\ 0\ 0 \\ 0\ 0\ 0\ 0\ 0\ 0\ 0\ 0\ 0\ 0 \\ 0\ 0\ 0\ 0\ 0\ 0\ 0\ 0\ 0\ 0 \\ \cdots \end{bmatrix}
\begin{array}{l} \rightarrow T0[0] = \quad [0\ 0\ 0\ 0\ 0\ 0\ 0\ 0\ 0\ 0] \\ \rightarrow T0[1] = \quad [0\ 0\ 0\ 0\ 0\ 0\ 0\ 0\ 0\ 0] \\ \rightarrow T0[2] = \quad [0\ 0\ 0\ 0\ 0\ 0\ 0\ 0\ 0\ 0] \\ \qquad \cdots \end{array}
$$

t_train = [2,1,4,0,⋯] 이면,

```
T0[0][t_train[0]]=1        T0[0][2] = 1        T0[0] = [0010000000]
T0[1][t_train[1]]=1   ▶   T0[1][1] = 1   ▶   T0[1] = [0100000000]
T0[2][t_train[2]]=1        T0[2][4] = 1        T0[2] = [0000100000]
…                          …                   …
```

$$
T0 = \begin{bmatrix} 0\ 0\ 1\ 0\ 0\ 0\ 0\ 0\ 0\ 0 \\ 0\ 1\ 0\ 0\ 0\ 0\ 0\ 0\ 0\ 0 \\ 0\ 0\ 0\ 0\ 1\ 0\ 0\ 0\ 0\ 0 \\ \cdots \end{bmatrix}
$$

미분함수와 함께 시그모이드, 소프트맥스, 크로스엔트로피오차 함수를 만들어 둡니다. 각 함수에 대한 코드는 다음과 같습니다.

```
#12.2. 함수 정의

#미분함수
def numerical_diff(f, x):
    h = 1e-4    #0.0001
    nd_coef = np.zeros_like(x)
    it = np.nditer(x, flags=['multi_index'], op_flags=['readwrite'])
    while not it.finished:
        index = it.multi_index
        tmp = x[index]
        x[index] = tmp + h
        fxh2 = f()    #f(x+h)
        x[index] = tmp - h
        fxh1 = f()    #f(x-h)
        nd_coef[index] = (fxh2 - fxh1) / (2*h)
        x[index] = tmp
        it.iternext()
    return nd_coef

#시그모이드
def sigmoid(x):
    return 1 / (1+np.exp(-x))

#소프트맥스
def softmax(x):
    if x.ndim == 1:  #기본 1개 처리과정, 벡터 입력
        x = x - np.max(x)
        return np.exp(x) / np.sum(np.exp(x))
    if x.ndim == 2:  #배치용 n개 처리, 행렬 입력
        x = x.T - np.max(x.T, axis=0)
        return (np.exp(x) / np.sum(np.exp(x), axis=0)).T
```

```
#크로스엔트로피오차
def cee(y, t):
    if y.ndim == 1:
        t = t.reshape(1, t.size)   #크기가 1xN인 2차원 행렬로 재구성
        y = y.reshape(1, y.size)
    result = -np.sum(t * np.log(y + 1e-7))  / y.shape[0]
    return result
```

개별 함수에 대한 설명은 앞 장의 내용을 참고하여 주시기 바랍니다.

◎ 12-3 프로세스별 클래스 생성

Relu, Sigmoid, Affine, SoftmaxWithLoss 클래스를 정의합니다. 앞 클래스들은 설정을 위한 __init__() 함수와 실행을 위한 forward() 함수를 가집니다. 개별 클래스는 객체를 만들 수 있고, 만들어진 객체는 단계별로 프로세스를 진행할 수 있는 기능함수와 정보를 저장할 수 있는 변수를 가지게 됩니다.

```
#12.3. 프로세스별 클래스 생성

class Relu:
    def __init__(self):
        self.mask = None

    def forward(self, x):
        self.mask = (x <= 0)
        result = x.copy()
        result[self.mask] = 0
        return result

class Sigmoid:
    def __init__(self):
        self.out = None
```

```
    def forward(self, x):
        self.out = sigmoid(x)
        return self.out

class Affine:
    def __init__(self, W, b):
        self.W = W      #W0, W1
        self.b = b      #b0, b1
        self.x = None
        self.dW = None    #W0, W1의 기울기
        self.db = None    #b0, b1의 기울기
    def forward(self, x):
        self.x = x
        result = np.dot(self.x, self.W) + self.b
        return result

class SoftmaxWithLoss:
    def __init__(self):
        self.y = None    #출력(계산결과)
        self.t = None    #정답(MNIST레이블)

    def forward(self, x, t):
        self.t = t
        self.y = softmax(x)
        result = cee(self.y, self.t)
        return result
```

앞에서 기본 개념들을 공부할 때에는 함수로 만들어 사용했습니다. 여기서는 함수와 변수를 포함한 클래스로 사용합니다. 클래스로 객체를 만들면 클래스로 만들어진 개별 객체는 클래스의 함수와 변수를 독립적으로 가지게 됩니다. 즉, W0, b0을 사용하는 입력층과 은닉층 사이의 연산에 Affine 클래스로 만들어진 객체1을 사용하고, 마찬가지로 W1, b1을 사용하는 은닉층과 출력층 사이의 연산에 Affine 클래스로 객체 2를 만들어 사용합니다. 이런 방식으로 프로그래밍하여 여러 층의 은닉층을 구성할 수 있습니다.

각 클래스에는 __init__() 함수와 forward() 함수가 있습니다. __init__() 함수를 통해 초기 설정을 하고, forward() 함수를 통해 단계별 연산을 앞에서 뒤쪽으로 진행할 수 있습니다.

Relu와 Sigmoid 클래스는 쉬운 코드로 만들어져 있어서 별도의 설명을 생략하겠습니다.

Affine 클래스는 wx+b를 계산하여 결과를 반환합니다. 객체마다 W, b, dW, db, x 변수를 둡니다. 이 변수들은 이후에 역전파를 할 때 사용하게 됩니다. 역전파는 순전파를 완전히 이해한 다음 살펴보시기 바랍니다. 다음 장에 역전파를 소개합니다.

SoftmaxWithLoss 클래스의 forward() 함수는 순전파의 결괏값 x와 정답 t를 입력으로 받아 크로스엔트로피오차를 계산해서 그 값을 반환해 줍니다.

◎ 12-4 네트워크 클래스 생성

앞에서 만든 프로세스별 클래스를 사용하기 위해 네트워크변수를 담고 있는 네트워크클래스를 만들어보겠습니다. 초깃값 설정을 위해 __init__() 함수를 가지고 있고, 프로세스를 진행하기 위한 predict() 함수와 오찻값을 계산할 수 있는 loss() 함수, 정확도를 계산할 수 있는 accuracy() 함수, 편미분을 사용해서 네트워크변수의 기울기를 구할 수 있는 numerical_gradient() 함수를 가지고 있습니다.

네트워크 클래스의 이름을 SimpleNetwork로 하겠습니다. 클래스는 다음과 같이 만듭니다.

```
class SimpleNetwork:
    def __init__(self, 인자1, 인자2, …):
        …

    def predict(self, 인자1, 인자2, …):
        …
```

```
    def loss(self, 인자1, 인자2, …):
        …

    def accuracy(self, 인자1, 인자2, …):
        …

    def numerical_gradient(self, 인자1, 인자2, …):
        …
```

__init__() 함수부터 만들어보겠습니다. __init__() 함수는 W0, W1, b0, b1을 담을 수 있는 네트워크(행렬)변수를 만듭니다. 그 다음 입력 x가 첫 번째 입력층에서 은닉층으로 진행하면서 만들어진 값을 저장할 수 있는 Affine1 행렬, Affine1 행렬값을 relu를 통해 변환한 Relu 행렬, Relu 행렬을 은닉층에서 출력층으로 진행하면서 얻어지는 Affien2 행렬, Affine2 행렬로 나온 결괏값을 정답 레이블과 비교해서 만들어지는 Softmax 행렬을 만들어 둡니다.

W0, W1, b0, b1 가중치를 저장하는 행렬은 netMat으로 이름하고, 단계별로 진행할 때 출력되는 값을 저장하는 행렬은 netLayers로 하겠습니다.

__init__()의 코드는 다음과 같습니다.

```
    def __init__(self, inputx, hidden, outy, weight):
        #가중치 초기화
        self.netMat = {}
        self.netMat['W0'] = weight * np.random.randn(inputx, hidden)
        self.netMat['b0'] = np.zeros(hidden)
        self.netMat['W1'] = weight * np.random.randn(hidden, outy)
        self.netMat['b1'] = np.zeros(outy)

        #계층 생성
        self.netLayers = {}
        self.netLayers['Affine1'] = Affine(self.netMat['W0'], self.netMat['b0'])
        self.netLayers['Relu1'] = Relu()
        self.netLayers['Affine2'] = Affine(self.netMat['W1'], self.netMat['b1'])
        self.netLayers['Softmax'] = SoftmaxWithLoss()
```

np.random.randn(inputx, hidden) 명령은 inputx 크기의 행과 hidden 크기의 열을 가지는 행렬을 만들고 평균이 0이고 표준편차가 1이 되도록 구성된 난수를 넣어줍니다. np.random.rand(inputx, hidden) 명령을 써도 동일하게 작동합니다. randn()은 평균 0, 표준편차 1인 정규분포를 따르는 난수라면 rand()는 0에서 1 사이의 임의의 실수가 됩니다. 여기서는 randn() 함수를 사용했습니다. 실제 사용해 본 결과 MNIST 학습 시 rand()와 randn()은 큰 차이가 없었습니다.

self.netMat = {}는 객체에 속한 netMat이라는 변수를 만들고, netMat이 딕셔너리 구조라는 것을 알려줍니다. 딕셔너리는 key와 value로 요소들이 구성됩니다.

np.zeros(hidden)는 hidden의 크기만큼 0으로 채워진 행렬을 만들어줍니다. 즉 np.zero(3)은 array([0,0,0]) (리스트가 아닌) 행렬을 만들어줍니다.

self.netLayers['Affine1'] = Affine(self.netMat['W0'], self.netMat['b0'])은 Affine 클래스를 사용하여 객체를 만들고 객체를 netLayers['Affine1']의 요소로 넣어줍니다. netLayers는 SimpleNetwork 클래스를 통해 만들어진 객체가 가지고 있는 변수의 이름입니다. netLayer는 딕셔너리 구조이고, 그래서 key와 value로 구성된 요소를 담을 수 있습니다. netLayers에는 'Affine1'이라는 key를 가진 요소가 있고, 그 요소의 값(value)은 Affine 클래스로 만들어진 객체입니다.

클래스를 사용하는 것이 이 글을 읽는 독자분들에게는 아직은 익숙하지 않을 것입니다. 다시 천천히 읽어보세요. A라는 클래스로 만들어진 객체가 있고, B라는 클래스로 만들어진 객체가 있을 때 A 객체에는 a라는 변수가 있고, a 변수는 B 객체를 요소로 담는 딕셔너리 구조라는 것입니다.

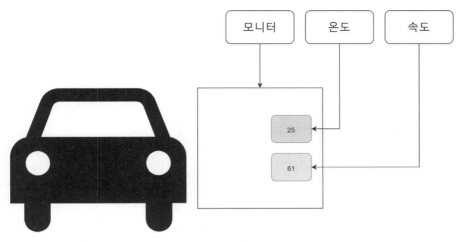

그림 12-1. 자동차 모니터 클래스와 온도 클래스, 속도 클래스

모니터 클래스로 만들어진 객체가 온도 클래스로 만들어진 객체를 요소로 담고 있
는 모습입니다. 마찬가지로 SimpleNetwork 클래스로 만들어진 객체 안의 변수가
Affine 클래스 객체를 요소로 담고 있습니다.

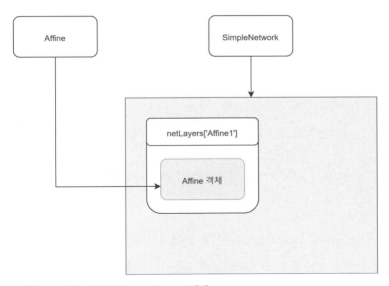

그림 12-2. Affine 객체와 SimpleNetwork 객체

들어온 입력값 x를 사용하여 결과 y를 만들어내는 함수를 predict()라고 이름 짓겠습니다. 연산과정은 Affine1, Relu1, Affine2 순서로 흘러갑니다. loss와 accuracy 함수도 아래에 함께 만들어보겠습니다.

```python
    def predict(self, x):
        x = self.netLayers['Affine1'].forward(x)
        x = self.netLayers['Relu1'].forward(x)
        x = self.netLayers['Affine2'].forward(x)
        return x

    def loss(self, x, t):
        y = self.predict(x)
        return self.netLayers['Softmax'].forward(y, t)

    def accuracy(self, x, t):
        y = self.predict(x)
        y = np.argmax(y, axis=1)
        if t.ndim != 1 : t = np.argmax(t, axis=1)
        accuracy = np.sum(y == t) / float(x.shape[0])
        return accuracy
```

그 다음 W0, W1, b0, b1 네트워크변수에 대한 미분함수입니다. 4개의 행렬값을 각각 받아서 편미분 후 기울기인 미분값을 grad에 저장합니다.

```python
    def numerical_gradient(self, x, t):
        lossfunc = lambda : self.loss(x, t)
        grads = {}
        grads['W0'] = numerical_diff(lossfunc, self.netMat['W0'])
        grads['b0'] = numerical_diff(lossfunc, self.netMat['b0'])
        grads['W1'] = numerical_diff(lossfunc, self.netMat['W1'])
        grads['b1'] = numerical_diff(lossfunc, self.netMat['b1'])
        return grads
```

lambda 함수를 사용했습니다. lambda는 그때 한 번만 사용하기 위한 함수입니다. 만들어두고 계속 쓰는 일반 함수와 달리 lambda 함수는 임시 사용을 위한 한 줄짜리 함수입니다.

lambda 인자 : 식

의 형태로 사용됩니다. 위에서는 lambda : self.loss(x,t)로 사용되었으며, 인자가 없는 함수식으로 사용했습니다. lambda 함수도 인자 없이 만들 수 있습니다. lambda 를 이용해 만든 lossfunc는 self.loss(x,t)를 호출해서 사용하는 임시함수입니다.

하나로 모아 둔 SimpleNetwork 클래스의 소스입니다.

```python
#12.4. 네트워크 클래스 생성

class SimpleNetwork:
    def __init__(self, inputx, hidden, outy, weight):
        #가중치 초기화
        self.netMat = {}
        self.netMat['W0'] = weight * np.random.randn(inputx, hidden)
        self.netMat['b0'] = np.zeros(hidden)
        self.netMat['W1'] = weight * np.random.randn(hidden, outy)
        self.netMat['b1'] = np.zeros(outy)

        #계층 생성
        self.netLayers = {}
        self.netLayers['Affine1'] = Affine(self.netMat['W0'],
                                           self.netMat['b0'])
        self.netLayers['Relu1'] = Relu()
        self.netLayers['Affine2'] = Affine(self.netMat['W1'],
                                           self.netMat['b1'])
        self.netLayers['Softmax'] = SoftmaxWithLoss()

    def predict(self, x):
        x = self.netLayers['Affine1'].forward(x)
        x = self.netLayers['Relu1'].forward(x)
        x = self.netLayers['Affine2'].forward(x)
        return x

    #x: 입력 데이터, t: 정답 레이블
    def loss(self, x, t):
        y = self.predict(x)
        return self.netLayers['Softmax'].forward(y, t)

    def accuracy(self, x, t):
        y = self.predict(x)
```

```
        y = np.argmax(y, axis=1)
        if t.ndim != 1 : t = np.argmax(t, axis=1)
        accuracy = np.sum(y == t) / float(x.shape[0])
        return accuracy

    def numerical_gradient(self, x, t):
        lossfunc = lambda : self.loss(x, t)
        grads = {}
        grads['W0'] = numerical_diff(lossfunc, self.netMat['W0'])
        grads['b0'] = numerical_diff(lossfunc, self.netMat['b0'])
        grads['W1'] = numerical_diff(lossfunc, self.netMat['W1'])
        grads['b1'] = numerical_diff(lossfunc, self.netMat['b1'])
        return grads
```

⊙ 12-5 미분을 이용한 학습과 검증

이제 모든 클래스를 만들었으니 실제로 Train Data로 학습을 시키고 Test Data로 검증을 해보겠습니다. 과정은 다음과 같습니다.

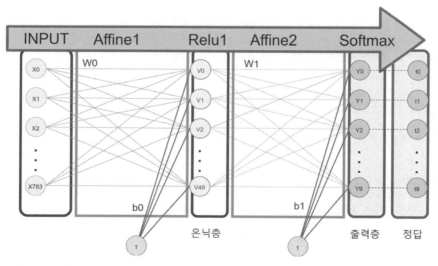

그림 12-3. 순전파 과정

입력으로 들어온 784 크기의 행렬 x가 Affine1에 입력으로 들어갑니다.

Affine1에서 x는 w0, b0를 사용하여 연산한 후 결과 v0~v49까지 50개의 행렬로 된 v가 만들어집니다. v는 다시 입력되어 Relu1로 들어가고 Relu1은 0보다 큰 값을 그대로, 0보다 작은 값은 0이 되어 출력됩니다. Relu1에서 출력된 값이 Affine2로 들어갑니다. Affine2는 입력값과 w1, b1 값을 연산하여 출력값을 냅니다. Affine2의 출력값은 다시 Softmax의 입력으로 들어가고, Softmax를 거쳐 나온 출력값과 정답 레이블을 비교하여 손실값을 측정하게 됩니다.

이 과정 중 Affine1과 Affine2의 W0, W1, b0, b1의 네트워크행렬의 개별 값들에 대한 편미분값을 구하게 됩니다. 즉 W0[0][0]의 값을 h(=0.0001)만큼 작게 한 후 위의 전체 과정을 거쳐 손실값을 측정(f1 저장)한 후 다시 W0[0][0]의 값을 원래 값보다 h만큼 크게 한 후 위의 과정을 거쳐 손실값을 측정(f2 저장)합니다. (f2 - f1) / 2h 은 W0[0][0]에 대한 미분값이고, 이를 grad['W0']에 저장합니다. 이 과정을 반복해서 grad['W0'], grad['W1'], grad['b0'], grad['b1']에 들어 있는 행렬값을 반복해서 수정합니다.

```
#12.5. 미분을 이용한 학습과 검증

import time     #Using Time Module(시간 측정)
t1 = time.time()    #save nowTime(현재 시간 측정)

train_size = x_train.shape[0]    #size of TrainData (입력데이터 크기) 60000
lr = 0.1    #learning rate(학습률)
iter = 0    #Iternation Number (반복 횟수)

iters_num = 1000
batch_size = 20
iter_per_epoch = 1

network = SimpleNetwork(inputx=784, hidden=50, outy=10, weight = 0.2)

print('loss = _____   time = _____   n = _____ ¦ [TrainAcc] [TestAcc]')
```

```
for i in range(iters_num):      #1000
    batch_mask = np.random.choice(train_size, batch_size)    #(1)주석
    x_batch = x_train[batch_mask]
    t_batch = t_train[batch_mask]

    #기울기 계산
    grad = network.numerical_gradient(x_batch, t_batch) #수치미분(편미분) 방식

    #갱신
    for key in ('W0', 'b0', 'W1', 'b1'): network.netMat[key] -= lr * grad[key]

    loss = network.loss(x_batch, t_batch)

    train_acc = network.accuracy(x_train, t_train)
    test_acc = network.accuracy(x_test, t_test)
    iter = iter + 1

    print('loss = {:7.4f}  '.format(loss), end='')
    print('time = {:8.4f}  '.format(time.time()-t1), end='')
    print('n = {:06d} ¦  {:6.4f}  {:9.4f}'.format(iter, train_acc, test_acc))
```

미분을 사용하기 때문에 학습에 걸리는 시간이 많습니다. 화면에 한 줄씩 결과가 나오기까지 걸리는 시간은 대략 15초 정도입니다.

12.5.1 time() 함수를 이용한 경과 시간 확인

경과 시간을 알기 위해서 time() 함수를 사용했습니다. time() 함수를 사용하는 방법은 다음과 같습니다.

```
import time    #1. time을 import 합니다.
t1 = time.time()    #2. time.time()으로 현재의 시간(UTC)을 저장한다.

#프로그램

print(time.time()-t1)   #3. 현재 시간과 과거 시간을 뺀 값을 출력
```

이런 구조를 활용하면 특정 코드의 실행 시간을 측정할 수 있습니다. 지금 우리가 만들고 있는 딥러닝 신경망코드는 많은 계산을 하기 때문에 실행에 상당한 시간이 걸립니다. 어디에서 얼마나 시간이 걸리는지를 확인하기 위해 time() 함수를 사용합니다. time() 함수는 UTC 시간을 반환합니다. UTC는 협정세계표준시로 1972년 1월 1일 시행되었습니다. time() 함수를 실행시키면 1972년 1월 1일부터 시작해서 지금까지 몇 초가 지났는지를 알려줍니다. 이 글을 쓰는 당시 time() 함수의 값은 1578908748.283561입니다.

12.5.2 배치, 에포크, 이터레이션

배치(batch)

배치(batch), 에포크(epoch), 이터레이션(iteration)은 인공지능 학습 분야에서 자주 이야기되는 단어들입니다. 간단하게 뜻을 이해하고 넘어가겠습니다.

배치(batch)는 mini-batch의 줄임말입니다. 지금 우리가 다루는 MNIST 데이터는 6만 개의 학습 데이터가 있고, 1만 개의 검증 데이터가 있습니다. 인공지능, 머신러닝은 상당히 많은 데이터를 사용하게 됩니다. 6만 개의 데이터를 1개씩 처리하면 처리 횟수가 6만이 됩니다. 반면 100개씩 데이터를 묶어서 한꺼번에 처리할 수 있다면 처리 횟수는 600번으로 줄어듭니다. 데이터 1개를 6만 번 처리하는 것과 데이터 100개를 600번 처리하는 것이 숫자상으로는 같지만 실제 컴퓨터에서 처리하면 시간 차이가 상당히 큽니다. 여기에는 많은 요인이 작용하는데 그중 가장 큰 요인 두 가지만 생각해 본다면 첫째, 데이터가 이미 메모리에 올라간 상태에서 처리하는 것과 데이터를 저장매체(HDD, SDD, USB 메모리 등)에서 읽은 다음 처리하는 것은 매우 큰 차이가 납니다. 한 번에 100개의 데이터를 메모리에 올린 후 100개에 대해서 처리하는 것이 1개씩 올리면서 처리하는 것을 100번 반복하는 것보다 훨씬 빠르게 처리됩니다. 둘째,

100개의 데이터를 처리할 때 병렬 처리를 사용할 수 있습니다. 신경망의 처리 방식은 덧셈과 곱셈이 거의 전부입니다. 그래서 GPU 등을 이용할 때 100개의 데이터를 하나씩 순서대로 처리하지 않고, 100개를 100개의 작은 단위로 나눠서 GPU 등에 분산해 준 다음 GPU에서 일괄 계산을 하고 계산이 끝난 것을 다시 거둬들이는 방식으로 처리합니다. 병렬 처리가 가능합니다. 또한 하나하나의 데이터를 사용하는 것보다 일정 크기로 묶인 데이터 집합을 사용할 때 학습을 위한 기울기를 계산하는 것이 보다 효율적이기 때문입니다.

이러한 이유들로 배치라는 묶음 단위를 사용합니다. 이 장에서는 미분함수를 이용해서 기울기를 정할 때의 배치 크기를 20으로 하였습니다. 12.5장의 코드 중 #(1) 주석 부분을 보면 6만 개 중 임의로 20개를 선택하게 되어 있습니다.

batch_mask = np.random.choice(train_size, batch_size) #(1)주석

주석 #(1) :주석의 내용은 다음과 같습니다. train_size는 60,000이고, batch_size는 20입니다. 즉, 0에서 59,999 사이의 숫자 중 임의로 20 개를 선택합니다. 이를테면 15, 579, 80, 21, 5549, 7021, 502, 78, … 등을 20개 선택합니다. 그것을 batch_mask에 넣습니다.

x_batch = x_train[batch_mask]

x_train은 60000의 크기를 가진 행렬이고, 이중 임의로 선택된 20개가 x_batch에 포함됩니다.

에포크(epoch)

아직 역전파에 대해 다루지 않았기 때문에 에포크를 완전히 이해하기는 어렵습니다. 하지만 가볍게 이해한다면 모든 데이터가 입력부터 출력까지 한번 계산과정을 거칠

때 1 epoch가 진행되었다고 말합니다. 즉, MNIST 데이터는 6만 개의 훈련데이터를 가지고 있고, 이 6만 개를 모두 한 번씩 사용해서 훈련을 진행했을 때 1 에포크가 완료되었다고 말합니다. 4 에포크, 40 에포크 등으로 데이터를 학습에 몇 번 사용할 것인지를 결정짓는 단어입니다.

미분함수의 경우 처리 속도가 너무 느리기 때문에 배치 크기는 20으로 했지만 1 epoch를 처리하지는 않았습니다. 실제로 위의 코드를 실행시켜본 결과 배치사이즈 20에 1,000번 실행하는 데 걸린 시간이 3시간 36분(=12,973초)이었습니다. 20,000에 대해서 3시간 이상(12,973초) 걸렸으니 60,000에 대해서는 10시간 48분이 걸린다는 계산이 나옵니다.

미분으로는 현재 제가 가지고 있는 PC를 사용해서 파이썬으로 프로그램한 것으로 MNIST 데이터를 1 epoch 학습시키기 위해서 컴퓨터는 쉬지 않고 10시간 48분을 움직여야 한다는 결론이 나옵니다. 미분함수를 사용하는 것은 상당히 많은 컴퓨터 자원을 필요로 합니다. 이것 때문에 한동안 인공지능 연구에 어려움이 있었습니다. 미분을 이용해서 어떻게 학습을 시킬지 알 수는 있지만 그것을 정작 시도하려면 너무 큰 비용이 들었습니다. 다음 장에서 역전파에 대한 부분을 살펴보면 미분의 어려움을 어떻게 해결했는지를 알 수 있습니다.

이터레이션(iteration)

1 이터레이션(iteration)은 1 에포크 진행에 필요한 반복 횟수입니다. 배치사이즈가 20이고 전체 데이터가 60,000이라면 1 에포크 진행을 위해서 필요한 반복 횟수는 60,000/20인 3,000입니다. 즉, 60,000 크기를 가진 훈련데이터의 경우 1 에포크는 배치사이즈 20, 이터레이션 3,000입니다(60,000=20×3,000). 배치사이즈를 100으로 잡으면 600번 반복하면 됩니다.

12.5.3 format() 사용

print문을 사용해서 학습의 진행 정도를 표시했습니다. 간단하게는

```
print('loss =' loss)
```

처럼 사용하면 됩니다. 하지만 이 경우 loss의 값이 0.1이거나 0.1012514일 때 자릿수가 일치하지 않기 때문에 보이는 화면이 깔끔하지 않습니다. 그래서 이렇게 소수점 4번째 자리까지만 표시할 수 있도록 format() 명령을 함께 사용할 수 있습니다.

```
print('loss = {:.4f}'.format(loss))
```

```
'문자열{포맷형식}'.format(요소)
```

포맷 형식 대신 포맷 지정자(format-specifier)라고도 부릅니다. 포맷 형식은 { } 안에 들어갑니다. 우리는 여기서 숫자만 사용할 것이므로 정수와 실수에 대한 것만 살펴보겠습니다. 정수로 4자리를 채우고 싶다면 {:4d}를 쓰면 됩니다. 콜론 뒤의 숫자는 자릿수이고, d는 정수를 의미합니다. 실수로 소수점 아래 4자리까지 쓰고 싶다면, {:.4f}를 사용하면 됩니다. 자릿수는 숫자로 쓰고, 실수를 의미하는 f를 써 주면 됩니다.

```
loss = 0.1012514.
'문자열…{:.4f}'.format(loss)
```

loss를 소수점 이하 4번째 자리까지(반올림해서) 사용해서

```
'문자열…0.1013'
```

이 됩니다.

위 문장을 실행시키면 0.1013으로 표시됩니다. 이때 우리가 사용하려는 loss에 들어갈 모든 수가 10보다 작은 양수라면 상관없겠지만 10 이상인 실수가 있을 수 있고, 또 음수의 경우 앞에 '-' 표시가 붙기 때문에 소수점 이하 4자리까지 표기만으로는 자릿수를 맞출 수 없습니다. 그럴 때 {:.4f} 대신 전체 자릿수를 고려해서 {:7.4f}로 쓸 수 있습니다. 여기서 7은 전체 자릿수로 소수점이 포함된 자릿수입니다. 다음과 같습니다.

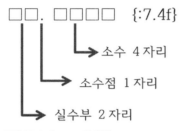

그림 12-4. format 사용법

12-6 학습 후 정확도 테스트

위 코드의 실행 결과는 다음과 같습니다. 전체를 출력하는 것은 큰 의미가 없으므로 일부만을 기록합니다.

```
loss = _____  time = _____  n = _____ | [TrainAcc] [TestAcc]
loss = 2.1689   time =  14.4418  n = 000001 |   0.1100    0.1096
loss = 2.6437   time =  29.0018  n = 000002 |   0.1415    0.1397
loss = 1.7238   time =  43.5033  n = 000003 |   0.1693    0.1727
loss = 2.2004   time =  58.0500  n = 000004 |   0.1849    0.1888
loss = 1.6483   time =  72.4883  n = 000005 |   0.2306    0.2327
loss = 1.7269   time =  87.2025  n = 000006 |   0.1870    0.1928
loss = 1.8078   time = 101.7263  n = 000007 |   0.2390    0.2497
loss = 1.7625   time = 116.3725  n = 000008 |   0.2965    0.3077
loss = 1.7181   time = 130.8251  n = 000009 |   0.3250    0.3325
loss = 1.8309   time = 145.3085  n = 000010 |   0.3467    0.3555
...
loss = 0.2377   time = 4398.1749  n = 000301 |   0.8655    0.8665
loss = 0.1544   time = 4413.0187  n = 000302 |   0.8698    0.8690
loss = 0.1512   time = 4427.5203  n = 000303 |   0.8717    0.8716
loss = 0.1462   time = 4441.7772  n = 000304 |   0.8705    0.8699
loss = 0.3399   time = 4456.2083  n = 000305 |   0.8643    0.8597
...
loss = 0.2700   time = 12927.4595 n = 000996 |   0.9021    0.9041
loss = 0.0801   time = 12938.8841 n = 000997 |   0.9054    0.9061
loss = 0.2148   time = 12950.4628 n = 000998 |   0.9010    0.8991
loss = 0.0659   time = 12962.0385 n = 000999 |   0.9030    0.9015
loss = 0.0328   time = 12973.5675 n = 001000 |   0.9045    0.9028
```

TrainAcc는 학습용 데이터로 학습을 진행하면서 얼마나 정답을 맞혔는지 정확도를 측정한 것이고, TestAcc는 그렇게 학습을 진행하면서 검증용 데이터를 시험해 본 결과를 측정한 것입니다. 두 값 모두 비슷하게 나오고 있습니다. 시작 시점에서의 정확도는 10% 근처이지만 학습이 진행되어 가면서 조금씩 정답에 근접해가고 있습니다. 1,000번 반복한 후에는 90%까지 정답률이 올라갔습니다.

°**13**

오차역전파

지금까지 공부한 것으로 신경망을 만들 수 있습니다. 실제로 MNIST 데이터를 편미분함수를 이용해서 90%의 정확도로 답을 찾아낼 수 있게 학습을 시켰습니다. 하지만 너무 시간이 오래 걸립니다. 6만 개 데이터를 1회 학습시키는 1 epoch에 우리가 만든 코드로는 10시간 48분이 걸립니다. MNIST는 굉장히 단순한 데이터인데도 이렇게 시간이 걸리는 것을 감안하면 다른 영상 처리나 복잡한 신호에 대한 학습에는 얼마나 많은 시간이 걸릴지 가늠이 안 됩니다. 이런 이유로 실제 미분함수는 신경망에서 사용되지 않습니다. 대신 이 문제는 오차역전파를 사용하면 풀릴 수 있습니다. 오차역전파는 시간이 오래 걸리는 연산이 필요한 수치미분 대신 단순한 수학적 미분 개념을 사용합니다. 즉, W0, W1, b0, b1의 네트워크변수의 기울기를 구할 때 얼마나 빨리 구할 수 있느냐가 관건이고 이 부분에서 수치미분은 시간이 너무 많이 걸린다는 점 때문에 실제로 거의 사용되지 않습니다.

오차역전파를 이해하기 위한 수식적 접근과 계산그래프를 통한 접근이 있습니다. 두 가지 방법 모두 알아둘 필요가 있지만 여기서는 계산그래프를 통해 간단한 이해를 해보겠습니다. 스탠퍼드 대학의 CS231n 강의의 공개된 수업 자료를 참고하여 볼 수 있다면 큰 도움이 될 것입니다. 공개 강의 동영상 시청도 가능하고 강의 노트도 인터넷에 공개되어 있습니다. 이 책으로 기초적인 공부가 된 다음 영어 읽기가 되는 학생들은 이곳에 가서 관련 내용을 공부하면 많은 도움이 될 것입니다.

계산그래프

계산그래프는 계산 과정을 그래프로 나타낸 것으로 원으로 표시되는 정점(node), 정점과 정점을 연결하는 간선(edge)으로 구성됩니다. 보통 정점이라는 말 대신 노드를 그냥 사용하는 경우가 많아서 앞으로는 노드와 간선이라는 말을 사용하겠습니다. 그래프를 사용하는 이유로 빠른 이해가 있습니다. 그래프를 이용하여 표기하면 보다 직관적으로 이해할 수 있습니다. 간단한 문제를 풀어보겠습니다.

길동은 카페 창업을 하기 위해 100만 원짜리 커피머신 2개, 5만 원 테이블 5개, 3만 원 의자 15개, 1만 원 컵 20개를 구입했습니다. 세금 10%를 포함해서 창업에 든 비용을 계산해 봅시다. 이 문제를 계산그래프로 표현하면 다음과 같습니다.

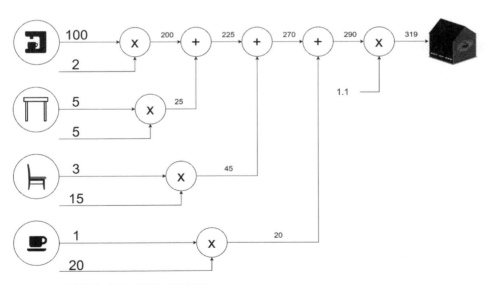

그림 13-1. 카페 창업 비용을 계산한 계산그래프

계산그래프로 카페 창업 비용을 계산해 봤습니다. 왼쪽에서 오른쪽으로 흘러가면서 덧셈과 곱셈만으로 최종 비용을 계산합니다.

13.1.1 카페 창업 문제

앞의 문제는 간단해서 어렵지 않게 다음의 식을 만들 수 있습니다.

	커피머신	테이블	의자	컵	세금
창업 비용 =	(100만원×2	+ 5만원×5	+ 3만원×15	+ 1만원×20)	× 1.1

표 13-1. 창업 비용

함수로 식을 만들어보겠습니다.

x (가격)	x0	x1	x2	x3
	커피머신 가격	테이블 가격	의자 가격	컵 가격

w (수량)	w0	w1	w2	w3
	커피머신 수량	테이블 수량	의자 수량	컵 수량

t : 창업 비용

r : 세금 (=1.1)

```
t = ( w0x0 + w1x1 + w2x2 + w3x3) × r
  = (100×2 + 5×5 + 3×15 + 1×20) × 1.1
  = 319
```

Q. 319만 원의 창업 비용을 준비해서 창업을 시작하려고 했더니 그새 시장 가격이 변했습니다. 커피머신의 가격이 1만 원 올랐습니다. 창업 비용은 얼마가 되나요?

```
t = (101×2 + 5×5 + 3×15 + 1×20) × 1.1
  = 321.2
```

창업 비용이 이전에 비해 2.2만큼 커졌습니다.

Q. 하루 자고 났더니 갑자기 의자 가격이 4만 원으로 +1만 원 상승했습니다. 전날 미리 의자를 사두지 못한 것을 안타까워하면서 다시 비용을 계산해 보았습니다.

```
t = (101×2 + 5×5 + 4×15 + 1×20) × 1.1
  = 337.7
```

커피머신이 1 올랐을 때에는 비용이 2.2 올랐는데, 의자가 1 올랐을 때에는 비용이 16.5만큼 올랐습니다. 왜 이런 결과가 나왔는지 어렵지 않게 알 수 있습니다. 커피머신은 2개 필요한 반면, 의자는 15개가 필요합니다. 그래서 1만 원 상승을 15번 한 다음 세금 10%까지 계산하면 1×15×1.1의 결과로 16.5가 나오게 됩니다.

다른 요소들은 그대로일 때 커피머신만 1 가격이 변동되거나 혹은 다른 요소들은 그대로일 때 의자만 1 가격 변동이 될 때를 우리가 앞에서 공부한 '편미분'으로 생각할 수 있습니다. [w,x] = [(2,5,15,20),(100,5,3,1)]로 놓고, x0만 1 변동될 때 [w,x]를 이용하는 t()함수의 값이 어떻게 되는지를 보면 기울기를 알 수 있습니다. 기울기만을 따지면 다음과 같은 결과가 나옵니다. 이런 의미로 우리는 편미분이라는 단어는 잘 알지 못하지만 이미 실생활에서 사용하고 있습니다.

	기울기
x0 (커피머신 가격)	2.2
x1 (테이블 가격)	5.5
x2 (의자 가격)	16.5
x3 (컵 가격)	22

표 13-2. 요소들의 기울기

똑같은 크기만큼 가격이 오르거나 내릴 때 최종 창업 비용에 큰 영향을 끼치는 것은 2 대 필요한 커피머신이 아니라 20개 필요한 컵이라는 의미입니다. 커피머신이 1 오르면 창업 비용은 2.2 오르지만 컵이 1 오르면(1만 원에서 2만 원이 되면), 창업 비용은 22만 원 추가됩니다.

이 기울기를 알기 위해 지금까지는 수치미분방식으로 모든 계산을 해야만 했습니다. 수치미분으로 모든 계산을 할 때 상당한 시간과 비용이 발생하게 됩니다. 그래서 다른 방법이 모색되었고, 지금 일반적으로 사용되는 방법이 오차역전파, 혹은 오류역전파라고 불리는 방법입니다.

13.1.2 덧셈노드의 계산그래프

앞에 그린 계산그래프에서 사용된 노드는 곱셈과 덧셈뿐입니다. 계산그래프의 장점은 복잡한 계산을 나눌 수 있는 곳까지 나눠서 가장 작은 단위의 연산이 가능하게 만들어 보여준다는 점에 있습니다. 그리고 그렇게 나눠진 작은 단위 연산 중 가장 많은 것이 덧셈과 곱셈입니다.

계산그래프의 덧셈과 곱셈에 대해서 살펴보겠습니다.

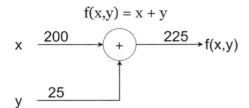

f(x,y) = x + y

x → 200 → (+) → 225 → f(x,y)

y → 25

그림 13-2. 계산그래프 덧셈노드의 순전파

f(x,y) = x + y에 대한 편미분은 이미 앞에서 해본 적 있습니다. f 함수를 x와 y에 대해서 각각 미분한 것을 편미분이라 합니다. 즉,

$$f(x,y) = x + y \quad \Rightarrow \quad \frac{\partial f}{\partial x} = 1, \ \frac{\partial f}{\partial y} = 1$$

와 같이 편미분됩니다.

f 함수는 들어온 두 개의 입력(x, y)을 더해주는 함수입니다. 그때 각 입력값인 x와 y가 1씩 변할 때 함수의 출력값(x+y)도 1씩 변하게 됩니다. 즉 '$\partial f/\partial x = 1$'의 의미는 입력 x가 1 변할 때 출력 f(x,y)도 1 변한다는 뜻입니다. 간단한 예를 만들어보면 쉽게 이해됩니다. x, y에 각각 200, 25를 넣은 뒤 x를 1 증가시켜 봅시다.

```
f(200,25) = 200+25 = 225
x를 1 증가하면,
f(201,25) = 201+25 = 226
```

f(201,25)은 f(200,25)보다 1(=226-225) 증가되었습니다. 기울기가 1이라는 것을 확인했습니다.

편미분 값은 기울기이고 기울기는 현재 입력이 1 증가했을 때 최종 출력이 얼마나 변화하는지를 나타내는 정도입니다. f(x,y) = x + y에서의 기울기는 x가 1 증가할 때

f(x,y)는 1 증가하고, y가 1 증가할 때 f(x,y)도 1 증가합니다. 즉, 덧셈으로 들어오는 입력에 대해서는 모든 항목의 기울기가 1이 됩니다.

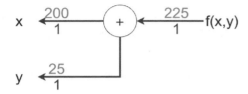

그림 13-3. 계산그래프 덧셈노드의 역전파

기울기가 1이라는 의미는 이전 과정에서 들어온 기울기에 1을 곱한 값, 즉 들어온 기울기값을 그대로 사용한다는 의미입니다. 이 부분은 곱셈노드를 다룬 다음에 다시 살펴보겠습니다.

13.1.3 곱셈노드의 계산그래프

곱셈노드의 계산그래프와 기울기에 대해 살펴보겠습니다.

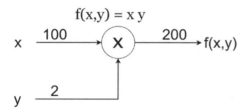

그림 13-4. 계산그래프 곱셈노드의 순전파

f(x,y) = xy에 대한 편미분은 다음과 같습니다.

$$f(x,y) = xy \quad \Rightarrow \quad \frac{\partial f}{\partial x} = y, \quad \frac{\partial f}{\partial y} = x$$

f 함수는 들어온 두 개의 입력(x, y)을 곱해서 결과를 반환합니다. 그때 각 입력값인 x가 1 변할 때 함수의 출력값(xy)은 y만큼 변하게 됩니다. 즉 '$\partial f/\partial x = y$'의 의미는 입력 x가 1 변할 때 출력f(x,y)가 y만큼 변한다는 뜻입니다. 간단한 예를 만들어보면 쉽게 이해됩니다. x, y에 각각 100, 2를 넣은 뒤 x를 1 증가시켜 봅시다.

```
f(100,2) = 100 × 2 = 200
x를 1 증가하면,
f(101,2) = 101 × 2 = 202
```

f(101,2)은 f(100,2)보다 2(=202-200) 증가되었습니다. 기울기가 2(그때의 y값)라는 것을 확인했습니다.

편미분 값은 기울기이고 기울기는 현재 입력이 1 증가했을 때 최종 출력이 얼마나 변화하는지를 나타내는 정도입니다. f(x,y) = xy에서의 기울기는 x가 1 증가할 때 f(x,y)는 y값만큼 증가하고, y가 1 증가할 때 f(x,y)는 x값만큼 증가합니다. 즉, 곱셈으로 들어오는 입력에 대해서는 다른 입력 항목의 값이 기울기가 됩니다.

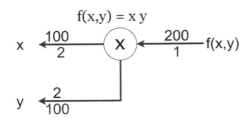

그림 13-5. 계산그래프 곱셈노드의 역전파

기울기가 1이라는 의미는 이전 과정에서 들어온 기울기에 1을 곱한 값, 즉 들어온 기울기값을 그대로 사용한다는 의미입니다.

13.1.4 역전파 이해

순전파는 입력이 들어간 함수의 결괏값이 그 다음 함수의 입력으로 들어가는 방식으로, 정해진 순서대로 계산한 후 결과를 나타내는 방식입니다. 반면 역전파는 각 항목의 기울기인 미분값을 구하는 것으로 gradient(▽)를 구하기 위해 뒤에서부터 앞으로 계산하는 방식입니다.

카페 창업 자금에 대한 역전파 그래프를 그려보겠습니다. 아래에 순전파에서 화살표 방향을 거꾸로 한 역전파 그래프를 그려두었습니다. 박스 처리한 1, 2, 3, 4를 살펴보겠습니다.

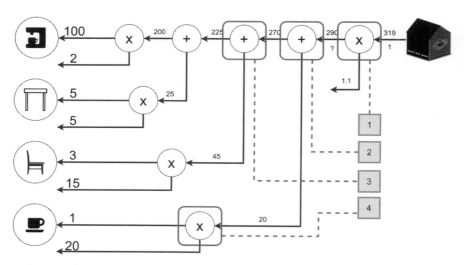

그림 13-6. 오차역전파 그래프

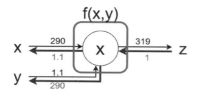

그림 13-7. 박스1의 오차역전파 그래프

곱셈노드의 경우 순전파는 두 개의 입력값을 곱한 뒤 출력으로 내보냅니다. 역전파는 거꾸로 뒤에서부터 계산합니다. 두 개의 입력값에 대한 기울기는 곧 두 입력값이 1이 증가할 때의 출력의 증감을 의미합니다. 마지막 간선의 기울기는 1로 시작됩니다. x, y의 값이 각각 290과 1.1이므로 x와 y의 미분값(∂f/∂x, ∂f/∂y)은 서로의 값을 바꾼 1.1 과 290이 됩니다. 순전파는 검은색 화살표로, 역전파는 파란색 화살표로 표시했으며 역전파로 만들어지는 기울기를 빨간색으로 표시했습니다.

첫 번째 박스를 통과한 후 두 번째 박스로 넘어갑니다. 첫 번째 박스의 입력 x에 해당 하는 부분이 두 번째 박스의 출력과 연결됩니다.

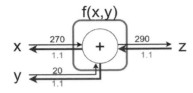

그림 13-8. 박스2의 오차역전파 그래프

박스1의 오차역전파의 결괏값인 1.1이 박스2의 출력 자리(z)에 들어옵니다. 이렇게 들어온 1.1은 앞으로 그대로 전파됩니다. 기울기가 1이라는 말은 입력으로 들어온 기울기에 ×1을 하여 앞으로 넘겨준다는 뜻입니다. 즉, 박스2에서는 입력에 해당하는 x, y 부분의 값이 1 증감할 때 최종 결괏값(카페 창업 비용)이 1.1 증감한다는 의미입니다. x 가 증가하거나 혹은 y가 증가하거나 어떤 값이 증가하더라도 결괏값은 증가합니다.

박스3으로 넘어가 보겠습니다.

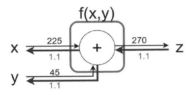

그림 13-9. 박스3의 오차역전파 그래프

박스3은 박스2와 동일합니다. 덧셈노드이기 때문에 박스2의 x에 해당되는 값이 z로 들어오게 됩니다. z로 1.1이 들어오고 x, y로 1.1 그대로 나가게 됩니다.

박스4는 박스2의 y에 해당되는 값이 z로 들어옵니다. z로 1.1이 들어오고, 곱셈노드 이기 때문에 1.1이 x, y의 값과 곱해져서 y, x의 기울기가 됩니다.

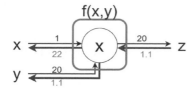

그림 13-10. 박스4의 오차역전파 그래프

13.1.5 카페 창업 자금 오차역전파 그래프

카페 창업 자금 그래프는 덧셈과 곱셈노드만 있기 때문에 쉽게 계산할 수 있습니다. 나머지를 채워서 만들어 본 그래프는 다음과 같습니다.

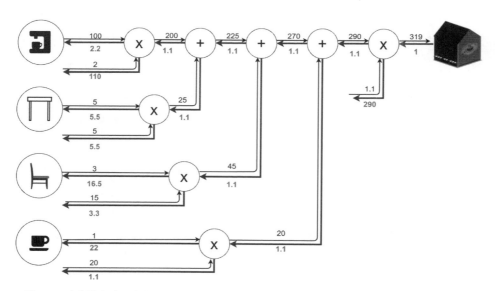

그림 13-11. 카페 창업 자금 전체 역전파 계산그래프

이 오차역전파 계산그래프는 손과 암산만으로 구할 수 있습니다. 기울기를 구하기 위해서 수치미분을 프로그래밍하였던 것과 비교해본다면 엄청난 일이 일어난 겁니다. 실제로 편미분을 이용한 수치미분을 하려면 모든 변수 중 하나에만 h를 더하고 뺀 값으로 창업 자금 결괏값을 구하고, 그 값의 차이를 구한 후 차이를 2h로 나누어 줘야 했습니다. 그렇게 해서 변수 하나에 대해서 미분값을 구했습니다. 그런데 지금 우리는 손으로 그림을 그리면서 이미 쓰인 수치들과 간단한 암산만으로 모든 변수의 기울기값을 구했습니다.

오차역전파라는 말이 들어보지 못했던 단어여서 낯설기는 하지만 어려운 내용은 아닙니다. 고등학교 수학 과정 중에 나오는 개념들만 제대로 이해하고 있다면 충분히 알 수 있는 내용입니다.

13.1.6 오차역전파에 사용되는 미분함수들

자주 사용되는 미분함수들을 소개합니다. 덧셈과 곱셈이 주를 이루지만 시그모이드와 같은 함수가 있어서 그에 대한 역전파 값을 구하기 위해서는 몇 가지 미분함수들을 알아야 합니다. 물론 고등학교 과정 중에 나오는 내용입니다.

편미분

$$f(x,y) = x + y \quad \Rightarrow \quad \frac{\partial f}{\partial x} = 1, \ \frac{\partial f}{\partial y} = 1$$

$$f(x,y) = xy \quad \Rightarrow \quad \frac{\partial f}{\partial x} = y, \ \frac{\partial f}{\partial y} = x$$

$$f(x,y) = \max(x,y) \quad \Rightarrow \quad \frac{\partial f}{\partial x} = 1 \ (x \geq y), \ \frac{\partial f}{\partial y} = 1 \ (y \geq x)$$

편미분은 미분하고자 하는 대상을 제외한 나머지를 모두 상수로 처리합니다. 어렵게 생각할 필요 없습니다. f라는 함수에 변수가 a, b, c, ⋯ x, y, z까지 많이 있다고 할 때

f를 x에 대해서 미분한다는 말은 곧 f의 x에 대한 기울기를 구한다는 것과 같은 뜻이고, 그때 x를 제외한 나머지 변수들은 모두 상수로 처리한다는 뜻입니다. 이를테면

```
f(x,y,z) = 2x + 3yz + 5x²(y-z)
```

위와 같은 눈에 익숙하지 않은 식이 보이더라도 두려워할 필요는 없습니다. f(x,y,z)를 x에 대한 기울기를 구할 것인지, y에 대한 기울기를 구할 것인지, z에 대한 기울기를 구할 것인지를 선택한 다음 과감하게 나머지 변수들을 모두 상수로 처리하면 됩니다. 즉, f(x,y,z)의 x 기울기를 구한다면 x에 대한 편미분을 하는 것이므로 y와 z를 모두 상수 C1, C2로 두면 됩니다. 위의 식은 x에 대해 미분을 할 때에는 다음과 같은 식이 됩니다.

```
f(x) = 2x + 3C₁-C₂ + 5x2(C₁-C₂)
f'(x) = df/dx = 10(C₁-C₂)x + 2
       = 10(y-z)x + 2
```

이 됩니다. 위의 식에 주어진 x, y, z 값을 넣으면 (x,y,z) 위치에서의 df/dx를 구할 수 있습니다.

미분

$$f(x) = \frac{1}{x} \quad \Rightarrow \quad \frac{df}{dx} = -\frac{1}{x^2}$$

$$f(x) = e^x \quad \Rightarrow \quad \frac{df}{dx} = e^x$$

미분의 정의를 그대로 적용하면 위 두 함수에 대한 미분은 어렵지 않게 풀이 가능합니다.

13.1.7 체인룰(Chain Rule)

덧셈, 곱셈 등과 위의 미분함수들은 개별적으로는 그다지 어렵지 않습니다. 하지만 서로 복합적으로 연결되면 복잡하게 보이게 됩니다. 이런 복잡한 함수를 단순화시키기 위해서 체인룰을 사용합니다. 우선 복잡한 함수로 f(x,y,z) = (x+y)z를 두겠습니다.

덧셈과 곱셈이 하나의 함수 안에 함께 존재하기 때문에 이대로는 계산그래프를 만들지 못합니다. 곱셈이나 덧셈만의 함수로 만들기 위해 x+y를 q로 치환하겠습니다. 그리고 우리가 관심이 있는 것은 f를 x로 미분해서 x에 대한 기울기를 찾는 것입니다. x에 대한 기울기를 찾는 것이 목적이라는 것을 기억하면서 아래의 과정을 따라가 보세요.

```
f = qz
q = x+y
```

이런 형태는 고등학교 수학에서 자주 볼 수 있습니다. f(q,z)는 2개의 입력을 받아서 곱을 출력하는 함수이고, q는 두 개의 입력을 받아서 합을 출력한 결과입니다.

$\dfrac{\partial f}{\partial q} = z$	$\dfrac{\partial f}{\partial q}$	: 'f를 q로 미분한 값'
$\dfrac{\partial q}{\partial x} = 1$	$\dfrac{\partial q}{\partial x}$	: 'q를 x로 미분한 값'
$\dfrac{\partial f}{\partial q}\dfrac{\partial q}{\partial x} = z$	$\dfrac{\partial f}{\partial q}\dfrac{\partial q}{\partial x}$	: 'f를 q로 미분한 값'에 'q를 x로 미분한 값'을 곱한 것

표 13-3. 체인룰

f를 q로 미분하는 것은 그 자체로는 아무런 의미가 없습니다. 다만 f를 x로 미분하기

위해서 거치는 중간 단계입니다. 그 다음 q를 x로 미분해서 그 결과를 반영해 줍니다. 위의 내용으로 계산그래프를 그려보면 다음과 같습니다. 편의상 x, y, z의 값은 1, 2, 5로 하겠습니다.

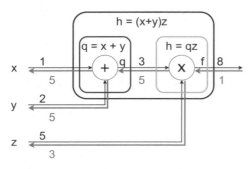

그림 13-12. 계산그래프의 체인룰

위와 같은 방법으로 복잡한 수식도 체인룰을 이용, 작게 분해해서 풀이할 수 있습니다. 역전파에서 이러한 방식을 사용함으로 컴퓨터를 이용한 빠른 기울기 계산이 가능해집니다. 편미분과 비교할 수 없을 정도의 빠르기로 기울기가 계산됩니다.

13.1.8 함수의 기울기와 계산그래프

계산그래프는 이해를 돕기 위한 도구입니다. 덧셈과 곱셈만이 아닌 다른 함수의 경우 계산그래프로 어떻게 그릴 수 있는지 확인해 보겠습니다.

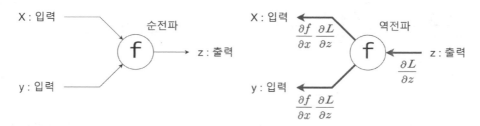

그림 13-13. 함수 f 노드의 계산그래프

함수 f가 어떻게 구성되어 있는지 상관없이 f의 미분값을 안다면 위처럼 계산그래프를 그릴 수 있습니다. 순전파는 입력과 출력의 조합으로 그리면 되고, 역전파는 함수의 미분값을 역전파로 들어오는 값에 곱하여 앞으로 전달합니다.

함수 f의 x에 대한 미분값($\frac{\partial f}{\partial x}$)을 역전파를 통해 들어온 기울기값($\frac{\partial L}{\partial z}$)에 곱하고, 입력 자리의 화살표 아래쪽에 표시합니다. y에 대해서도 동일한 방법으로 미분값을 구하고 들어온 값과 곱하여 표시합니다.

함수의 값이 출력되고, 그 값이 한 곳에서만 사용되고 끝나면 신경 쓸 일이 없습니다. 하지만 우리가 사용하는 딥러닝의 신경망은 여러 노드가 서로 연결되어 있습니다. 출력값을 사용하는 곳이 여럿이기 때문에 그 출력 부위를 통해서 역전파로 들어오는 기울기값이 여러 개가 됩니다.

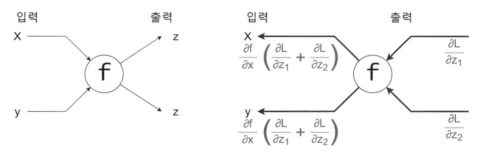

그림 13-14. 출력이 여러 노드에 연결된 경우의 역전파

왼쪽 순전파 그림을 보면 f 함수 노드가 다른 노드에 연결되어 있고, f의 결괏값이 다른 여러 개의 노드에 전달됩니다. 그때의 전달값은 함수 f의 출력이므로 동일합니다. 동일한 값 z가 출력됩니다. 반면 역전파로 f가 들어오는 값은 각각 다른 경로를 거쳐 들어오기 때문에 다른 기울기값을 가지고 들어옵니다. f에 연결되어 들어온 각각의 기울기값은 모두 합해져서 f의 미분값과 곱하고 f의 앞쪽에 기울기로 기록합니다.

지금까지 공부한 것으로 합과 곱의 노드는 어렵지 않게 사용할 수 있습니다. 그리고 앞에서 언급했던 지수함수와 역함수의 미분을 사용하면 시그모이드 함수의 계산그래프를 그릴 수 있습니다. 시그모이드 함수의 계산그래프를 그려보고 그 내용을 이용해서 오차역전파를 사용하여 기울기값을 구해보겠습니다.

순전파에서 이루어지는 연산의 대부분은 행렬의 합과 곱이고, 이것은 오차역전파의 덧셈노드와 곱셈노드를 이용해서 풀 수 있습니다. 조금 어려운 부분이 바로 시그모이드 함수의 역전파 부분입니다. 이 부분을 여기서 다뤄보겠습니다. 시그모이드 함수는 다음과 같습니다.

$$s(x) = \frac{1}{1+e^{-x}}$$

시그모이드 함수를 나눠서 계산그래프로 그려보면 다음과 같습니다.

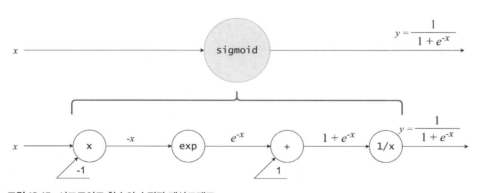

그림 13-15. 시그모이드 함수의 순전파 계산그래프

이제 뒤부터 역전파를 진행해 보겠습니다. 이 부분은 수학적으로 정확하게 하기보다는 공학적 이해를 우선하여 역전파를 설명합니다. 아래 그림을 보고 역전파를 진행하며 #1부터 #4까지의 자리에 어떤 값이 들어갈 것인지 살펴보겠습니다.

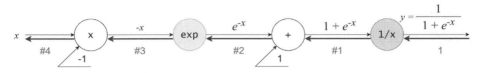

그림 13-16. 시그모이드 함수의 역전파

시그모이드 함수의 뒤에서 들어오는 값을 생각하지 않겠습니다. 1로 두고 계산을 마친 다음 결괏값에 시그모이드로 들어오는 기울깃값인 $\frac{\partial L}{\partial y}$를 곱하여 처리하겠습니다.

$$f(x) = \frac{1}{x} \quad \Rightarrow \quad \frac{df}{dx} = -\frac{1}{x^2}$$

입니다. $f(x) = 1/x$을 미분하면 $df/dx = -1/x^2$입니다. 그래서 #1의 자리에 들어갈 정답은 $(1/x)$ 노드에 입력으로 들어온 $(1+e^{-x})^2$이 됩니다. 그런데 이 값은 순전파에서 출력으로 나온 y값의 제곱에 음의 부호를 붙인 것과 같습니다.

역전파를 다루는 이유는 보다 빠르게 학습을 시키기 위해서 입니다. 수치미분을 사용해서 학습을 시키는 것은 너무 느립니다. 보다 빠르게 계산량을 줄이기 위해서는 가능한 한 계산을 적게 하는 것이 좋습니다. 이미 했던 계산이 있다면 그것을 그대로 사용하는 것이 좋습니다.

즉, 시그모이드 함수는 신경망을 통해 학습이 이루어질 때 순전파로 한 번 실행됩니다. 실행되면서 가로선 위쪽에 있는 값들은 저장됩니다. 역전파 때 #1에 들어갈 값은 순전파 때 저장된 y값, $1/(1+e^{-x})$를 사용합니다. 이 값이 저장되어 있기 때문에 저장된 값의 제곱하고 -1을 곱하여 #1에 들어갈 값을 만듭니다.

$$\#1 = -y^2$$

#2 자리에는 덧셈노드의 역전파 시 들어온 값이 그대로 전달됩니다. 즉, #2는 들어온 값 $-y^2$이 그대로 전달됩니다.

$$\#2 = -y^2$$

#3은 지수함수인 $f(x) = e^x$의 미분값을 사용합니다. $df/dx = e^x$입니다. 함수의 출력값과 함수의 미분값이 같습니다. (함수의 입력값과 미분값이 같은 것이 아닙니다. 출력값과 미분값이 같습니다. 주의하세요.) 순전파에서 -x가 입력되고, 출력은 e^{-x}가 되었습니다. 출력값을 미분값에 넣어줍니다.

$$\#3 = -y^2 \times e^{-x}$$

#4 마지막 부분은 곱셈노드입니다. 들어오는 입력은 x와 -1 두 개입니다. 여기서 -1은 상수이기 때문에 우리는 x에 대해서만 신경을 쓰면 됩니다. X 쪽으로 가는 기울기는 뒤에서 온 #3의 값에 -1을 곱한 값이 됩니다. 즉,

$$\#4 = y^2 \times e^{-x}$$

시그모이드 함수를 하나의 노드로 표현하면 다음과 같이 계산그래프에 그릴 수 있습니다.

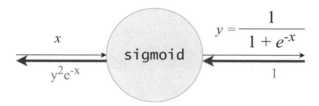

그림 13-17. 시그모이드 함수

입력이 x 출력이 y인 시그모이드의 기울기는 y^2e^{-x}가 됩니다. y^2e^{-x}는 다음과 같이 정리할 수 있습니다.

$$
\begin{aligned}
y^2e^{-x} &= \frac{1}{(1+e^{-x})^2}e^{-x} \\
&= \frac{1}{1+e^{-x}}\ \frac{e^{-x}}{1+e^{-x}} \\
&= \frac{1}{1+e^{-x}}\left(\frac{1+e^{-x}}{1+e^{-x}} - \frac{1}{1+e^{-x}}\right) \\
&= y(1-y)
\end{aligned}
$$

즉, y^2e^{-x}는 y(1-y)와 같은 값이고, y는 순전파에서 저장된 값으로 y에 1-y를 곱하는 연산 한 번으로 시그모이드 함수의 기울기가 구해집니다. 복잡한 그림과 과정을 거쳤지만 결과적으로 나온 값은 매우 단순한 y(1-y)가 되었습니다.

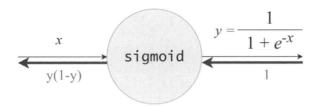

그림 13-18. 시그모이드 노드의 순전파와 역전파

역전파의 이해는 어렵습니다. 하지만 코드로 만들어져 있는 것은 너무 단순하고 간단해 보입니다. 그래서 내용을 모르면 왜 이렇게 사용하는지 모르는 상태에서 사용하게 됩니다. 생각보다 딥러닝 소스는 매우 간단하게 구성됩니다. 실제로 몇 줄 되지 않습니다. 웹 코딩을 하는 개발자들이 보면 한숨이 나올 정도로 코드가 짧습니다. 하지만 내용을 이해하지 않으면 이게 무슨 뜻인지 아무리 봐도 알지 못하는 코드입니다.

순전파에서 시그모이드를 클래스로 만들었습니다. Class Sigmoid에 backward() 함수를 추가해서 넣으면 됩니다. 맨 아래 세 줄만 추가하면 됩니다.

```python
class Sigmoid:
    def __init__(self):
        self.out = None

    def forward(self, x):
        self.out = sigmoid(x)
        return self.out

    def backward(self, dout):
        dx = dout * (1.0 - self.out) * self.out
        return dx
```

나머지 클래스도 역전파함수를 추가해보겠습니다.

◉ 13-3 Softmax와 Cross Entropy Error

순전파는 네트워크변수를 이용해서 바른 추론을 하기 위한 과정이고, 그 과정 중에 얼마나 틀렸는지 Loss 값을 계산할 수 있습니다. 이렇게 계산된 Loss 값을 이용해서 역전파 계산으로 개별 네트워크변수들의 기울기를 다시 계산합니다. 역전파는 뒤에서 앞으로 계산합니다. 수치미분방식에 비해 매우 빠르고 간편합니다.

마지막 부분인 SoftmaxWithLoss 클래스의 역전파 부분을 추가해 보겠습니다. 참고로 SoftmaxWithLoss 클래스와 계산그래프를 이용한 세부설명을 지면에서는 생략합니다. 첫째, 고등학교 수준을 벗어났고, 둘째, Softmax와 크로스엔트로피오차를 이용하는 역전파는 일부러 그렇게 되도록 설계한 것이기 때문에 내부 구성을 깊이 아는 것보다는 설계된 상태에서 사용하는 법을 익히는 정도로 학습을 진행합니다. 소스는 다음과 같습니다. 이전 순전파 부분에 역전파를 추가했습니다.

```python
class SoftmaxWithLoss:
    def __init__(self):
        self.y = None    #출력(계산 결과)
        self.t = None    #정답(MNIST레이블)

    def forward(self, x, t):
        self.t = t
        self.y = softmax(x)
        result = cee(self.y, self.t)
        return result

    def backward(self, dout=1):
        batch_size = self.t.shape[0]
        dx = (self.y - self.t) / batch_size
        return dx
```

forward() 함수로 순전파 과정을 보면 입력으로 들어온 값을 softmax() 함수를 거쳐 y에 저장합니다. 저장된 y와 그때의 정답 t를 크로스엔트로피오차 함수 cee()에 입력으로 넣어서 최종 오찻값을 만듭니다.

순전파 후에 역전파를 진행합니다. 그때 backward() 함수를 사용합니다. batch_size 는 한 번에 처리할 데이터의 개수입니다. 784개의 입력을 가진 x를 하나 사용해서 신경망 학습을 하는 것보다 x를 여러 개 사용해서 학습하는 것이 효율이 높습니다. 20 개 혹은 100개 정도로 컴퓨터가 처리하기에 부족하지 않은 정도의 묶음을 만들어 진행합니다. 이 경우 역전파 시에 발생하는 기울기는 앞으로 가면서 더해지게 되므로 SoftmaxWithLoss에서는 나오는 기울기를 batch_size로 나눠줍니다. 이 값으로 나눠줌으로써 값을 평준화시켜주는 효과와 함께 나눠준 뒤의 결과를 강제로 실수로 만들어 이후에 발생하는 연산들에서 0으로 나뉘는 에러가 발생하지 않게 합니다.

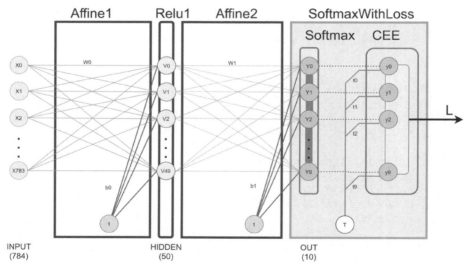

그림 13-19. SoftmaxWithLoss 클래스를 중심으로 본 딥러닝 신경망

그림의 복잡성에 비해서 실제 구현된 역전파 코드는 어렵지 않습니다. 실제 내용은

'기울기는 순전파의 결괏값에서 정답 레이블의 값을 뺀 것'입니다.

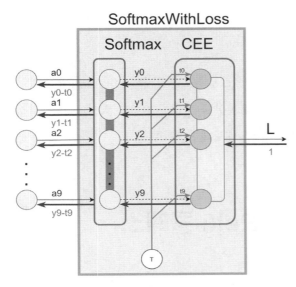

그림 13-20. SoftmaxWithLoss 입출력

순전파 진행은 다음과 같습니다.

SoftmaxWithLoss에 10개의 값 a0~a9이 입력됩니다. 각각의 값은 신경망을 통해
나온 0부터 9까지에 해당하는 점수입니다. 이 a0~a9이 softmax로 들어가면 y0~y9
까지의 값으로 변환됩니다. softmax 변환은 점수를 확률로 바꾼 것으로, y0~y9은
0 이상 1 이하의 실숫값으로 y0+y1+⋯+y9 = 1이 됩니다. 이 y0~y9 값을 저장해둡
니다.

그 다음 각각의 입력값에 해당하는 정답 t0~t9을 불러와서 y0~y9과 비교합니다. 이
때 t0~t9도 저장해 둡니다. 결과(y0~y9)와 정답(t0~t9)을 비교 후 나온 오차를 출력합
니다. 이때 CEE는 y0~y9까지의 10개의 결괏값과 t0~t9까지의 10개의 정답을 비교
한 후 얼마나 오차가 큰지 하나의 수(L)로 표현합니다.

역전파는 순전파가 마친 후 진행됩니다.

역전파 때에는 순전파 때 저장된 y0~y9의 값과 t0~t9의 값을 사용합니다. 역전파의 출력은 y0-t0부터 y9-t9까지의 9개 값입니다.

순전파 때에는 소프트맥스 함수와 크로스엔트로피오차 함수를 사용해서 입력값을 정해진 범위의 값으로 재조정한 후 최종 오찻값을 계산했습니다. 역전파는 그 과정 중에 저장된 y와 t의 값을 가지고 와서 y-t만 내보내면 됩니다.

◎ 13-4 활성함수 Relu 클래스

현재 활성함수로 주로 사용되는 것은 시그모이드와 ReLU입니다. 이 중 우리가 사용하는 MNIST 학습에는 ReLU의 효율이 높습니다. 보통 시그모이드는 회귀문제를 풀 때 주로 사용됩니다. 회귀문제는 과거의 데이터로 미래를 예측할 때 주로 사용됩니다.

Relu 역전파에 대해서 Relu 클래스 소스코드를 보겠습니다.

```python
class Relu:
    def __init__(self):
        self.mask = None

    def forward(self, x):
        self.mask = (x <= 0)
        result = x.copy()
        result[self.mask] = 0
        return result
```

```
def backward(self, dout):
    dout[self.mask] = 0
    dx = dout
    return dx
```

relu(x) 함수는 입력 x가 0보다 크면 x를 그대로 출력으로 보내고, x가 0 이하이면 0
을 출력으로 보냅니다. Relu 클래스에서 forward()로 순전파를 진행하면서 들어온
입력 x가 0 이하인 경우를 mask에 저장해 둡니다. 역전파를 통해 들어온 값 dout 값
을 그대로 내보내는데 그때 dout 값이 0 이하일 경우만 걸러냅니다. dout[mask] = 0
을 써서 0 이하의 값이 들어오면 0을 보내고, 0보다 큰 값이 들어오면 그대로 보냅
니다.

```
y = x (x>0)
```

의 기울기는 1이므로 relu는 0보다 큰 입력값에 대해서는 항상 기울기가 1이고, 나머
지는 0이 됩니다. 즉, 역전파로 Relu계층에 들어온 값이 0보다 크면 들어온 기울기를
그대로(×1) 보내고, 0 이하면 0으로 변환(×0)해서 보냅니다.

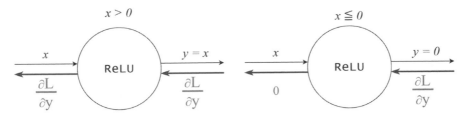

그림 13-21. ReLU 계산그래프

음수를 0으로 처리하는 방법은 if 조건문을 사용하면 됩니다.

```
if x <= 0:
    x = 0
```

여기서는 if 대신 필터마스크를 사용해 보았습니다. if문은 하나하나 조건을 확인해야 하지만 필터마스크를 쓰면 한꺼번에 수학적으로 처리가 되기 때문에 많은 연산을 할 때에는 시간이 절약됩니다.

아래의 소스를 보면 사용 방법이 쉽게 이해되실 겁니다. 별도의 자세한 설명 없이도 소스코드를 실행시키며 이해할 수 있습니다.

```python
import numpy as np

x = np.array([[1,-2,-3],[2,-4,6]])
print('x = \n', x)

mask = (x<=0)
print('\nmask = \n', mask)

x[mask] = 0
print('\nmodified x = \n', x)
```

실행 결과는 다음과 같습니다.

```
x =
 [[ 1 -2 -3]
 [ 2 -4  6]]

mask =
 [[False  True  True]
 [False  True False]]

modified x =
 [[1 0 0]
 [2 0 6]]
```

입력값 x가 음인 부분을 주의해서 보면 mask에서 'x<=0' 실행의 결과로 True가 되어 있고 True가 된 부분은 0으로 수정된 것을 확인할 수 있습니다.

◎ 13-5 Affine 클래스

8장에서 다룬 행렬연산에 대한 내용을 복습해 보겠습니다. 행렬의 곱과 행렬 요소의 곱은 다른 것이고, 행렬 요소의 곱은 행과 열이 일치하는 위치의 요소들끼리의 연산이고, 행렬의 곱과 행렬 요소의 곱은 다른 것입니다. 행렬 요소의 곱은 행과 열이 일치하는 위치의 요소들끼리의 연산입니다. 반면 행렬의 곱, 혹은 행렬곱은 내적이라고 불리며 그 결과는 앞 행렬의 행의 크기와 뒤 행렬의 열의 크기의 곱과 합의 조합으로 이루어집니다. 내적을 계산하기 위해서는 앞 행렬의 열의 크기와 뒤 행렬의 행의 크기는 동일해야 합니다.

```
A      ·      B      =      X
(1×2)        (2×3)         (1×3)
```

입력이 바로 w, b로 연결되는 affine 계층을 간략하게 그래프로 그려보면 다음과 같습니다. 앞쪽 x에서 v로 연결되는 부분만 살펴보겠습니다.

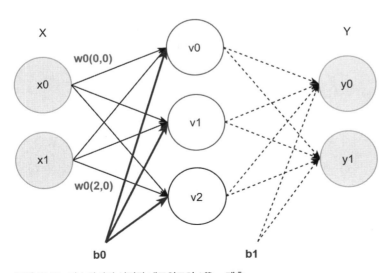

그림 13-22. 단순화시킨 신경망 네트워크의 Affine 계층

X = [x0, x1]

V = [v0, v1, v2]

W = [w0(0,0) , w0(0,1) , w0(0,2) ,

w0(1,0) , w0(1,1) , w0(1,2)]

B = [b0(0), b0(1), b0(2)]

w0(i,j) : i는 연결하려는 노드(v)의 번호, j는 출발하는 노드(x)의 번호

b0(i) : i는 연결하려는 노드(v)의 번호

```
v0 = x0×w0(0,0) + x1×w0(0,1) + b0(0)
v1 = x0×w0(1,0) + x1×w0(1,1) + b0(1)
v2 = x0×w0(2,0) + x1×w0(2,1) + b0(2)
```

이렇게 구해진 식을 행렬로 재정렬하면

$$(v0 \ v1 \ v2) = (x0 \ x1)\begin{pmatrix} w0(0,0) & w0(1,0) & w0(2,0) \\ w0(0,1) & w0(1,1) & w0(2,1) \end{pmatrix} + (b0(0) \ b0(1) \ b0(2))$$

입니다.

V, X, ,W, B 행렬들의 크기를 살펴보면 다음과 같습니다.

$$V_{(1,3)} = X_{(1,2)} \, W_{(2,3)} + B_{(1,3)}$$

위의 식은 그대로 순전파 과정입니다. 입력으로 들어온 X와 네트워크변수 W를 내적하면 크기 1행 3열짜리 행렬이 만들어집니다. 그것에 같은 크기인 B 행렬을 더해주면 1행 3열짜리 V 행렬이 만들어집니다. 실제 Affine1에서는 X의 크기가 (1,784)이고, W의 크기가 (784,50)입니다. B는 (1,50)이고 결과로 만들어지는 V 행렬은 (1,50) 행렬이 됩니다.

Affine 계층을 계산그래프로 그려보았습니다. 각 행렬의 위에 크기(행, 열)를 기록했습니다.

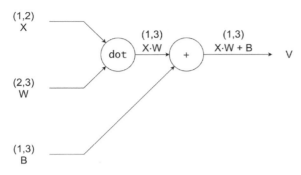

그림 13-23. Affine 순전파

출력으로 나오는 V는 1행 3열의 크기를 가집니다. 그리고 입력 X는 1행 2열입니다. 즉, X는 2개의 데이터(x0, x1)가 들어갑니다. 최종값 L을 대한 변수 X에 대해서 편미분한 값 즉 기울기는 $\partial L/\partial X$이고, X의 개수가 2이기 때문에 $\partial L/\partial X$의 개수도 2개가 되리라는 것은 쉽게 알 수 있습니다. 그런데 위의 그래프에서는 결괏값이 3개(1행 3열)입니다. 이건 어떻게 해결해야 할까요? 이제 관련된 행렬식을 살펴보겠습니다. 이건 착시입니다. 자주 발생하는 오류입니다.

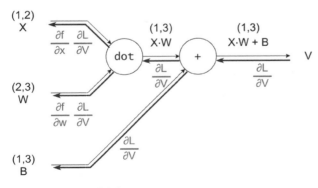

그림 13-24. Affine 역전파

역전파로 Affine에 들어온 값인 오른쪽 끝에 있는 ∂L/∂V는 "dot"라고 쓰여진 동그란 노드 전까지 오른쪽에서 왼쪽으로 이동됩니다. 이 부분은 덧셈에 대한 역전파만 있습니다. 그러면 [dot] 노드는 어떻게 되는 걸까요? 곱셈노드와 덧셈노드는 알지만 그와 비슷한 행렬의 내적인 [dot] 노드는 다뤄본 적이 없습니다.

앞의 행렬식을 다시 보겠습니다.

$$V_{(1,3)} = X_{(1,2)} W_{(2,3)} + B_{(1,3)}$$

위의 식을 푼 것이 다음과 같습니다.

```
v0 = x0×w0(0,0) + x1×w0(0,1) + b0(0) ----- (1)
v1 = x0×w0(1,0) + x1×w0(1,1) + b0(1)
v2 = x0×w0(2,0) + x1×w0(2,1) + b0(2)
```

식 (1)에서 v0을 만들기 위해 x0와 x1이 사용되었으며, 이것으로 ∂v0/∂x0(이 값은 위 계산그래프의 ∂f/∂x의 부분을 의미합니다)를 계산할 수 있습니다. 즉 ∂v0/∂x0의 값은 x1을 상수로 보고 미분하면 됩니다. 답은 w0(0,0)이 됩니다. 같은 방법으로 ∂v0/∂x1의 값은 w0(0,1)이고 나머지를 계산하여 다음의 값을 얻을 수 있습니다.

$$\frac{\partial v_0}{\partial x_0} = w_0(0,0), \quad \frac{\partial v_0}{\partial x_1} = w_0(0,1)$$

$$\frac{\partial v_1}{\partial x_0} = w_0(1,0), \quad \frac{\partial v_1}{\partial x_1} = w_0(1,1)$$

$$\frac{\partial v_2}{\partial x_0} = w_0(2,0), \quad \frac{\partial v_2}{\partial x_1} = w_0(2,1)$$

행렬로 간단하게 표시해보겠습니다. 위의 모습은 W의 행과 열을 바꾼 전치행렬의 모습이 됩니다.

$$\begin{pmatrix} w0(0,0) & w0(1,0) & w0(2,0) \\ w0(0,1) & w0(1,1) & w0(2,1) \end{pmatrix}^T = \begin{pmatrix} w0(0,0) & w0(0,1) \\ w0(1,0) & w0(1,1) \\ w0(2,0) & w0(2,1) \end{pmatrix}$$

최종적으로 들어온 기울기값인 $\partial L/\partial V$에 W의 전치행렬(W^T)을 행렬곱해주면 x의 기울기가 만들어집니다. x의 기울기를 dx로 저장합니다. 같은 방법으로 W의 기울기를 구합니다.

W의 기울기는 들어온 기울기값에 X의 전치행렬을 곱해주면 됩니다. 이때 행렬곱의 특성상 X^T를 $\partial L/\partial V$에 행렬곱합니다. 간략히 정리하면 다음과 같습니다.

$$\frac{\partial L}{\partial X} = \frac{\partial L}{\partial V} \cdot W^T$$
$$\frac{\partial L}{\partial W} = X^T \cdot \frac{\partial L}{\partial V}$$

13.5.1 배치용 클래스

여러 입력데이터를 묶어서 전달하는 배치의 경우 affine 계층에서 b의 값을 계산할 때 주의해야 합니다. 이를테면 10개의 x데이터가 들어오면 행렬의 크기는 (1,2)의 10배인 (10,2)가 됩니다. 행렬의 크기를 계산하면 다음과 같습니다.

$$\frac{\partial L}{\partial X} = \frac{\partial L}{\partial V} \cdot W^T$$
$(10,2)\ (10,3)\ (3,2)$

$$\frac{\partial L}{\partial W} = X^T \cdot \frac{\partial L}{\partial V}$$
$(2,3)\ (2,10)\ (10,3)$

$$\frac{\partial L}{\partial B} = \frac{\partial L}{\partial V}$$
$(1,3)\ (10,3)$

세 번째 수식을 보면 3개의 값이 필요한 b0에 (10,3)개의 값이 들어옵니다. 이 값을 그냥 버릴 수 없기 때문에 모두 더한 값으로 b를 처리합니다. 이 내용으로 수정된 affine 계층의 소스코드는 다음과 같습니다.

```python
class Affine:
    def __init__(self, W, b):
        self.W = W      #W0, W1
        self.b = b      #b0, b1
        self.x = None
        self.dW = None    #W0, W1의 기울기
        self.db = None    #b0, b1의 기울기

    def forward(self, x):
        self.x = x
        result = np.dot(self.x, self.W) + self.b
        return result

    def backward(self, dout):
        dx = np.dot(dout, self.W.T)
        self.dW = np.dot(self.x.T, dout)
        self.db = np.sum(dout, axis=0)
        return dx
```

역전파 관련 부분은 backward() 함수에 있습니다. 들어온 값에 W.T를 행렬곱하고 그 값을 반환합니다. 이 과정 중에 dW와 db를 저장해 둡니다. 저장된 dW와 db는 기울기입니다.

오차역전파를 사용한
MNIST 학습

편미분을 이용한 방법으로 학습과 검증을 진행했습니다. 이제 오차역전파를 이용한
방법으로 MNIST 데이터를 학습해보겠습니다.

입력부에는 앞에 사용했던 소스를 그대로 사용하고, 클래스는 역전파 부분을 추가시
켜서 수정했으며, 실행코드는 미분 대신 역전파를 선택할 수 있도록 만들어졌습니다.
선택하는 방법은 코드의 맨 윗부분에 있는 process 변수에 2를 넣으면 됩니다.

[STEP1] 미분과 역전파 선택

```
#13.6.1. [STEP1] 미분과 역전파 선택

#오차역전파와 미분함수 중 선택
#process = (미분사용 : 1 , 역전파사용 : 2)

process = 2
```

[STEP2] MNIST 데이터 가져오기

```
#13.6.2. [STEP2] MNIST 데이터 가져오기

import numpy as np
import time
from keras.datasets import mnist

(x_train, t_train), (x_test, t_test) = mnist.load_data()
t_trainlbl, t_testlbl = t_train, t_test
```

```
#28×28을 784로 수정
x_train = x_train.reshape(60000,784)     #주석 (1)
x_test = x_test.reshape(10000,784)

#one-hot label
T0 = np.zeros((t_train.size, 10))     #(60000,10) = 000
T1 = np.zeros((t_test.size, 10))      #(10000,10) = 000

for idx in range(t_train.size): T0[idx][t_train[idx]] = 1     #(3))
for idx in range(t_test.size): T1[idx][t_test[idx]] = 1

t_train, t_test = T0, T1

#normalize 0.0 ~ 1.0
x_train = x_train / 255
x_test = x_test / 255

print('MNIST DataSets 준비 완료')
```

[STEP3] 함수 정의 : 수치미분, 소프트맥스, CEE

```
#13.6.3. [STEP3] 함수 정의 : 수치미분, 소프트맥스, CEE

#미분함수
def numerical_diff(f, x):
    h = 1e-4     #0.0001
    nd_coef = np.zeros_like(x)
    it = np.nditer(x, flags=['multi_index'], op_flags=['readwrite'])
    while not it.finished:
        index = it.multi_index
        tmp = float(x[index])
        x[index] = tmp + h
        fxh2 = f()     #f(x+h)
        x[index] = tmp - h
        fxh1 = f()     #f(x-h)
        nd_coef[index] = (fxh2 - fxh1) / (2*h)
        x[index] = tmp
        it.iternext()
    return nd_coef
```

```python
#소프트맥스
def softmax(x):
    if x.ndim == 1:  #기본 1개 처리과정, 벡터 입력
        x = x - np.max(x)
        return np.exp(x) / np.sum(np.exp(x))
    if x.ndim == 2:  #배치용 n개 처리, 행렬입력
        x = x.T - np.max(x.T, axis=0)
        return (np.exp(x) / np.sum(np.exp(x), axis=0)).T

#크로스엔트로피오차
def cee(y, t):
    if y.ndim == 1:
        t = t.reshape(1, t.size)  #크기가 1×N인 2차원 행렬로 재구성
        y = y.reshape(1, y.size)
    result = -np.sum(t * np.log(y + 1e-7)) / y.shape[0]
    return result
```

[STEP4] 클래스 정의 : ReLU, Affine, SoftmaxWithLoss,

```python
#13.6.4. [STEP4] 클래스 정의 : ReLU, Affine, SoftmaxWithLoss,

class Relu:
    def __init__(self):
        self.mask = None

    def forward(self, x):
        self.mask = (x <= 0)
        result = x.copy()
        result[self.mask] = 0
        return result

    def backward(self, dout):
        dout[self.mask] = 0
        dx = dout
        return dx

class Affine:
    def __init__(self, W, b):
        self.W = W      #W0, W1
        self.b = b      #b0, b1
        self.x = None
```

```
            self.dW = None    #W0, W1의 기울기
            self.db = None    #b0, b1의 기울기

        def forward(self, x):
            self.x = x
            result = np.dot(self.x, self.W) + self.b
            return result

        def backward(self, dout):
            dx = np.dot(dout, self.W.T)
            self.dW = np.dot(self.x.T, dout)
            self.db = np.sum(dout, axis=0)
            return dx

class SoftmaxWithLoss:
    def __init__(self):
        self.y = None     #출력(계산 결과)
        self.t = None     #정답(MNIST 레이블)

    def forward(self, x, t):
        self.t = t
        self.y = softmax(x)
        result = cee(self.y, self.t)
        return result

    def backward(self, dout=1):
        batch_size = self.t.shape[0]
        dx = (self.y - self.t) / batch_size
        return dx
```

[STEP5] 클래스 정의 : SimpleNetwork

```
#13.6.5. [STEP5] 클래스 정의 : SimpleNetwork

class SimpleNetwork:
    def __init__(self, inputx, hidden, outy, weight):
        #가중치 초기화
        self.netMat = {}
        self.netMat['W0'] = weight * np.random.randn(inputx, hidden)
        self.netMat['b0'] = np.zeros(hidden)
        self.netMat['W1'] = weight * np.random.randn(hidden, outy)
```

```
        self.netMat['b1'] = np.zeros(outy)

        #계층 생성
        self.netLayers = {}
        self.netLayers['Affine1'] = Affine(self.netMat['W0'],
                                        self.netMat['b0'])
        self.netLayers['Relu1'] = Relu()
        self.netLayers['Affine2'] = Affine(self.netMat['W1'],
                                        self.netMat['b1'])
        self.netLayers['Softmax'] = SoftmaxWithLoss()

    def predict(self, x):
        x = self.netLayers['Affine1'].forward(x)
        x = self.netLayers['Relu1'].forward(x)
        x = self.netLayers['Affine2'].forward(x)
        return x

#x: 입력 데이터, t: 정답 레이블
    def loss(self, x, t):
        y = self.predict(x)
        return self.netLayers['Softmax'].forward(y, t)

    def accuracy(self, x, t):
        y = self.predict(x)
        y = np.argmax(y, axis=1)
        if t.ndim != 1 : t = np.argmax(t, axis=1)
        accuracy = np.sum(y == t) / float(x.shape[0])
        return accuracy

    def numerical_gradient(self, x, t):
        lossfunc = lambda : self.loss(x, t)
        grads = {}
        grads['W0'] = numerical_diff(lossfunc, self.netMat['W0'])
        grads['b0'] = numerical_diff(lossfunc, self.netMat['b0'])
        grads['W1'] = numerical_diff(lossfunc, self.netMat['W1'])
        grads['b1'] = numerical_diff(lossfunc, self.netMat['b1'])
        return grads

    def gradient(self, x, t):
        #forward
        self.loss(x, t)

        #backward
        dout = 1
        dout = self.netLayers['Softmax'].backward(dout)
```

```
        dout = self.netLayers['Affine2'].backward(dout)
        dout = self.netLayers['Relu1'].backward(dout)
        dout = self.netLayers['Affine1'].backward(dout)

        #기울기(dW, db) 저장
        grads = {}
        grads['W0'] = self.netLayers['Affine1'].dW
        grads['b0'] = self.netLayers['Affine1'].db
        grads['W1'] = self.netLayers['Affine2'].dW
        grads['b1'] = self.netLayers['Affine2'].db
        return grads
```

[STEP6] 학습을 위한 설정치 입력

```
#13.6.6. [STEP6] 학습을 위한 설정치 입력

train_size = x_train.shape[0]
lr = 0.1
iter = 0

#미분을 사용할 경우 : 배치 20, 1,000회 반복
#(20개 묶음 데이터로 1,000번 학습 진행)
if process == 1:
    iters_num = 1000
    batch_size = 20
    iter_per_epoch = 1

#역전파 사용 : 배치 100, 60,000회 반복
#100개 묶음 데이터로 60,000 회 학습 진행
else :
    iters_num = 60000
    batch_size = 100
    iter_per_epoch = int(train_size / batch_size)    #600

#MNIST 입력(784), 은닉층(노드 50개), 출력층(노드 10개)
network = SimpleNetwork(inputx=784, hidden=50, outy=10, weight = 0.2)
```

[STEP7] 학습과 검증

```
#13.6.7. [STEP7] 학습과 검증

#시간 측정 시작
t1 = time.time()
print('loss = _____  time = _____  n = _____ ¦ [TrainAcc] [TestAcc]')

for i in range(iters_num):
    batch_mask = np.random.choice(train_size, batch_size)    #60,000개중 100개
    x_batch = x_train[batch_mask]
    t_batch = t_train[batch_mask]

    #기울기 계산

    if process==1:
        grad = network.numerical_gradient(x_batch, t_batch) #수치미분 방식
    else:
        grad = network.gradient(x_batch, t_batch) #오차역전파법 방식(훨씬 빠르다)

    #위에서 만들어진 기울기로 W와 b 갱신
    for key in ('W0', 'b0', 'W1', 'b1'):
        network.netMat[key] -=  lr * grad[key]

    loss = network.loss(x_batch, t_batch)
    #train_loss_list.append(loss)

    if i % iter_per_epoch == 0:
        train_acc = network.accuracy(x_train, t_train)
        test_acc = network.accuracy(x_test, t_test)
        iter = iter + 1
        print('loss = {:7.4f}  '.format(loss), end='')
        print('time = {:8.4f}  '.format(time.time()-t1), end='')
        print('n = {:06d} ¦{:8.4f}{:11.4f}'.format(iter, train_acc, test_acc))
```

[결과 화면]

학습과 검증 결과 화면입니다. 미분을 사용한 경우 배치사이즈를 20으로 했으며 매
번 화면에 출력하도록 했습니다. 배치사이즈 20으로 한번 학습을 진행할 때 13.3초
정도 소요되었습니다. 100회 이상 학습을 진행했을 때 학습데이터와 검증데이터에

대한 정답률은 0.76 정도가 나왔습니다. 300회 이상 학습을 진행했을 때 정답률은 0.85 정도 나왔습니다. 더 진행하면 확률 값은 올라가지만 시간이 상당히 많이 소요됩니다.

미분사용 시 결과 화면

```
loss = _____  time = _____  n = _____ ¦ [TrainAcc] [TestAcc]
loss = 2.0711   time =   11.9303  n = 000001 ¦  0.0691    0.0676
loss = 2.3902   time =   23.6944  n = 000002 ¦  0.1121    0.1144
loss = 1.8683   time =   35.7269  n = 000003 ¦  0.1067    0.1058
loss = 1.7952   time =   47.4486  n = 000004 ¦  0.1406    0.1402
loss = 1.9285   time =   59.2519  n = 000005 ¦  0.1533    0.1547
...
loss = 0.4925   time = 1260.3910  n = 000101 ¦  0.7692    0.7738
loss = 0.3517   time = 1273.0836  n = 000102 ¦  0.7859    0.7957
loss = 0.6748   time = 1285.8278  n = 000103 ¦  0.7707    0.7823
loss = 0.6465   time = 1298.5454  n = 000104 ¦  0.7825    0.7891
loss = 0.3390   time = 1311.4659  n = 000105 ¦  0.7897    0.8043
...
loss = 0.2185   time = 3989.7447  n = 000301 ¦  0.8648    0.8685
loss = 0.1502   time = 4004.2199  n = 000302 ¦  0.8409    0.8436
loss = 0.0711   time = 4019.0357  n = 000303 ¦  0.8386    0.8417
loss = 0.1261   time = 4033.7251  n = 000304 ¦  0.8439    0.8439
loss = 0.2381   time = 4048.4964  n = 000305 ¦  0.8531    0.8552
...
```

미분함수를 사용할 때와 비교해서 역전파 사용 시 속도 향상은 매우 빠릅니다. C언어와 같은 컴파일러가 아닌 파이썬 인터프리터를 사용하고 별도의 전문적인 툴(텐서플로 같은 머신러닝 패키지)을 사용하지 않았음에도 전체학습에 4분이 채 걸리지 않았으며, 배치사이즈 100에 30회 학습만으로 정답률은 0.96을 넘어갑니다. 역전파를 사용할 경우 배치사이즈가 100이 되어도 1회에 걸리는 시간은 2.3초 정도에 불과합니다.

역전파 사용 시 결과 화면

```
loss = _____  time = _____  n = _____ ¦ [TrainAcc] [TestAcc]
loss = 2.9447   time =   0.3390  n = 000001 ¦  0.0803    0.0780
loss = 0.3971   time =   2.6864  n = 000002 ¦  0.9047    0.9063
loss = 0.1616   time =   5.0283  n = 000003 ¦  0.9241    0.9245
loss = 0.1842   time =   7.4631  n = 000004 ¦  0.9357    0.9335
loss = 0.1521   time =   9.8277  n = 000005 ¦  0.9436    0.9398
...
loss = 0.0397   time =  70.6955  n = 000031 ¦  0.9835    0.9679
loss = 0.0185   time =  73.0399  n = 000032 ¦  0.9842    0.9695
loss = 0.0363   time =  75.3942  n = 000033 ¦  0.9851    0.9698
loss = 0.0133   time =  77.7495  n = 000034 ¦  0.9863    0.9692
loss = 0.0158   time =  80.0160  n = 000035 ¦  0.9859    0.9686
......
loss = 0.0051   time = 222.0254  n = 000096 ¦  0.9990    0.9714
loss = 0.0063   time = 224.4221  n = 000097 ¦  0.9990    0.9715
loss = 0.0092   time = 226.8039  n = 000098 ¦  0.9989    0.9717
loss = 0.0028   time = 229.3259  n = 000099 ¦  0.9990    0.9712
loss = 0.0087   time = 231.7015  n = 000100 ¦  0.9992    0.9710
```

맺는말

이 책을 처음부터 끝까지 공부하기 전에 앞의 소스를 먼저 실행해보는 것도 좋습니다. 실제 소스코드는 많지 않기 때문에 이 내용을 프린트해두고 계속 책의 내용과 비교해 가면서 공부하는 것도 좋은 방법입니다. 각각의 STEP별로 CoLab의 셀에 내용을 복사해 넣고 실행시켜보면 화면이 변하는 것이 재미있게 느껴질 것입니다.

자신의 컴퓨터에서 학습이 진행되는 것을 지켜보는 것은 공부의 동기를 얻게 합니다. 왜 이렇게 되는지를 호기심을 가지고 고민하면서 공부하시기 바랍니다. 유튜브 처음코딩 채널에 고교수학과 인공지능이라는 이름으로 강의를 올리기 시작했을 때 별것 없는 강의에 많은 사람들이 고맙다는 인사를 해서 놀랐습니다. 공부하려는 이들이 많지만 한국어로 된 자료는 넉넉하지 않았습니다. 대부분의 자료는 전문가들의 연구모임에서 만들어졌습니다. 그러다 보니 처음 시작하려는 이들이 볼 수 있는 자료, 공부할 수 있는 자료는 많이 부족했습니다.

이 책이 처음 인공지능을 접하는 이들에게 도움이 되었으면 좋겠습니다. 이 책은 인공지능, 머신러닝의 모든 것을 다루지 않습니다. 인공지능 분야의 내용 중 핵심적이면서 기본에 해당하는 것들을 이 책에서 다루고 있습니다. 인공지능의 분야 중 하나인, 딥러닝의 지도학습(Supervised Learning)을 다루고 있습니다. 그 분야가 제일 쉽습니다. 쉽다는 것은 다른 분야(비지도학습과 강화학습)에 비해서 상대적인 개념입니다. 절대적으로 쉽다는 뜻은 아닙니다. 많은 대학 교재가 다루는 다양한 분야에 대해서 언급을 자제했습니다. 첫 번째로는 그 모든 분야를 필자인 제가 자세히 알지 못하기 때문이고, 두 번째로는 너무 많은 To-Do 리스트를 가져서 아무것도 하지 못하는 학생들을 많이 보아왔기 때문입니다. 어떤 분야의 공부를 하든지 처음에 할 일은 핵심적이고, 기본적인 리터러시(문해력)를 익히는 것입니다. 미적분을 하기 전에 사칙연산을 먼저 해야 하는 것처럼 인공지능이라는 분야를 다루기 위해서는 미분과 행렬의 연산, 기본적인 프로그래밍 교육 등이 먼저 이루어져야만 하고 이 내용들로 우선 간단한 학습을 진행하는 것이 필요합니다. 사용되는 용어들에 익숙해져야 합니다.

이 책의 내용은 여기서 끝이지만 앞으로 공부해야 할 것들은 더욱 많이 있습니다. 영어가 부족하더라도 구글에서 CS231n을 검색해서 스탠포드 대학에서 공개한 강의 동영상을 들어보시기 바랍니다. 무슨 말을 하는지 다 이해하지 못해도 좋습니다. 이 책을 공부한 사람이라면 CS231n 강의를 통해 보이는 글, 사진, 흐름 등을 통해 지금 무엇을 강의하고 있는지 이해되는 부분들이 조금씩 생길 겁니다.

마지막 부록에서 프로그래밍에 도움이 될 작은 팁들을 소개합니다.

Tensorflow에서 GPU 사용

인공지능을 사용할 때 이 책에서 만든 것처럼 함수와 클래스 등 사용된 모든 것을 하나하나 만들어서 사용하지는 않습니다. 이미 만들어 둔 것을 사용합니다. 다행스럽게도 많은 선행 연구자가 좋은 소스로 좋은 프로그램을 만들어서 공개해 두었습니다. 대부분은 소스까지 읽어볼 수 있게 공개되어 있습니다.

그중 가장 많이 사용되는 것이 텐서플로(Tensorflow)입니다.

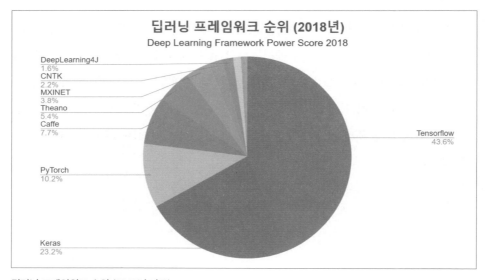

딥러닝 프레임워크 순위 (2018년 자료)

텐서플로는 구글에서 만든 수치 계산과 머신러닝을 위한 오픈소스 라이브러리입니다. 기본적으로 C++로 구현되어 있으며 파이썬뿐만 아니라 Java, Go 등 다양한 언어를 지원합니다. 하지만 파이썬을 최우선으로 지원하고, 유용한 많은 기능이 파이썬 라이브러리로 구현되어 있기 때문에 Python에서 개발하는 것이 일반적인 추세입니다.

텐서플로는 현재 사용할 수 있는 딥러닝 프레임워크 중 가장 많은 사람들이 사용하고 있는 프레임워크입니다. 그 말은 인터넷에 많은 자료들이 공개되어 있고, 이미 사용해 본 많은 사람들이 질문에 답해 줄 수 있다는 뜻이기도 합니다. 처음 시작하는 입장에서는 성능보다는 얼마나 많은 사람들이 사용하고 있는지를 고려하는 것이 좋습니다. 어떤 문제가 닥쳤을 때 그 프레임워크를 사용하고 있는 사람들이 적다면 그 문제를 이미 경험한 다른 사람을 찾거나 조언을 구하는 것이 어려울 수 있기 때문입니다. 그런 면에서 텐서플로는 처음 시작하는 사람들에게는 좋은 선택입니다. 최근 텐서플로는 케라스와 함께 사용하는 것이 추세입니다. 텐서플로 자체의 명령은 어려운 편이어서인지 케라스를 통해 텐서플로를 사용하는 사람들이 많아지고 있습니다.

텐서플로 사이트(https://www.tensorflow.org/)로 가서 [Tensorflow 시작하기] -> 초보자용 [지금 코드 실행]을 클릭하면 우리가 앞에서 공부한 내용을 직접, 함수와 클래스를 만들지 않고 텐서플로를 이용해서 바로 실행할 수 있습니다.

텐서플로 사이트

MNIST 학습 코드

구글의 CoLab을 제대로 사용하기 위해서 구글 계정에 로그인이 되어 있어야 합니다. 그리고 크롬 브라우저를 사용하는 것이 좋습니다. 대부분 한글로 위 메뉴가 나올 것이고, [런타임]-[모두 실행]을 선택하면 브라우저의 모든 셀이 순차적으로 실행됩니다. 아래쪽으로 가보면 5번 epoch가 끝났다는 것을 보여줍니다. 6만 개 데이터에 대해 총 5회 학습을 한 것입니다. 1 epoch에 5초 정도 걸립니다.

코드에 대해서는 따로 쓰거나 해설하지 않습니다. 결과는 다음과 같습니다.

```
Train on 60000 samples
Epoch 1/5
60000/60000 [==============================] -5s 77us/sample - loss: 0.2915 -
accuracy: 0.9153
Epoch 2/5
60000/60000 [==============================] -4s 68us/sample - loss: 0.1419 -
accuracy: 0.9580
Epoch 3/5
60000/60000 [==============================] -4s 68us/sample - loss: 0.1073 -
accuracy: 0.9672
```

```
Epoch 4/5
60000/60000 [==============================] -4s 68us/sample - loss: 0.0883 -
accuracy: 0.9727
Epoch 5/5
60000/60000 [==============================] -4s 67us/sample - loss: 0.0749 -
accuracy: 0.9767
10000/10000 - 0s - loss: 0.0800 - accuracy: 0.9758
[0.0799671244655503, 0.9758]
```

손실값과 정확도가 나왔습니다. 학습에 걸린 시간은 우리가 만들 소스에 비해 너무 빠릅니다. 인터프리터와 컴파일러의 차이라고 생각하면 됩니다. 텐서플로는 빠른 실행을 위해 핵심적인 함수들을 C++로 만들었고, 케라스는 머신에 GPU가 있으면 자동으로 GPU를 적용해서 학습을 진행합니다.

이제 같은 소스를 GPU를 이용해서 실행해보겠습니다. CoLab의 경우 GPU를 사용할 때 별다르게 설정을 바꿀 것은 없습니다. 대부분 텐서플로 내부에서 처리하기 때문에 GPU가 있는 머신(PC)을 사용하는가 아닌가에 따라서 GPU를 사용하거나 혹은 CPU만으로 계산합니다.

위의 메뉴 중 [런타임]에서 [런타임 유형 변경]을 클릭하세요.

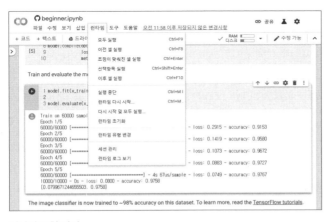

런타임 유형 변경

런타임 유형은 [Python 3]로 하고, 하드웨어 가속기를 [GPU]로 설정합니다.

하드웨어 가속기 GPU 선택

저장을 누른 뒤 다시 [런타임] -> [모두 실행]을 눌러 학습을 진행해보세요.

GPU를 사용하지만 학습에 사용되는 행렬의 크기가 작아서 일반 CPU만으로 학습할 때와 비교해서 별 차이가 없습니다. 은닉층의 크기를 더 크게 해서 학습을 진행해보 겠습니다. 두 개의 은닉층을 두고 각각의 은닉층은 256개의 노드를 가지도록 설정해 보았습니다. 아래 소스에서 Step 3부분을 다음과 같이 추가, 수정합니다.

```python
model = tf.keras.models.Sequential([
  tf.keras.layers.Flatten(input_shape=(28, 28)),
  tf.keras.layers.Dense(256, activation='relu'),
  tf.keras.layers.Dropout(0.2),
  tf.keras.layers.Dense(256, activation='relu'),
  tf.keras.layers.Dropout(0.2),
  tf.keras.layers.Dense(10, activation='softmax')
])
```

아래에 시간을 측정하는 부분이 추가된 전체 소스의 수정된 내용은 다음과 같습니다.

```
#Step 1 - 텐서플로 준비

from __future__ import absolute_import, division, print_function, unicode_
literals

#Install TensorFlow
try:
  #%tensorflow_version only exists in Colab.
  %tensorflow_version 2.x
except Exception:
  pass

import tensorflow as tf


#Step 2 - MNIST 데이터 준비

mnist = tf.keras.datasets.mnist

(x_train, y_train), (x_test, y_test) = mnist.load_data()
x_train, x_test = x_train / 255.0, x_test / 255.0


#Step 3 - 입력/은닉/출력 네트워크계층 설정

model = tf.keras.models.Sequential([
  tf.keras.layers.Flatten(input_shape=(28, 28)),
  tf.keras.layers.Dense(256, activation='relu'),
  tf.keras.layers.Dropout(0.2),
  tf.keras.layers.Dense(256, activation='relu'),
  tf.keras.layers.Dropout(0.2),
  tf.keras.layers.Dense(10, activation='softmax')
])

model.compile(optimizer='sgd',
              loss='sparse_categorical_crossentropy',
              metrics=['accuracy'])


#Step 4 - 학습

import time

t1 = time.time()
model.fit(x_train, y_train, epochs=5)
model.evaluate(x_test,  y_test, verbose=2)

print('time = {:4.2f}  '.format(time.time()-t1))
```

하드웨어 가속기를 GPU로 설정하면 샘플당 처리 시간은 평균 88us가 나옵니다. 하드웨어 가속기 없이 None으로 설정하면 샘플당 처리 시간은 평균 132us가 나옵니다.

부록 2
가상개발환경

파이썬은 다양한 버전이 있습니다. 이 책을 공부하기 위해서는 파이썬 64비트 3.6 버전이 필요합니다. 다른 프로젝트를 진행하다 보면 3.5 버전 혹은 2.7 버전을 사용할 수도 있습니다. 호환성을 위해 64비트 대신 32비트를 사용하기도 합니다. 다양한 종류의 파이썬을 하나의 컴퓨터에 넣고 골라서 사용하는 방법이 있습니다. 가상개발환경을 사용하면 됩니다.

가상개발환경에서 사용하는 툴로 virtualenv를 소개합니다. 이 외에도 파이썬에 내장되어 있는 venv를 사용할 수도 있고, pyenv 등 다양한 툴들이 있습니다. 이중 virtualenv는 윈도우 환경에서 다양한 버전의 파이썬을 쉽게 가상개발환경에 적용할 수 있습니다. virtualenv는 사용하는 사용자들이 많아서 어떤 문제가 발생하거나 도움을 요청하기가 쉬운 편입니다. 하지만 virtualenv가 자신에게 잘 맞지 않는다고 판단되면 다른 툴을 사용해 보는 것이 좋습니다.

우선 가상개발환경은 컴퓨터의 운영체제별로 설치 방법이나 사용 방법이 조금씩 다를 수 있습니다. 여기서는 윈도우 운영체제를 기준으로 설명하겠습니다. 이미 개발용 맥북이나 LINUX를 사용하시는 분들이라면 가상개발환경을 설치하는 법을 구글 검색을 통해 쉽게 알 수 있습니다.

virtualenv는 가상개발환경을 설치할 수 있는 툴입니다. virtualenv는 별도로 설치해야 합니다. pip 명령으로 virtualenv를 설치합니다.

```
>pip install virtualenv
```

설치가 끝나면 virtualenv 혹은 venv 명령으로 내가 원하는 장소(디렉터리)에 가상개발환경을 설치합니다. 설치 명령은 다음과 같습니다. 다양한 옵션에 대한 사용법은 따로 소개하지 않습니다.

virtualenv -p [파이썬 실행파일의 전체 경로와 파일 이름] [가상개발환경을 설치하려는 디렉터리]

```
>virtualenv -p c:\python\Python36\python.exe p36
```

C:\python\Python36\python.exe이 파이썬 실행파일의 경로와 파일 이름입니다.

p36이라는 디렉터리를 만들고 거기에 파이썬 실행파일과 설정 파일들을 모두 복사해서 넣게 됩니다.

이후 가상개발환경을 실행할 때에는 '경로명\Scripts\activate'를 실행시킵니다.

```
>p36\Scripts\activate
```

실행되면 명령행의 맨 앞에 '(가상개발디렉터리)'가 붙게 됩니다.

```
(p36) C:\dev\aicode>
```

이 상태에서 들어오는 파이썬 명령은 C:\Python 디렉터리 아래에 설치된 파일을 사용하지 않고 가상개발환경으로 만들어진 C:\dev\aicode\p36 안의 파일을 사용하게 됩니다. 가상개발환경을 마칠 때에는 deactivate를 명령행에 넣으면 됩니다.

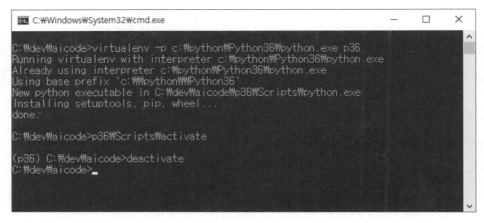

virtualenv 실행과 종료

패션 데이터셋도 자주 사용됩니다. MNIST 패션 데이터셋은 손글씨 데이터셋과 마찬가지로 10개의 범주에 7만 개의 데이터로, 각각의 데이터는 28×28 크기로 구성되어 있습니다. 손글씨 데이터셋에 사용된 것과 동일한 입력과 출력을 가지고 있기 때문에 MNIST 손글씨를 사용해 보았다면 MNIST 패션 데이터셋도 쉽게 적용할 수 있습니다.

깃(Git)과 깃허브(Github)

깃(Git)과 깃(GitHub)는 개발자가 되려면 거의 필수적으로 알아두어야 하는 툴이 되었습니다. 깃은 단독으로 실행해서 어떤 특수한 일을 하는 프로그램이 아닙니다. 만들고 있는 문서에 대한 보조적 관리 프로그램이며 우리에게는 공개 운영체제 리눅스(Linux)의 창시자로도 익숙한 리누스 토발즈(Linus Torvalds)가 만들었습니다. 깃허브는 이 깃을 사용하면서 원격으로 저장할 수 있는 공간입니다.

문서를 만드는 사람의 입장에서 중요한 것은 문서가 망가져서는 안 된다는 것과 함께 만약 어떤 추가적인 요청이 생기거나 오류가 발견되었을 때 그 이전 단계로 돌아가서 다시 작업을 할 수 있어야 한다는 것입니다. 쉬운 예를 들면 내가 한 달 전부터 만들어 온 프로그래밍 코드에서 중요한 보안 문제가 발견되었습니다. 버그가 있는 것을 모르고 계속 코드를 만들어왔습니다. 버그를 발견했으니 이제 코드를 수정해야 합니다.

하지만 그 범위가 광범위하고 찾기 어려워진다면, 코드를 수정하는 것보다 아예 처음부터 새로 만드는 것이 더 편할 수도 있습니다. 하지만 깃을 사용하고 있다면 이런 문제가 많이 단순해집니다. 깃은 내가 문서를 만들던 어떤 특정한 시점으로 돌아갈 수 있습니다.

예를 들어, 워드프로세서로 문서를 작업하면서 "저장" 버튼을 누르면 거기까지 작업된 상태가 저장됩니다. 만약 문서를 작업하면서 그림을 2개 삭제하고, 새로운 표를 그곳에 넣은 상태로 저장했다면 그림 데이터가 사라진 문서가 최종적으로 남게 됩니다. 그때 누군가 표 대신 다시 그림을 넣어 달라고 하면 그림을 다시 찾아서 그 위치에 넣어야 합니다. 만약 그림 데이터가 없다면 문제는 더 어려워집니다.

깃은 바로 이런 부분을 보완하기 위해 만들어졌습니다. 대부분의 프로그래밍 코드는 텍스트만으로 구성되어 있기 때문에 전체를 저장하는데 그림이나 동영상에 비해서 큰 공간이 필요하지 않습니다.

즉, 깃은 매번 저장(커밋)할 때마다 변경된 것만을 저장하는 것이 아니라 이전 상태와 변경된 상태, 그때의 시간 등을 모두 저장합니다. 그래서 사용자가 필요로 하는 특정한 시점으로 쉽게 돌아갈 수 있게 만들어 둡니다.

개인이 하는 작업이 깃이라면 이것을 온라인상에 올리는 것이 바로 깃허브입니다. 깃허브는 오픈소스 플랫폼으로 누구나 무료로 사용할 수 있습니다. 또한 다른 사람과 협업, 즉 함께 프로젝트를 진행할 때 깃허브에 프로젝트를 등록해서 유용하게 사용할 수 있습니다. 이때 모두가 열람할 수 있다는 특징으로 인해 발생할 수 있는 문제점에 대해서는 먼저 자신의 팀원들과 약속을 정하고 공유하는 것이 좋습니다.

깃은 깃 공식 사이트(https://git-scm.com)에서 다운로드 받은 뒤 사용할 수 있으며, 깃 허브 역시 공식 사이트(https://github.com)에서 계정을 만든 뒤에 연동하면서 사용할 수 있습니다.

깃허브를 이용하는 대부분의 사람들은 자신이 만든 코드를 공개하고 함께 나누기를 원합니다. 만약 보안의 문제가 있거나 개인 자료가 포함된 경우 깃허브에 바로 올리면 안됩니다. 그 경우는 비공개 설정을 하거나 혹은 그런 자료들이 올라가지 않게 별도의 조치를 해야 합니다.

이 책에 사용한 소스코드도 저의 깃허브와 출판사 깃허브를 통해 공유하고 있습니다. 제 개인 깃허브(https://github.com/eventia/mnistcode)나 출판사 깃허브(https://github.com/bjpublic/pythonmath100)로 접속하면 관련 파일들을 다운로드 받거나, 혹은 CoLab으로 코드를 바로 실행시켜볼 수 있습니다.

저자 개인 깃허브	

출판사 깃허브	

찾아보기

인공지능 100점을 위한 파이썬 수학

고등학교 수학으로 이해하는 인공지능

출간일 | 2020년 4월 29일 | 1판 2쇄

지은이   임성국
펴낸이   김범준
기획/책임편집 오민영
교정교열   이현혜
편집디자인   김민정
표지디자인   김환, 김민정

발행처   비제이퍼블릭
출판신고   2009년 05월 01일 제300-2009-38호
주 소   서울시 중구 청계천로 100 시그니처타워 서관 10층 1060호
주문/문의   02-739-0739   팩스   02-6442-0739
홈페이지   http://bjpublic.co.kr   이메일   bjpublic@bjpublic.co.kr

가격 24,000원
ISBN 979-90014-86-1 (93000)
한국어판 © 2020 비제이퍼블릭

이 책은 저작권법에 따라 보호받는 저작물이므로 무단 전재와 무단 복제를 금지하며,
내용의 전부 또는 일부를 이용하려면 반드시 저작권자와 비제이퍼블릭의 서면 동의를 받아야 합니다.

잘못된 책은 구입하신 서점에서 교환해드립니다.

소스코드 다운로드 https://github.com/bjpublic/pythonmath100